dtv

Auch das dritte Semester an der Kinder-Uni ist spannend und lehrreich. Im neuen Vorlesungsverzeichnis sind folgende Themen angekündigt:
Warum bauten die Ritter Burgen? Warum raufen Jungs und sind Mädchen zickig? Warum gibt es Blitz und Donner? Warum können Ärzte heilen? Warum sehen Fledermäuse mit den Ohren? Warum werden Sportler immer besser? Warum erzählen wir Geschichten? Warum können Mathematiker nicht rechnen?
Kompakt und kinderleicht sind die Antworten der Wissenschaftler aus den acht unterschiedlichen Disziplinen. Den Stoff ihrer Vorlesungen haben Ulrich Janßen und Ulla Steuernagel für Wissensdurstige aller Semester in diesem Buch festgehalten. Und Klaus Ensikat erweckt mit seinen liebevollen Illustrationen den »Hörsaal daheim« zu farbigem Leben.

Ulrich Janßen, geboren 1959, und *Ulla Steuernagel*, geboren 1954, sind Redakteure beim ›Schwäbischen Tagblatt‹. Gemeinsam entwickelten sie die Idee der Kinder-Uni, die, von Tübingen ausgehend, mittlerweile in Deutschland, Österreich, der Schweiz und vielen Nachbarländern verbreitet ist.
Klaus Ensikat, geboren 1937, ist seit vielen Jahren einer der bekanntesten deutschen Buchillustratoren. Von 1995 bis 2002 unterrichtete er an der Fachhochschule für Gestaltung in Hamburg.

Ulrich Janßen · Ulla Steuernagel

Die Kinder-Uni 3

Forscher erklären die Rätsel der Welt

Mit Illustrationen von
Klaus Ensikat

Deutscher Taschenbuch Verlag

Bei dtv bereits erschienen:
Die Kinder-Uni 1 (34211)
Die Kinder-Uni 2 (34334)

Ungekürzte Ausgabe
August 2007
Deutscher Taschenbuch Verlag GmbH & Co. KG,
München
www.dtv.de

Umschlagkonzept: Balk & Brumshagen
Umschlagbild: Klaus Ensikat
Gesamtherstellung: Jütte-Messedruck Leipzig GmbH, Leipzig
(Satz nach einer Vorlage des Verlagsservices Rau, München)
Gedruckt auf säurefreiem, chlorfrei gebleichtem Papier
Printed in Germany · ISBN 978-3-423-34426-5

Inhalt

Vorwort

Wie kommen Fische in die Wüste? Wie wird man Kaiser von China? Warum muss das Kaninchen knabbern? Warum haben wir zwei Augen und sehen nur einmal?

Fragen gibt es, die gibt es gar nicht. Jedenfalls glaubte man bis vor kurzem, dass es sie nicht gibt. Bis die Kinder-Unis kamen, das ganze Land und auch die angrenzenden Länder mit Fragen überzogen, die sonst vielleicht niemals öffentlich gestellt worden wären – es aber wirklich verdient haben, endlich einmal aus berufenem Munde beantwortet zu werden!

An den Kinder-Unis wächst und gedeiht das Wissen, und es blüht auch die Phantasie – nicht nur bei den Kindern, sondern auch bei den Professoren.

Uns geht es da manchmal so wie Eltern, die ihre Kinder auch nach Jahren noch wie Wunderkühe bestaunen. Mensch, am Anfang wart ihr ganz klein, und dann seid ihr so groß geworden. Nur staunen Eltern dann über Entwicklungen, die sie nicht ganz unerwartet und unvorbereitet treffen. Dass Kinder wachsen, liegt in ihrer Natur. Dass die Kinder-Uni so explosionsartig wachsen und sogar zur Bewegung werden sollte, damit hätten wir keineswegs gerechnet, als wir im Frühjahr 2002 in Tübingen die Kinder-Uni ins Leben riefen. »Warum speien Vulkane Feuer?« war die erste Frage der ersten Kinder-Vorlesungsreihe. Und wir hatten damals keinen Schimmer, wie viele Kinder, Professoren, Eltern, Universitäten, Fachhochschulen, Akademien, Bibliotheken, Zeitungen, Schulen und andere Bildungseinrichtungen Feuer fangen würden.

Umso beglückter verfolgen wir, wie auf unserer Homepage www.diekinderuni.de eine Kinder-Uni zur anderen kommt. In Deutschland gibt es heute kaum noch eine Ecke ohne Kinder-Uni. Fast überall breiten Professoren ihren Wissensschatz vor Kindern aus und lassen ihn wie Kronjuwelen funkeln. So viel Uni war noch nie, und so unterhaltsam war sie auch noch nie.

So haben wir uns mit großer Lust an unser drittes Buch gemacht, das – ganz wie die beiden ersten – die Fragen eines Kinder-Uni-Semesters aufgreift. Fragen, die an der Tübinger Eberhard Karls Universität gestellt und von Tübinger Wissenschaftlern beantwortet wurden. Wir haben diese Vorlesungen, die vom Kinder-Auditorium mit überwältigendem Interesse aufgenommen und mit riesigem Applaus bedacht wurden, für dieses Buch, ähnlich wie bei den vorherigen, umgearbeitet, haben selber zum Thema recherchiert und schließlich noch den wissenschaftlichen Rat der Professoren eingeholt. So entstand das dritte Kinder-Uni-Buch, für das wir vielen Helfern und Ratgebern eine Menge Dank schulden. Allen voran den beiden Kinder-Uni-Säulen: dem »Schwäbischen Tagblatt« und der

Eberhard Karls Universität Tübingen. Namentlich danken möchten wir den Kinder-Uni-Professoren Barbara Scholkmann, Michael Diehl, Dietrich Niethammer, David Wharam, Helmut Digel, Rainer Nagel, Hans-Ulrich Schnitzler, Hans-Georg Kemper. Sie haben großartige Vorlesungen gehalten und uns auch beim Schreiben sehr unterstützt.

Unser letzter Dank geht an die beiden Menschen, die uns bei unseren zeitraubenden Vorstößen in die aufregende, aber nicht immer einfache Welt der Wissenschaft am tapfersten und geduldigsten begleitet haben: Brigitte Ströbele und Mike Hammer.

Ulla Steuernagel
Ulrich Janßen

Warum bauten die Ritter Burgen?

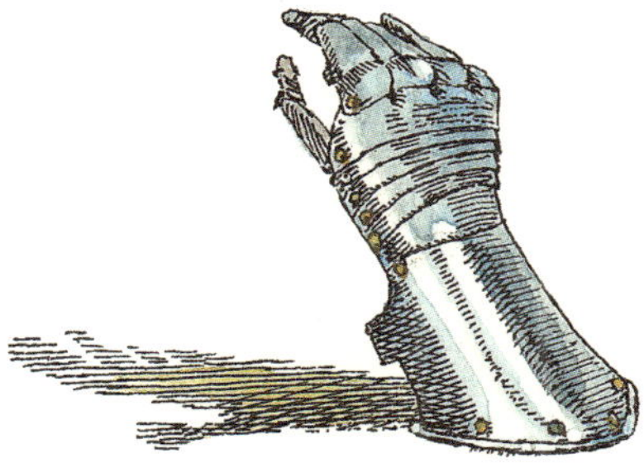

Zum Spielen sind Burgen einfach klasse. Man kann zu ihnen raufklettern und sich in den Ruinen verstecken. Man kann im Burgkeller »Höhöhö« rufen und »Öch bön öin Göspönst«. Und man kann aus den Turmfenstern in den Burghof spucken und versuchen, nicht die schwitzenden Touristen zu treffen.

So fröhlich wie heute ging es auf den Burgen allerdings nicht immer zu. Im Mittelalter waren viele Burgen düstere, ungemütliche Orte, die von einer raufllustigen, wilden und gierigen Kriegerschar bewohnt wurden, den Rittern. Warum die Burgen für die Ritter so wichtig waren, haben Wissenschaftler erforscht.

Schon als Kind begeisterte sich Prof. Barbara Scholkmann für Burgen und das Ritterleben. Entsprechend leicht fiel es ihr, in der Tübinger Kinder-Uni die vielen Zuhörer für das Thema zu begeistern. Prof. Scholkmann gab auch für dieses Kapitel wichtige Anregungen.

Für kurze Sonntagnachmittagsausflüge sind Burgen gut geeignet, zum Wohnen dagegen nicht besonders. Man muss weite, steile Wege gehen und viele Treppen steigen, um hinaufzukommen. Man kann nicht mal eben zur Eisdiele oder zum Basketball. Die Zimmer sind dunkel und schlecht geheizt. Im Bad gibt es kein warmes Wasser, keine Badewanne und nicht einmal eine Dusche. Im Hof wächst kein Rasen, und über die Toilette wollen wir an dieser Stelle lieber nichts sagen.

Trotzdem wurden im Mittelalter allein in Europa sage und schreibe 15 000 Burgen gebaut. Jeder, der etwas auf sich hielt, wollte eine Burg. Es gab Herrscher wie den Herzog Friedrich von Schwaben, die geradezu besessen waren vom Burgenbauen. »Am Schweif seines Pferdes«, sagte man über ihn, »zog er stets eine Burg hinter sich her.« Der französische Graf Fulk Nerra von Anjou ließ in seiner Grafschaft ein ganzes Netz von Burgen bauen. Alle dreißig Kilometer sollte eine stehen, ordnete er an. Auch die Normannen, Nachfahren der Wikinger, waren begeisterte Burgenbauer. Nachdem sie im Jahr 1066 England erobert hatten, errichteten sie dort in nur vierzig Jahren über fünfhundert Burgen.

Fünfhundert Burgen! Wer so viele Burgen bauen ließ, der musste ziemlich gute Gründe dafür haben. Schließlich konnte man die Burgen im Mittelalter nicht einfach bei einer Bauunternehmung bestellen oder nach Feierabend zusammenbauen wie ein Schrebergartenhaus. Eine Burg zu bauen war schwierig und teuer. Man musste einen guten Platz finden mit Fernsicht, einer natürlichen Wasserversorgung und möglichst einem Steinbruch in der Nähe, brauchte Handwerker mit viel Erfahrung und Zeit und eine Menge Untertanen für die Schleppe-

rei. Trotzdem dauerte es viele Jahre, ehe eine Burg bezogen werden konnte. Aber das hat die Burgenbauer nicht gestört.

Irgendetwas muss dran gewesen sein am Burgenbauen, irgendetwas muss der Grund gewesen sein, warum die Burgenbauer freiwillig auf großzügige Villen und ein bequemes Leben im Dorf oder der Stadt verzichteten und sich in dunkle, abgelegene Orte verzogen. Es muss auch einen Grund gegeben haben, warum Burgen fast nur im Mittelalter gebaut wurden. Warum baut heute niemand mehr eine Burg?

Um diese Fragen zu beantworten, müssen wir uns mit der Zeit beschäftigen, in der die Burgen entstanden, mit dem Mittelalter.

NEUSCHWANSTEIN

Die große Zeit der Burgen war das Mittelalter. Trotzdem wurden auch später noch Burgen gebaut. Das war aber ungefähr so wie mit der Mode aus den siebziger Jahren, die in den neunziger Jahren des vergangenen Jahrhunderts plötzlich wieder beliebt wurde. Ein berühmtes Beispiel dafür ist Neuschwanstein, das Ludwig II. vor gut 120 Jahren erbauen ließ. Der romantische König von Bayern sehnte sich so sehr nach den alten Ritterzeiten, dass er viel Geld für seinen Traum ausgab. Auch die Burg Hohenzollern in Württemberg, die man heute besichtigen kann, entstand erst im 19. Jahrhundert.

Wie man im Mittelalter ein Held wurde

Das Mittelalter erhielt seinen Namen, als es schon lange vorbei war. Die Gelehrten des 16. Jahrhunderts nannten das Jahrtausend, das sich zwischen der Antike und ihrer eigenen Zeit ausbreitete, voller Verachtung das »Mittelalter«. Für sie war es eine finstere Zeit, eine Zeit voller Aberglauben, voller Kriege, Dummheit und Barbarei, eine Zeit ohne Fortschritt und Wissenschaft, in der die Menschen mit den Händen aßen und in aller Öffentlichkeit laut pupsten und rülpsten.

Heute wissen wir, dass auch im Mittelalter Wissenschaft und Kunst betrieben wurden, dass die

Mönche in den Klöstern fleißig Bücher studierten, dass Minnesänger lange Gedichte schrieben und es Baumeister gab, die großartige Kirchen errichteten. Trotzdem hatten die Gelehrten des 16. Jahrhunderts nicht ganz Unrecht mit ihrer Meinung. Das Mittelalter war eine barbarische, eine rohe und gefährliche Zeit. Aber auch eine ziemlich spannende.

Für die meisten Forscher endet das Mittelalter im 15. Jahrhundert mit der Entdeckung Amerikas, und es beginnt mit der Völkerwanderung im 5. Jahrhundert. Von überall her griffen damals fremde Völker das einst mächtige Römische Reich an. Hunnen, Vandalen, Langobarden, Burgunder, Goten, Germanen: Unzählige Stämme und Völker begaben sich auf Wanderschaft, zogen kreuz und quer durch Europa und verbreiteten Angst und Schrecken. Millionen Menschen waren unterwegs, bekämpften sich, verjagten sich, töteten einander.

Das römische Imperium, das jahrhundertelang Europa beherrscht hatte (ausgenommen natürlich ein von unbeugsamen Galliern bevölkertes Dorf in Nordfrankreich), brach unter dem Ansturm der vielen Eindringlinge zusammen. Die römischen Legionäre konnten die Grenzen ihres Reichs nicht mehr verteidigen, ihre Hauptstadt fiel und wurde 455 von den Vandalen sogar geplündert. Die Eroberer gingen dabei mit solcher Begeisterung vor, dass man noch heute von Vandalismus spricht, wenn etwas sinnlos verwüstet wird.

Ein Held war in dieser Zeit, wer sich aufs Kämpfen verstand, wer mit dem Schwert und der Lanze umgehen konnte und wenig Bedenken hatte, sie gegen einen Feind einzusetzen. Selbst Könige konnten sich im Mittelalter nur behaupten, wenn sie kämpfen konnten und Kriege führen. Die Könige,

KARL DER GROSSE

wurde im Jahr 768 geboren. In zahlreichen Kriegen gegen die Sachsen, die Araber und die Langobarden schuf er das riesige Frankenreich, das von Dänemark bis Italien und vom Atlantik bis zur Elbe reichte. Er war ein großer Krieger, aber auch ein Förderer der Künste und der Wissenschaft. Papst Leo krönte ihn im Jahr 800 zum Kaiser. Karl der Große starb im Jahr 814 und wurde in Aachen beerdigt. Weil sein Reich ungefähr die Fläche der frühen Europäischen Union bedeckte, wird er auch als »Gründungsvater« des modernen Europa bezeichnet.

die damals regierten, trugen Namen wie Friedrich, Heinrich, Otto oder Karl, und es ist nicht leicht, sie auseinander zu halten. Den Namen eines Königs aber muss man sich unbedingt merken. Er ist der wichtigste von allen, weil er nicht nur viel Land eroberte, sondern auch wusste, wie man es gut verwalten konnte. Er hieß Karl der Große.

Wie lebt es sich ohne Bankkonto?

Land zu haben war damals viel wichtiger als heute, denn Geld spielte im frühen Mittelalter keine besonders große Rolle. Wer etwas brauchte, tauschte es ein: Ein Brot gegen zwölf Eier, zwei Hühner gegen ein Schaf, eine Ohrfeige gegen einen Tritt in den Po. Nur wer Land besaß, wer Korn anbauen und sein Vieh auf die Weide treiben konnte, hatte eine Chance, zu überleben und seine Familie zu ernähren.

Neun von zehn Menschen lebten im mittelalterlichen Europa auf dem Land, der Rest verteilte sich auf ein paar Städte und Klöster. Wir stellen uns das Landleben heute sehr idyllisch vor, mit murmelnden Bächen und schmucken Höfen, mit Ziegen, Schafen und glücklichen lila Kühen, doch im Mittelalter war es alles andere als idyllisch. Jeden Tag kämpften die Bauern und ihre Familien ums Überleben.

Kaum vierzig Jahre wurden die Menschen damals durchschnittlich alt. Auch das schafften sie nur, wenn sie Geburt und Kindheit überlebten: Drei von vier Kindern starben, ehe sie erwachsen wurden. Alle paar Jahre kam es zu einer Hungersnot. Zwischendurch breiteten sich üble Krankheiten wie Cholera, Ruhr und sogar Lepra aus, und unzählige Männer, Frauen und Kinder wurden bei brutalen Überfällen verkrüppelt oder getötet. Der Tod war im Mittelalter fast überall sichtbar.

Die Bauern auf dem Land lebten in einfachen Häusern aus Holz, Zweigen und Lehm, ohne Wasseranschluss oder Toilette. Furchtbar eng war es, weil die Häuser oft nur einen einzigen Raum hatten. Schafe, Ziegen, Hühner und Kühe lebten mit den Menschen unter einem Dach, und dementsprechend hat es in diesem Durcheinander auch gerochen. Natürlich fehlte es auch an Mäusen und Kakerlaken nicht, an Flöhen, Wanzen und Läusen, so dass sich die Kinder damals wohl ständig gekratzt haben. Kinder und Erwachsene schliefen auf Stroh und teilten sich das Bett, Schlafanzüge gab es nicht, man legte sich nackt zur Ruhe.

Die Menschen wohnten in kleinen Siedlungen, oft in der Nähe eines Fluss- oder Bachlaufs und um-

KLEIDUNG DER BAUERN

Grau und schwarz sollte die Kleidung der Bauern sein. So wollten es die adligen Herrscher, die alle Farben für sich reservierten. Ein kurzer Kittel war erlaubt, den die Frauen aus grobem Leinen nähten, dazu ein knielanger Überrock im Winter. Manchmal trugen die Bauern auch eine Art Hose und einen Strohhut. Die Schuhe waren aus Rindsleder gefertigt.

geben von ihren Feldern und den Weiden für ihre Tiere. Jenseits der Felder begann die Wildnis, eine Welt voller Geheimnisse und Gefahren, eine bedrohliche, unbekannte Welt für die ahnungslosen Bauern. Was eine Wildnis ist, können wir uns heute kaum vorstellen. Autobahnen, Bundes- und Landstraßen verbinden alle Dörfer und Städte miteinander, selbst durch den tiefsten Wald führen befestigte Wege, und mit dem Handy können wir von fast jedem Ort aus Freunde anrufen.

Im frühen Mittelalter war das Land längst nicht so dicht besiedelt wie heute. Im Norden breiteten sich Sümpfe, Moore und Heideland aus, und große

Teile Süddeutschlands und Frankreichs waren von Wald bedeckt. Mit dem freundlichen, offenen Wald von heute hatte der Wald des Mittelalters nichts zu tun. Der mittelalterliche Wald war wie ein dunkler Riese. Tief und dicht und mächtig breitete er sich über das ganze Land aus und ließ den Menschen nur

Inseln zum Wohnen übrig. Wenige schmale Wege schlängelten sich durch diesen Wald hindurch, sie waren in schlechtem Zustand und machten das Reisen zu einer mühseligen und gefährlichen Unternehmung. Im Wald lebten nicht nur seltsame und wilde Tiere, Bären, Schlangen, Wölfe, im Wald lebten auch seltsame und wilde Menschen, Vogelfreie, die aus den Dörfern vertrieben worden waren, und skrupellose Räuber. Im Märchen von Rotkäppchen kann man lesen, wie gefährlich es war, im Wald vom Weg abzukommen.

Das Leben im Mittelalter war ein unsicheres Leben. Es gab wenig, auf dass sich die Bauern verlassen konnten. Sie hatten keine Reserven, kein Bankkonto, keine Lebensversicherung. Sie konnten nicht voraus planen, sondern lebten von Tag zu Tag und von Jahr zu Jahr. Wir wissen nicht, wie sie das aushielten, denn sie haben keine Briefe und keine Tagebücher hinterlassen, in denen sie über ihre Freuden und Ängste berichteten. Lesen und schreiben konnten im Mittelalter nur Mönche, Priester und ein Teil der Adligen. Die Bauern waren ungebildet und wussten nichts von der Welt. Was die Kinder lernen mussten, pflügen, säen, ernten, das lernten sie von den Eltern. Die Schule war noch nicht erfunden, auch Zeitungen und Fernsehen existierten nicht. Um Neues zu hören, mussten die Bauern darauf warten, dass mal ein Händler ins Dorf kam und

LESEN

Die wenigen Bücher, die es im frühen Mittelalter zu lesen gab, handelten allesamt von Gott. Das mit Abstand wichtigste von ihnen war die Bibel. Die Heilige Schrift war so wichtig, dass viele Mönche in ihrem ganzen Leben kein anderes Buch in die Hand bekamen. Am Ende des Mittelalters nahm die Zahl der Bücher stark zu und auch die Zahl der Leser. Geschätzt wird, dass in Deutschland zu Beginn des 16. Jahrhunderts etwa ein Prozent der Bevökerung lesen konnte.

erzählte. Vielleicht kam er aus einer Stadt, wusste etwas über die neueste Liebesaffäre des Grafen oder konnte sogar etwas über die unheimliche Frau mit den roten Haaren berichten, die hinter dem Fluss wohnte und vom Teufel besessen war.

Ein schlechtes Jahr für die Bauern war ein Jahr, in dem Krieg geführt wurde. Bei den germanischen Stämmen gab es keine Armee, die in Kasernen wohnte und das Land verteidigte, wenn es von Feinden bedroht wurde. Üblich war, dass sich die Männer um einen Anführer sammelten, wenn ein Krieg bevorstand, und dass sie für Waffen und Proviant selbst sorgten. War der Krieg kurz und der Feind nicht weit, konnten die Frauen, Kinder und Alten in dieser Zeit den Hof bewirtschaften. Doch wenn es ein langer Kriegszug wurde und die Entfernung zur Grenze groß war, fehlten die Männer auf dem Acker. Die Frauen konnten die Ernte allein nicht einbringen, und so drohte nach einem Krieg eine Hungersnot.

Wer tauscht Kühe gegen Panzerreiter?

Karl dem Großen war klar, dass dies nicht gut gehen konnte. Ein Volk, das hungerte, konnte nicht kämpfen. Karl erkannte auch, dass mit einfachen Fußsoldaten auf Dauer kein Krieg mehr zu gewinnen war. Sie waren zu unbeweglich und zu verletzlich. Er setzte deshalb auf eine andere Waffe, auf Soldaten, die ein eisernes Kettenhemd trugen und auf einem Pferd ritten. Diese Soldaten, die zu den Vorläufern der Ritter wurden, waren beweglicher als die Fußtruppen der Gegner. Sie konnten im riesigen Frankenreich schnell von einem Ort zum anderen gelangen. Und sie waren sehr gefährlich.

Eine lange Reihe von Panzerreitern, die dicht an dicht in die Menge der Fußsoldaten hineingaloppierte, konnte eine Schlacht entscheiden. Die Fußsoldaten kamen mit ihren Schwertern an die gut geschützten Feinde auf ihren Pferden nicht heran und waren den Schwerthieben von oben wehrlos ausgesetzt. Die berittenen Soldaten in ihren Kettenpanzern entwickelten sich zu einer schrecklichen und wirkungsvollen Waffe. Sie hatten bloß einen Nachteil: Sie waren zu teuer.

Die Forscher haben ausgerechnet, dass die Ausrüstung eines einzigen Panzerreiters dem Gegenwert von 45 Kühen entsprach. 45 Kühe, so viel Vieh brachte kaum ein ganzes Dorf zusammen. Der Grund für die hohen Kosten war, dass die Rüstung eines Kämpfers im frühen Mittelalter aus unzähligen kleinen Eisenringen hergestellt werden musste, die ein Handwerker miteinander verband. In einer Zeit, in der das Eisenerz noch auf kleinen Feuern in Gruben und Öfen geschmolzen und in Formen gegossen wurde, war dies eine sehr mühsame, langwierige und teure Arbeit. Teuer war es auch, ein Pferd oder gar mehrere zu beschaffen. Arme Bauern konnten das nicht mehr aufbringen. Wie also sollte der König an eine gute Armee kommen? Wie fand er genügend Panzerreiter?

Karl fand für das Problem eine Lösung, die das ganze Mittelalter prägen sollte. Wir wissen schon, wie wichtig es war, Land zu besitzen. Weil dem König aus Tradition alles freie Land zustand, konnte er seinen Panzerreitern etwas davon abgeben. Das »Lehen« war ein Stück geliehenes Land. Die Arbeiter, die gebraucht wurden, um das Land zu bewirt-

DAS LEHENSWESEN

Das Verleihen von Land war im Mittelalter allgemein üblich. Nicht nur der König verlieh Land. Auch der Adel und später sogar die Ritter suchten sich Verbündete, denen sie für ihre Treue und Unterstützung im Kampf ein Stück Land gaben. Es hatte bald jeder einen Lehnsherrn, selbst der König war noch Gott zur Treue verpflichtet. So bildete das Lehenswesen eine stabile Ordnung, in der jeder seinen Platz fand.

schaften, verlieh der König gleich mit. Es waren unfreie Bauern, die zum Land dazugehörten wie die Bäume oder Sträucher.

Für die Panzerreiter war das ein guter Tausch. Sie hatten endlich genug Zeit, um Krieg zu führen, und genug Geld, um Pferde und Rüstung zu kaufen. Nicht so gut war der große Landverleih für die Bauern. Sie mussten jetzt außer ihrer eigenen Familie auch noch die Familie eines Panzerreiters ernähren. Weil sie unfrei waren, konnten sie nicht zu einem anderen und möglicherweise netteren Herrn wechseln. Als unfreie Bauern gehörten sie zum Besitz des Lehnsherren dazu wie eine Kuh oder eine Ziege. »Der Bauer ist an Ochsen statt, nur dass er keine Hörner hat«, so spottete man im Mittelalter über die armen Unfreien.

Ein Ochse ohne Hörner? Für uns klingt das nicht gerade nach einem Traumjob. Trotzdem zogen es bald auch viele freie Bauern vor, ihr Land einem Lehnsherrn zu übergeben. Als Untertanen waren sie zwar von ihm abhängig und mussten ihm von allem, was sie ernteten, einen Teil abgeben. Aber sie hatten wenigstens ein kleines bisschen Sicherheit in ihrem unsicheren Leben und waren nicht mehr verpflichtet, in den Krieg zu ziehen, Felder und Familien zurückzulassen. Das tat nun der Lehnsherr für sie. Und er tat es gern.

Die gepanzerten Reiter waren Krieger, die den Kampf gelernt hatten und ihn aus Leidenschaft betrieben. Sie liebten es, mit Schwert, Streitaxt, Morgenstern und Lanze die Feinde zu töten. Sie waren es gewohnt zu kämpfen und begierig auf den Sieg. Das königliche Land, das »Lehen«, machte diese Krieger zu Herrschern, zu kleinen Königen mit eigenen Untertanen und eigenen Ländereien. Es war

ein erstaunlicher Aufstieg für die ehemaligen Bauern, eine »steile Karriere« würden wir heute sagen, die vielen zu Kopf stieg. Die kleinen Könige genossen ihre Macht. Stolz, übermütig und gierig vergaßen sie bald, dass Macht und Land nur geliehen waren, und wollten mehr davon: mehr Macht, mehr Untertanen, mehr Land. Und alle Welt sollte wissen, dass dieses Land für alle Zeiten ihnen und ihren Kindern gehörte.

So begann die Geschichte der Ritter, jener berühmten Schar von Draufgängern und Kriegern, die zu einer der mächtigsten Gruppen des Mittelalters aufsteigen sollte und uns bis heute fasziniert. Wenn wir von den Rittern hören, denken wir an große Heldentaten, an edle Schwerter und prächtige Rüstungen, an Liebesgedichte und geheimnisvolle Aufgaben. Und wir denken an Burgen.

Wer hat Angst vorm strengen König?

Die ersten Befestigungsanlagen, von denen wir wissen, sahen nicht gerade aus wie eine Ritterburg. Es waren einfache Erdwälle, hinter denen sich Menschen verschanzen konnten, wenn Gefahr drohte. Seit Urzeiten errichteten Bauern in der Nähe ihrer Dörfer solche Fluchtorte. Auch die Römer bauten für ihre Soldaten Schutzanlagen, Kastelle genannt. Sie verfügten schon über Wachtürme und Mauern, unterschieden sich aber noch sehr von mittelalterlichen Burgen. Erst seit dem 8. und 9. Jahrhundert sprechen wir in Mitteleuropa von Burgen.

Damals tauchten an den Grenzen des großen mittelalterlichen Reichs von Karl dem Großen die ersten burgähnlichen Verteidigungsanlagen auf. Sie

PFALZEN?

Die mittelalterlichen Kaiser und Könige herrschten nicht von einer festen Hauptstadt aus. Sie ließen viele Paläste errichten, die zusammen mit einer Kapelle und einem Gutshof eine Pfalz bildeten. Von diesen Pfalzen aus führten die Herrscher ihre Amtsgeschäfte. Pfalzen gab es unter anderem in Aachen, Ingelheim, Köln, Mainz, Nürnberg, Paderborn, Speyer, Basel.

lagen im Norden und im Osten des Landes, im Gebiet des heutigen Deutschlands, und dienten dem Schutz vor Wikingern und Slawen. Die großen Bauten im Landesinneren, die Pfalzen, waren dagegen nicht befestigt. Hier, in Aachen oder in Paderborn, erholte sich der König von seinen Reisen und Kriegszügen. Genau wie die Grenzburgen waren die Pfalzen königliche Bauten. Nur der König hatte das Recht, eine Burg zu bauen.

Theoretisch jedenfalls. Praktisch sah die Sache ein bisschen anders aus. Denn auch Könige werden mal schwach. Sie können Bauchschmerzen bekommen und schusslig werden. Oder, und das war besonders gefährlich, beim Regieren und Kriegführen ein paar Fehler machen. Prompt interessierten sich auch andere Herrschaften für das Burgenbauen.

Besonders scharf auf eine stolze Festung waren die Adligen, die dem König in der Rangordnung am nächsten standen: die Fürsten und Bischöfe. Sie fanden, dass ihnen eine Burg sehr gut stehen würde. Schließlich waren sie auch sehr bedeutend in ihren Fürstentümern und Bistümern, fast so bedeutend wie der König selbst. So bauten sie ihre eigenen Burgen, und der König ließ sie gewähren. Es dauerte nicht lange, bis auch die Grafen auf die Idee mit der Burg kamen und ebenfalls mit dem Burgenbauen begannen. Irgendwann war dann die Reihe an den königlichen Panzerreitern, den Rittern. Wenn die Grafen eine Burg hatten, dann wollten sie auch eine.

WER DARF BURGEN BAUEN?

Ursprünglich durften im Mittelalter nur Könige eine Burg bauen. Doch die Herzöge und Grafen hielten sich nicht an diese Regel und bauten ebenfalls Burgen.

Tatsächlich war eine Burg für die Ritter besonders praktisch. Schließlich waren sie Krieger und ständig auf der Suche nach einem kleinen oder größeren Kampf und einer Möglichkeit, ihre Macht zu vergrößern. Eine gute Gelegenheit dazu war die Fehde.

Ein Grund für eine Fehde aber fand sich immer. Mal hatte der andere Ritter im fremden Revier einen Hirsch gejagt, mal eine Spielschuld nicht beglichen, mal einen Händler überfallen, der eine Ladung orientalischer Teppiche auf die eigene Burg bringen sollte.

Eine Fehde verlief nicht wie ein Duell, bei dem sich die Gegner im Morgengrauen zu einem Kampf treffen. Eine Fehde war ein kleiner Krieg, der damit begann, dass die Ritter erst mal die Dörfer und Felder ihres Gegners niederbrannten, seine Ernte vernichteten und seine Bauern vertrieben. Dann versuchten sie, den feindlichen Ritter zu fangen, um von seinen Leuten ein Lösegeld zu erpressen. Das aber gelang nur, wenn der feindliche Ritter sich irgendwo herumtrieb. Hielt er sich dagegen auf einer Burg auf, war nicht viel zu machen. In der Burg war der Ritter sicher, konnte seinen Feinden eine lange Nase machen und geduldig warten, ob ihm vielleicht Freunde zur Hilfe kamen. Gemeinsam konnte man dann den Spieß umdrehen, die Felder und Dörfer des Gegners niederbrennen, die Ernte seiner Bauern vernichten und ihn schließlich gefangen nehmen. Kein Wunder, dass die Burgen bei den Rittern so beliebt waren. Sie boten Schutz vor anderen Rittern.

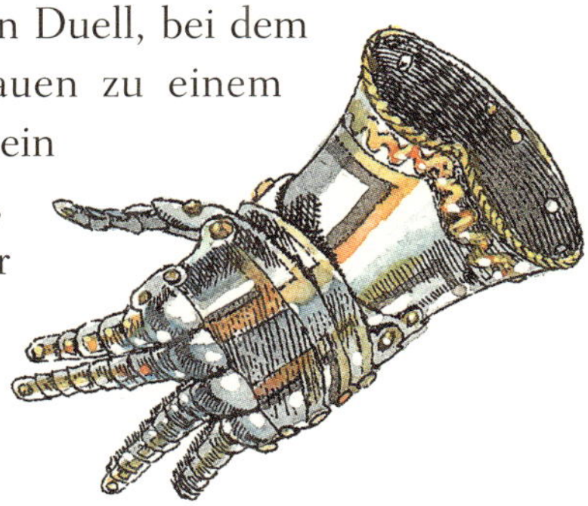

Wir haben damit einen Grund gefunden, warum die Ritter Burgen bauten: Sie suchten Schutz. Dieser Grund ist wichtig, aber es war nicht der einzige Grund für den Burgenbau. Bevor wir weitersuchen, wollen wir uns anschauen, wie die Ritter ihre Burgen bauten, damit sie so sicher wie möglich waren.

EINE FEHDE

war ein altes germanisches Recht, das allen freien Männern erlaubte, ein Vergehen selbst zu bestrafen. Um eine Fehde zu beginnen, musste man nur dem Täter einen Fehdebrief schreiben (oder einen Fehdehandschuh vor die Füße werfen) und ihm einen Grund für die Fehde nennen. Schon konnte man loslegen.

DIE ERSTEN BURGEN

wurden noch aus Holz gebaut. Es waren befestigte Herrenhöfe, die nahe bei den Dörfern der Bauern lagen. Manchmal verfügten sie über einen Erdhügel, eine »Motte«, mit einem hohen Gebäude und einem Ausguck darauf. Im Lauf der Zeit zogen die Ritter dann weg von den Bauern und hinauf auf die Berge. Vom 12. Jahrhundert an bauten sie ihre Burgen aus Stein.

Wie man eine Burg baut und erobert

Um eine feste und stabile Burg zu bauen, braucht es Steine. Kluge Ritter wählten deshalb als Standort für ihre Burg gleich einen Felsen aus, der als Steinbruch taugte. Zahlreiche Steinmetze mussten in jahrelanger Arbeit die Steine für die Mauern aus dem Fels schlagen. Für den Transport der Brocken waren die Untertanen zuständig, die eine bestimmte Arbeitszeit für ihren Herrn aufzubringen hatten. Wer einmal eine gut erhaltene Burg auf einem hohen Felsen besucht hat, kann sich vorstellen, wie gering die Freude der Bauern über diese Abwechslung von der Feldarbeit war.

Auf der Baustelle selbst arbeiteten Profis: Maurer, Zimmerleute, Dachdecker, Tischler, Schmiede und vor allen Dingen ein erfahrener Baumeister. Diese Handwerker wurden meist in den Städten angeworben und mit Geld und Lebensmitteln bezahlt. Sie arbeiteten auf hölzernen Gerüsten und beförderten die Baumaterialien mit Flaschenzügen und auf Rampen in die Höhe.

Es war nicht einfach, eine stabile Mauer von ein bis zwei Meter Dicke so zu bauen, dass sie nicht gleich wieder zusammenbrach. Die Steine mussten passend aufeinander gelegt werden, und vor allen Dingen musste der Mörtel halten. Eine besondere Strapaze war der Brunnenbau: Die Arbeiter gruben und hackten oft monatelang, ehe sie auf Grundwasser stießen. Manche Schächte wurden auf diese

BRUNNEN SIND FUNDGRUBEN

Wenn sich irgendwo Menschen niederließen, dann gruben sie oft als Erstes einen Brunnen. Während die Gebäude im Laufe der Jahrhunderte oft abgerissen oder stark umgebaut wurden, blieben die Brunnen meistens erhalten. Für Archäologen sind sie deshalb sehr interessant: Alles, was im Laufe der Jahrhunderte in den tiefen Brunnen fiel, blieb einfach liegen und kann heute erforscht werden.

Weise 150 Meter tief, und man ahnt, wie lange es dauerte, einen Eimer hinunterzulassen, ihn zu füllen und wieder heraufzuziehen. Spaßvögel, die einen kitzelten, wenn man seinen Eimer gerade hochgezogen hatte, waren auf den Burgen nicht beliebt.

Um zu verhindern, dass eine Burg erstürmt wurde, ließen sich die Baumeister eine Menge einfallen.

Die hohen, mit Schießscharten versehenen Mauern waren oft von einem mit Wasser gefüllten Burggraben umgeben. Wer in die Burg wollte, musste über eine Zugbrücke reiten, die sofort hochgezogen wurde, wenn sich verdächtige Gäste näherten. Die hölzernen Burgtore waren mit Metall verstärkt, damit sie die Stöße eines Rammbocks besser aushielten. Im Gang hinter dem Tor warteten Fallgatter auf mögliche Eindringlinge. Wurden sie durch verborgene Mechanismen ausgelöst, sausten sie schlagartig hinunter. Sogar auf den schmalen Wegen zur Burg wurden noch ein paar Tricks eingebaut. So ließen die Baumeister Gruben ausheben und durch Sträucher tarnen. Wer in so eine Wolfsgrube hineinfiel, landete auf angespitzten Holzpfählen.

So konnten sich die Bewohner einer Burg ziemlich sicher fühlen. Rückte trotzdem mal ein feindliches Heer an, wurde es gebührend empfangen. Pfeil- und Armbrustschützen gingen in Stellung, aus steinernen Pechnasen wurde heißes Pech oder auch Kot und Urin auf die Feinde hinabgeschüttet. Und die rollenden Belagerungstürme, mit denen die Feinde die Mauern überwinden wollten, wurden mit Brandpfeilen gestoppt.

Allerdings ließen sich auch die Feinde einiges einfallen, um eine Burg zu erobern. Mit Katapulten schleuderten sie Kot und Urin in die Burg und zusätzlich noch stinkende Tierkadaver. Es kam sogar vor, dass sie die Köpfe von getöteten Verteidigern über die Mauern warfen. Im Schutz von hölzernen Angriffswagen gruben sie außerdem Gänge unter den Mauern, um sie zum Einsturz zu bringen. Und ihre Belagerungstürme umwickelten sie mit nassen Tierfellen, damit sie nicht Feuer fingen.

Trotzdem gelang es selten, eine Burg im Sturm zu erobern, weshalb sich die gegnerischen Parteien oft auf eine mehr oder weniger friedliche Übergabe einigten. Kam es dazu nicht, blieb nur die Belagerung.

SACSAYHUAMAN

Nicht nur in Europa entstanden mächtige Burgen: Die Inkafestung Sacsayhuaman, die von 1440 bis 1532 errichtet wurde, zählte zu den gewaltigsten Burganlagen der Welt. Erbaut wurde sie mit Steinen, die bis zu 5 Meter hoch und 200 Tonnen schwer waren. Ein dreifacher Mauerring umgab die Festung, in der sich zahlreiche Gebäude und Lagerräume befanden.

Die Belagerung einer Burg war ein großes Ereignis und musste sorgfältig geplant werden. Es konnte schließlich sein, dass sie ein Jahr oder länger dauerte. In dieser Zeit mussten die eigenen Soldaten nicht nur versorgt, sondern auch bei Laune gehalten werden und das im Sommer wie im Winter. Die Angreifer bauten vor der Burg ein Lager auf, mit Zelten, Küchen, Backstuben und Wirtshäusern. Fliegende Händler eilten herbei, um ihre Waren zu verkaufen, und auch an Gauklern und Musikern fehlte es nicht. Gelang es den Belagerern, die Burg einzunehmen, war es um die Bewohner geschehen. Sie wurden niedergemetzelt oder als Sklaven verkauft. Nur der

KATAPULT

Maschinen, mit denen Steine oder andere Dinge über große Entfernungen geschleudert wurden, kannten schon die Römer. Bei einem Katapult wurde meist ein Baumstamm so lange gebogen, bis er unter großer Spannung stand. Wurde das Seil, das den Stamm hielt, gekappt, schleuderte das Katapult seine Fracht weit in die Luft.

Burgherr kam mit dem Leben davon. In der Burg des Siegers schmachtete er im Kerker, bis seine Leute ein Lösegeld für ihn bezahlt hatten.

Müssen Ritter zur Schule gehen?

Komischerweise kam es selten vor, dass ein Ritter den anderen einfach ermordete. Zwar waren sie Rivalen und immer darauf bedacht, ihre Macht zu vergrößern. Trotzdem achteten sie auf ein paar Regeln. Lösegeld nehmen war erlaubt, morden nicht. Auf den großen Turnieren, auf denen sie miteinander wetteiferten, kam es zwar immer wieder zu Todesfällen. Aber das waren Unfälle. Je mehr sie sich selbst als Ritter fühlten, desto wichtiger war es ihnen, bei allem Streit ein paar Regeln einzuhalten. Die Kreuzzüge, bei denen sich Ritter aus ganz Europa trafen, verstärkten dieses Gefühl. Die Ritter waren stolz darauf, Ritter zu sein und einer tapferen Gemeinschaft anzugehören. Begeistert folgten sie dem Aufruf des Papstes, das Heilige Land zu befreien.

Auf den Kreuzzügen merkten die Ritter, wie ähnlich sie einander waren. Der Kampf gegen einen gemeinsamen Feind verband sie miteinander, und sie fingen an, gemeinsame Rituale zu entwickeln und sich feste Regeln für die Ausbildung zu geben. Schon mit sieben Jahren musste der Sohn eines Ritters, so wollten es diese Regeln, seine Eltern verlassen, um auf der Burg eines verbündeten und oft mächtigeren Ritters als Knappe zu arbeiten. Mit sieben Jahren Abschied nehmen von Eltern und Geschwistern – das war ziemlich hart, und die kleinen Jungs haben bestimmt furchtbar geweint. Immerhin mussten sie nicht zur Schule gehen und Hausaufgaben machen, sondern konnten auf der Burg spannende Dinge unternehmen. Sie lernten im Wald zu jagen, zu reiten und mit Schwert und Lanze zu kämpfen. Sie lernten aber auch, wie man sich als

PRINZ EISENHERZ

Zusammen mit seinen Freunden, dem Ritter Gawain und dem Zauberer Merlin, reitet der tapfere Prinz Eisenherz seit vielen Jahrzehnten durch Europa. Er ist ein Ritter von König Artus' berühmter Tafelrunde, allerdings einer, der erst im 20. Jahrhundert auf die Welt kam. Der amerikanische Comic-Zeichner Harold Rudolf Foster zeichnete im Jahr 1937 die erste Folge mit dem jungen Prinzen in der Hauptrolle. Die Comics waren so erfolgreich, dass Foster bis 1980 neue Folgen zeichnete.

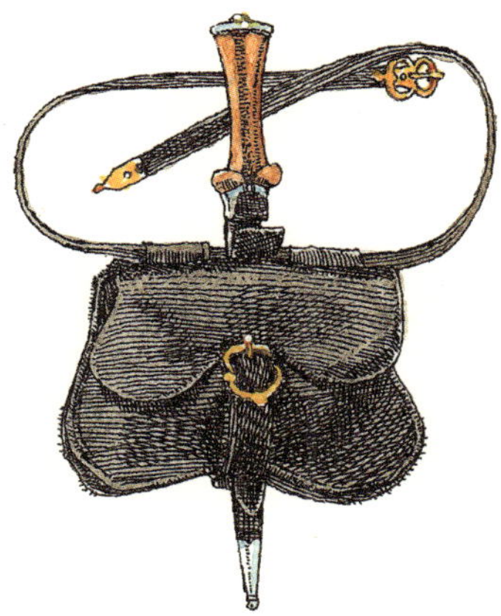

KREUZZÜGE

Für die Ritter waren die Kreuzzüge ein aufregendes Erlebnis, eine weite Reise, auf der sie viel zu sehen bekamen und Spaß miteinander hatten. Weniger spaßig waren die Kreuzzüge für die Bewohner der besuchten Länder. Skrupellos plünderten die christlichen Ritter fremde Städte aus, sie nahmen sich, was sie brachen konnten, brannten Gotteshäuser nieder und schlachteten die Bevölkerung ab.

Ritter benimmt, dass man höflich ist und sich vor den Damen verbeugen muss. Zum Schluss erhielten sie aus der Hand ihres Lehrmeisters ein Schwert und wurden in einer feierlichen Zeremonie zum Ritter geschlagen.

Mit dem Ritterschlag wurde aus dem Jungen ein Erwachsener und ein Mitglied der Gemeinschaft der Ritter. Es war eine mächtige und wachsende Gemeinschaft, die so selbstbewusst war, dass sie sich am liebsten mit dem König und den Adligen verglich, die in der Lehnsordnung des Mittelalters über ihr standen. Alles, was die Adligen und der König taten, interessierte die Ritter brennend, schließlich wollten sie selbst auch hoch hinaus. Wenn die Fürsten italienische Mäntel trugen, wollten sie so bald wie möglich auch italienische Mäntel tragen. Und wenn die Fürsten ihr Essen mit Safran würzten, mussten die Ritter unbedingt auch Safran haben.

Für die Bauern, aus deren Reihen ihre eigenen Vorfahren stammten, hatten die Ritter nur Verachtung übrig. Sie machten Witze über sie und hatten keinen Respekt vor ihnen. Die Bauern sollten ihre Felder bestellen und ihre Abgaben pünktlich liefern. Käse, Eier, Brot und Milch, Früchte und Gemüse, von allem mussten sie den zehnten Teil abgeben und manchmal sogar noch mehr. Sonst sollten sie sich von den Rittern fern halten. Nur wenn sich die Bauern stritten oder es im Dorf zu einem Mord oder einem Raub kam, griffen die Ritter ein. Sie verurteilten den, den sie für den Täter hielten, warfen ihn in ein Verlies auf der Burg oder richteten ihn hin. Es gefiel ihnen, Richter zu sein, so konnten sie sich ein wenig fühlen wie Gott im Himmel.

Wir ahnen jetzt auch, dass es für den Burgenbau im Mittelalter noch einen weiteren wichtigen Grund gab. Mit ihrer Burg konnten die Ritter prima angeben und allen zeigen, was für tolle Kerle sie waren. Wie ein aufgerichteter Zeigefinger sagte der Turm allen Untertanen: »Hallo, hier oben wohnt euer erhabener Herrscher!« Auch die Fürsten und Herzöge konnten, wenn sie zu Besuch kamen, schon von ferne sehen, wie mächtig der Ritter war, der in dieser Burg wohnte. Wahrscheinlich war die Burg für die Ritter auch so etwas wie ein Grundbucheintrag. Sie zeigte, wem das Land gehörte, auf dem die Burg sich erhob.

Kein Wunder also, dass die Burgenbauer viel Wert auf einen besonders hohen Turm legten, denn zum Angeben sind Türme einfach spitzenmäßig gut geeignet. Wenn man von oben herabschaut, kommen einem die eigenen Untertanen und die anderen Ritter gleich viel kleiner vor. In den frühen Burgen, die hauptsächlich in Südfrankreich entstanden, hießen die Türme Donjons und wurden bewohnt. Sie enthielten die Küche, einen Mehrzweckraum und Schlafgemächer. In den späteren Burgen, vor allem im Gebiet des heutigen Deutschlands, war der Turm nur noch Turm. »Bergfried« wurde er genannt und hatte, vom Ausguck einmal abgesehen, kaum noch einen praktischen Nutzen. Zwar hieß es manchmal, dass sich die Bewohner einer Burg nach der Eroberung in den Bergfried flüchteten, doch ist dies eine Legende. War die Burg einmal gefallen, ließ sich der Turm beim besten Willen nicht mehr halten.

DER HÖCHSTE BURGTURM

Einer der höchsten Türme stand in der französischen Burg Coucy, die im Jahre 1230 von Herzog Enguerrand III. gebaut worden war. Der Turm war 54 Meter hoch, das heißt: so hoch wie ein Riesenrad. Deutsche Truppen sprengten den Turm während des Ersten Weltkriegs in die Luft.

Wo gingen die Ritter aufs Klo?

STÜHLE

Ein Möbelstück, das für uns heute selbstverständlich ist, gab es damals noch nicht: den Stuhl. Er wurde erst im 16. Jahrhundert erfunden, bis dahin saßen die Leute auf Hockern oder Bänken.

Zum Wohnen war der Turm den aufstrebenden Rittern bald zu klein. Sie errichteten deshalb auf dem Gelände ihrer Burg ein weiteres Gebäude, den Palas. Er enthielt den Saal, in dem der Ritter andere Ritter empfing und in dem er als Richter seine Urteile sprach. Je mehr sich die Ritter als Ritter fühlten, desto wichtiger war es ihnen, große prächtige Säle zu bewohnen. So wurden die Säle und der gesamte Palas im Lauf der Jahrhunderte immer größer und aufwändiger möbliert. Teure Teppiche, Malereien und sogar Holzverkleidungen bedeckten die Wände. Statt des Kachelofens, der im 12. Jahrhundert erfunden wurde, sorgte meist ein offener Kamin für Wärme. Er verbrauchte zwar mehr Holz, machte aber auch mehr her.

Über dem Saal wohnte der Burgherr mit seiner Familie in einfachen und ungeheizten Räumen. Vater, Mutter und Kinder schliefen in einem einzigen Bett. Es hatte Vorhänge, damit es im Winter ein bisschen wärmer war und im Sommer das Ungeziefer nicht hereinkam. Außerdem stand meistens noch eine Truhe im Raum, in der die Kleidung aufbewahrt werden konnte. Ein Klo gab es in der Wohnung nicht. Alle Burgbewohner gingen, wenn sie mal mussten, zu einem Erker an der Burgmauer. Der kleine Vorbau hatte ein Loch, so rutschten Kot und Urin einfach außen an der Burgwand hinunter.

TUGENDHAFTES LEBEN

Je wichtiger sich die Ritter vorkamen, desto wichtiger waren ihnen die ritterlichen Tugenden: Treu musste ein Ritter sein, tapfer, besonnen und auch höflich. In vielen ergreifenden Minnegedichten wurden diese Tugenden besungen. Etliche Ritter allerdings befolgten die edlen Regeln nur zum Schein: Um Frauen zu beeindrucken oder ihr wahres Leben zu verschleiern, das nicht immer so tugendhaft verlief.

Kinder hatten im Mittelalter nicht viel Zeit zum Spielen. Sie mussten schon früh ihren Eltern helfen, Zwiebeln schälen, Geschirr reinigen, Wasser holen. Auch die Kinder der Ritter mussten sich früh an die Welt der Erwachsenen anpassen. Vielleicht spielten sie ab und zu noch Fangen oder Verstecken und kuschelten mit ihren Puppen. Doch ihre Kindheit endete früh. Die Mädchen mussten lernen, sich als Burgfräulein zu benehmen. Die Jungs verließen die Burg, um Ritter zu werden.

Die Ehefrau des Ritters kümmerte sich hauptsächlich um den Haushalt und sagte den Mägden, was sie machen sollten. Weil ihr Mann viel reiste, war sie oft allein. Der Ritter besuchte Freunde auf anderen Burgen, führte Kriege oder vergnügte sich auf einem der vielen Turniere. Vor allem im Winter, wenn es kalt und dunkel wurde, war das Leben in einer Burg einsam, ungemütlich und langweilig.

Natürlich gab es auf einer Burg auch eine Menge Wirtschaftsräume, Ställe und Lagerstätten. Immerhin lebten hier außer der Familie des Burgherrn viele andere Menschen: Köche, Mägde und Knechte, Kindermädchen, Tischler, Zimmerleute, Schmiede, Stallmeister und Knappen. Je größer die Burg war, desto größer war auch die Zahl der Bewohner. Zudem war die Burg für die Dörfer in der Umgebung so etwas wie ein Landratsamt, ein Mittelpunkt der Verwaltung. Im Auftrag des Ritters kümmerten sich hier Verwalter darum, dass die Bauern rechtzeitig die geforderten Abgaben leisteten. Die Verwalter erledigten für den Ritter die Einkäufe, entschieden, ob irgendwo ein Zaun gebaut werden sollte oder ein Weg angelegt. Und sie verwalteten das Geld.

Was haben Luke Skywalker und Old Shatterhand gemeinsam?

Geld wurde im späten Mittelalter immer wichtiger. Das hing damit zusammen, dass die Städte wuchsen und der Handel blühte. In den Städten tauschten die Bürger nicht mehr vier Hühner gegen eine Ziege, sondern bezahlten ihre Waren mit Münzen. Auch die Ritter brauchten jetzt Geld, um Waren kaufen und mit den Adligen mithalten zu können. Gute Handwerker und gute Künstler mussten bezahlt werden. Orientalische Gewürze, schnelle Pferde – für all das brauchte man Geld. Woher aber nehmen, wenn die eigenen Bauern nur Getreide oder Gurken ablieferten?

Die Ritter fingen an, mit ihren Ländereien zu handeln. Sie verkauften oder kauften ganze Dörfer, richteten an den Grenzen ihres Landes Zollstationen ein oder versuchten, auf Turnieren Geld zu verdienen. Nicht wenige machten auch Schulden, die sie nicht mehr zurückzahlen konnten. Einige fingen sogar mit der Räuberei an. Sie wurden Raubritter, die von ihren Burgen aus durchreisende Kaufleute überfielen und ausraubten oder Lösegeld erpressten.

Es war der Anfang vom Ende der Ritter. Nicht nur der Geldmangel machte ihnen zu schaffen. Auch in der Schlacht waren sie nicht mehr unbesiegbar. Geschickten Armbrust- und Bogenschützen gelang es, heranstürmende Ritterscharen mit Pfeilen zu stoppen. Um gegen die Pfeile gewappnet zu sein, legten sich die Ritter dickere Rüstungen zu, in denen sie furchtbar schwitzten und sich kaum noch bewegen konnten. Am Ende mussten die Ritter mit einem Kran auf ihr Pferd gesetzt werden. Wenn sie herunterfielen, waren sie hilflos wie Käfer, die auf den Rücken gedreht werden.

Auch ihre Burgen waren bald kein guter Schutz mehr. Nach der Erfindung des Schießpulvers tauchten im 14. Jahrhundert die ersten Kanonen auf, ihnen widerstand selbst die dickste Burgmauer nicht lange. So verließen immer mehr Ritter ihre einsamen und ungemütlichen Burgen und zogen in die Städte, sie wurden Kaufleute oder heuerten als Ausbilder in den neuen Armeen an. Ihre Burgen wurden geschleift, brannten nieder oder verfielen. Im 16. Jahrhundert, als viele Dichter und Schriftsteller die Heldentaten der Ritter rühmten, war ihre Zeit längst vorbei.

Ihre Karriere als Helden der Dichtung allerdings begann erst. Aus den streitlustigen Aufsteigern wurden in den Erzählungen tapfere Recken, die mit ihren Gefährten unermüdlich für die Ehre und das Gute kämpften. Die Ritter der Dichtung waren immer unterwegs, immer auf der Suche nach Abenteuern und geheimnisvollen Aufgaben. Tief in ihrem Herzen hüteten sie die Liebe zu einer fernen schönen Frau.

Je mehr die echten Ritter aus der Zeit verschwanden, desto größer wurde der Ruhm der erfundenen. Ihr Kampf für das Gute, ihre Abenteuerlust und ihr rastloser Zug durch die Welt begeistern bis heute viele, die noch nicht so genau wissen, was sie aus ihrem Leben machen sollen. Heute treffen wir Ritter in Büchern, Comics und im Kino. Viele von ihnen haben die Zeit gewechselt, tragen andere Rüstungen und benutzen andere Waffen. Sie nennen sich Old Shatterhand, James Bond, Superman, Aragorn oder Luke Skywalker. Sie kämpfen mit Laserschwertern, der Walther PPK oder dem Henrystutzen, und sie streifen durch Prärien, Großstädte und Galaxien. Doch so unterschiedlich sie sind, eines haben die modernen Ritter mit den alten gemeinsam: Sie halten es in ihren Burgen einfach nicht aus.

DON QUIJOTE

In seinem berühmten Roman »Don Quijote« schildert der spanische Schriftsteller Miguel de Cervantes, wie ein armer Landedelmann zum Opfer seiner Ritterbegeisterung wurde. Don Quijote verwechselt ständig die Wirklichkeit mit seinen Ritterromanen. Einfache Windmühlen hält er für gefährliche Riesen, eine billige Kneipe sieht für ihn aus wie eine Burg. Und eine Herde von Hammeln verwechselt er mit feindlichen Kriegsheeren.

Warum gibt es Blitz und Donner?

Die Wikinger hatten auf diese Frage eine einfache Antwort. Blitz und Donner? Dahinter muss ein Gott stecken. Sie glaubten, Thor, der Donnergott, schleudere mit seinem Hammer die Blitze auf die Erde. Weil Blitz und Donner so ziemlich das Einzige waren, vor dem die Wikinger Respekt hatten (Zahnärzte gab es noch nicht), erklärten sie Thor zu ihrem obersten Gott. Hätten die Wikinger schon eine Kinder-Uni gehabt, hätten sie sich das vermutlich anders überlegt. Hier kann man lernen, dass hinter Blitz und Donner eine Kraft steckt, die stärker ist als Thor. Und vor der trotzdem niemand Angst haben muss.

Der Tübinger Physiker David Wharam untersucht normalerweise, wie Strom in winzig kleinen Schaltkreisen fließt. Doch kennt sich der Professor auch mit dem Stromfluss im Riesenschaltkreis zwischen Himmel und Erde aus: In der Tübinger Kinder-Uni erklärte er, was die Blitze am Himmel mit den Funken beim Pulloverausziehen zu tun haben. Prof. Wharam achtete auch darauf, dass in diesem Kapitel alles stimmt.

Auch die größten Sommergewitter fangen klein an. Wenn es draußen heiß ist wie im Backofen, wenn man nur noch an Zitroneneis, Cola und Freibad denken kann und die Schweißflecken der Erwachsenen bis zum Hosenbund reichen, passiert es. Plötzlich steht da ein kleines Wölkchen am Himmel. Man fragt sich: Wie ist dieses kleine Wölkchen an diesen großen blauen Himmel gekommen? Wo will es hin? Was hat es vor? Erstaunt sieht man, wie das Wölkchen größer wird, sich aufplustert und sogar Verstärkung bekommt.

Eine Weile sieht alles ganz harmlos aus. Doch allmählich verwandeln sich die Wölkchen in gefräßige schwarze Riesenwolken mit großem Appetit auf Sonne und blauen Himmel. Stück für Stück vertilgen sie das schöne Wetter. Wind kommt auf, es wird finster, und irgendwann ist aus der Ferne ein erstes Grollen zu hören, als wäre dort ein dickes, fettes und sehr schlecht gelauntes Ungeheuer aufgewacht: »Grrrrrrch.«

Wenn es so weit ist, sollte man besser keinen Spaziergang mehr beginnen, auch nicht mehr auf hohe Bäume klettern oder einen Handstand auf dem Dach machen. Ausgeschlafene Gewitter sind nämlich keine netten Begleiter für unterwegs. Wie wilde böse Drachen fallen sie über die Welt her. Sie speien Feuer, toben herum und verwüsten alles, was ihnen in die Quere kommt. Gewitter können Häuser in Brand setzen, Bäume zerfleddern, Straßen überfluten, sie können sogar Tiere und Menschen töten. Zum Glück sind wir in unseren Wohnungen ziemlich sicher vor Gewittern. Wir müssen keine Angst haben, dass uns ein Blitz trifft, und können entspannt zusehen, wie das Gewitter wütet. Das ist manchmal spannender als ein Actionfilm im Kino.

Bestimmt haben schon unsere frühesten Vorfahren über Sommergewitter gestaunt. Zitternd saßen sie in ihren Höhlen, kuschelten sich eng aneinander. Vielleicht kamen sie bei einem Gewitter auf die Idee, dass es höhere Mächte geben könnte. Monster. Überirdische Wesen. Götter, die mit den hilflosen kleinen Menschen machen können, was sie wollen. Und vielleicht begannen sie bei einem Gewitter, diese Götter anzubeten, ihnen Opfer zu bringen.

Wettergötter kommen jedenfalls in fast allen frühen Religionen der Menschheit vor. Meist sind sie die mächtigsten, die Chefs der anderen Götter. Sie haben Blitz und Donner in ihrer Gewalt. Indra hieß der Wettergott bei den Veden, einer Religion, die im Gebiet des heutigen Indien verbreitet war. Taranis herrschte bei den Kelten über die Gewitter, Thor bei den Wikingern, und Donar nannten die Germanen ihren Donnergott. Auch Zeus, der oberste griechische Gott, war ein Blitzeschleuderer. Ihm gaben die Kyklopen, die einäugigen Riesen, die Macht über die Gewitter. Zeus hatte sie aus ihrem Gefängnis tief im Erdinneren befreit.

Es dauerte lange, bis die Menschen die Ehrfurcht vor Blitz und Donner und den anderen Naturgewalten verloren. Nach einer Legende war es der christliche Missionar Bonifatius, der vor mehr als 1200 Jahren die Herrschaft der Donnergötter beendete, zumindest im Gebiet des heutigen Deutschland. Mit der Axt fällte er in der Nähe des Ortes Geismar eine dem Donar geweihte Eiche. Die Germanen, die dabei zuschauten, waren gespannt: Würde der Donnergott den frechen Missionar zur Strafe für seine Freveltat mit einem Blitz erschlagen? Doch nichts geschah: Donar rührte sich nicht, der Heilige überlebte seine Abholzaktion.

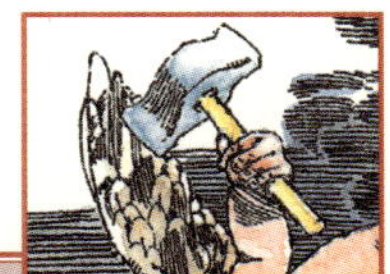

DONARS DONNER

Wie eng die Gewitter mit den Göttern verbunden waren, zeigt sich bis heute in unserer Sprache. Das Wort »Donner« geht auf den Gott Donar zurück. Der oberste Gott der Germanen gab auch dem Donnerstag seinen Namen.

Obwohl er von Beruf Missionar war, verhielt sich Bonifatius in Geismar nicht viel anders als ein moderner Naturwissenschaftler. Um die Germanen zu überzeugen, führte er ihnen ein Experiment vor, einen wissenschaftlichen Versuch zur Untersuchung natürlicher Vorgänge. Er fällte einen Baum und demonstrierte so, dass für Blitz und Donner nicht der Gott Donar verantwortlich war, sondern die Natur. Nebenbei bewies Bonifatius mit seinem Experiment auch, dass der Mensch offenbar straflos in die Natur eingreifen konnte.

Es sollte noch ein paar Jahrhunderte dauern, bis der Mensch sich endgültig zum Herrscher über die Natur erklärte. Bis er verstand, wie sie funktionierte, wie man sie nutzen oder auch ausrauben konnte. Zur Zeit von Bonifatius waren die meisten Gesetze der Natur noch unbekannt. Der Missionar wusste nicht, wie Blitz und Donner entstehen, er hatte keine Ahnung von der Schwerkraft, der Elektrizität, dem Aufbau der Materie. Aber er hatte gezeigt, wie man den Geheimnissen der Natur auf die Schliche kommen konnte: durch Experimente. Tausend Jahre später bewies Benjamin Franklin ebenfalls mit einem Experiment, dass für Blitz und Donner eine Naturkraft verantwortlich war, eine der vier großen Kräfte der Natur.

Wie man ohne Schulabschluss berühmt wird

Benjamin Franklin wurde im Jahr 1706 in Boston in Nordamerika geboren. Sein Vater war ein armer Seifenmacher und Händler, der seine 15 Kinder nur mit größter Mühe und Not ernähren konnte. Benjamin musste schon mit zehn Jahren die Schule verlassen, um seinem Vater im Geschäft zu helfen. Aber auch ohne Lehrer lernte Benjamin unablässig hinzu. Er war außerordentlich neugierig und las jedes Buch, das er in die Finger bekam. Wegen seiner Liebe zu Büchern beschloss er, bei seinem Bruder, einem Druckereibesitzer, in die Lehre zu gehen und danach eine eigene Druckerei zu eröffnen. Zwanzig Jahre war er damals alt, und Drucken sollte nur der erste von vielen Berufen sein, die Franklin in seinem Leben ausübte.

Aus dem Druckereibesitzer wurde bald ein Verleger, der außer Büchern eine eigene Zeitung herausgab, die »Pennsylvania Gazette«. Sie wurde berühmt, weil sie als erste Zeitung der Welt Cartoons abdruckte. Später kämpfte Franklin für die Unabhängigkeit seiner Heimat, die damals noch eine englische Kolonie war, und wurde zu einem Gründervater der Vereinigten Staaten. Nebenbei eröffnete er die erste Feuerversicherung der USA, schrieb philosophische Aufsätze, erfand einen qualmfreien Ofen und ein Musikinstrument aus wassergefüllten Gläsern.

Die Leistung aber, mit der sich Benjamin Franklin auf ewig einen Platz unter den Superhelden der Menschheit sicherte, ist das Drachen-Experiment. Mit diesem gewagten Versuch konnte er beweisen, dass hinter den Blitzen eines Gewitters ein damals noch ziemlich unerforschtes Naturphänomen steckte, die Elektrizität.

DIE NATURKRÄFTE

Vier Kräfte haben die Physiker bis jetzt gefunden, die das Weltall und die Natur zusammenhalten. Zwei davon, die starke und die schwache Kraft, sind für Menschen nicht spürbar, weil sie nur auf die kleinsten Teilchen der Materie einwirken. Die beiden anderen aber kennt jeder. Es sind die Schwerkraft und die elektromagnetische Kraft. Zur elektromagnetischen Kraft gehört auch die Elektrizität.

Was hat Bernstein mit Fernsehen zu tun?

Um zu verstehen, wie kühn das Experiment von Benjamin Franklin war, müssen wir uns in die Zeit zurückversetzen, in der er lebte. Im Jahr 1752 ahnte niemand, was für eine enorme Bedeutung die Elektrizität einmal bekommen würde. Es gab auf der ganzen Welt kein einziges elektrisch betriebenes Gerät, kein Kraftwerk und keine Steckdose, keine Batterien und keine Akkus. In den Häusern zündeten die Menschen Kerzen an, wenn es dunkel wurde, und wenn sie sich langweilten, spielten sie Karten oder popelten in der Nase. Fernsehen oder Radio gab es nicht.

Nur eines wussten die Wissenschaftler schon. Es gibt Stoffe, die sich auf geheimnisvolle Weise verändern, wenn man sie reibt. Bernstein ist so ein Stoff, ein uraltes, versteinertes Harz, das man vor allem an der Ostseeküste findet. Reibt man es ein wenig mit der Hand oder einem Tuch, zieht es plötzlich wie ein Magnet Haare, Papierschnipsel und andere leichte Körper an. Auch einen Namen hatte das Phänomen schon: Der britische Arzt William Gilbert war um das Jahr 1650 auf den Gedanken gekommen, der rätselhaften Reibungskraft den Namen Elektrizität zu geben. Das Wort kommt aus dem Griechischen: »Elektron« bedeutet Bernstein.

ELEKTRISCHE SPÄSSE

Die Leidener Flasche, ein Apparat zum Speichern von Elektrizität, wurde im 18. Jahrhundert gern für kleine Späße benutzt. Ein französischer Pater ließ zur Belustigung des Königs eine Reihe von Wachsoldaten eine Leidener Flasche anfassen. Der elektrische Schlag brachte sie mächtig zum Hüpfen. Später soll der gleiche Pater mehr als hundert Mönche, die sich an den Händen fassten, zu einem plötzlichen Luftsprung gebracht haben.

Eine ganze Reihe von Forschern interessierte sich damals für die Elektrizität. Einer von ihnen war der Bürgermeister von Magdeburg, Otto von Guericke, der die erste Elektrisiermaschine der Welt baute. Statt Bernstein verwendete Otto von Guericke allerdings eine Kugel aus Schwefel, die er auf eine Achse steckte. Drehte man die Achse und hielt eine Hand an den Schwefel, lud sich die Kugel auf. In den Jahren 1745 und 1746 entdeckten dann zwei Forscher unabhängig voneinander, dass sich Elektrizität speichern lässt, wenn man sie über einen Metallstab in eine mit Wasser gefüllte und mit Stanniol umwickelte Flasche leitet. Weil einer der beiden Forscher an der Universität in der holländischen Stadt Leiden lehrte, wurde die Erfindung unter dem Namen Leidener Flasche bekannt. Auch Benjamin Franklin las von den neuen Erkenntnissen über die Elektrizität und von der Leidener Flasche.

Benjamin Franklin wurde der erste Mensch, der beweisen konnte, dass Blitze etwas mit Elektrizität zu tun haben. Aber er war nicht der Erste, der auf den Gedanken kam, es könne zwischen den beiden Erscheinungen eine Verbindung geben. Der englische Wissenschaftler Francis Hauksbee hatte sich schon einige Jahrzehnte vorher die Funken, die beim Drehen einer Elektrisiermaschine entstehen, genau angesehen. Sie ähneln, meinte er im Jahr 1707, den Blitzen eines Gewitters.

Dass Gewitterblitze etwas mit Elektrizität zu tun haben, ist nicht so selbstverständlich, wie wir heute denken. Schließlich fließt Strom normalerweise nicht durch die Luft. Strom wird in einem Kraftwerk gemacht und dann wie das Trinkwasser in ein Netz gespeist. Wer Strom braucht, holt ihn sich aus der Steckdose. Dort, hinter den beiden kleinen schwarzen Löchern, wartet der Haushaltsstrom ruhig und bescheiden auf Arbeit. Nie kommt er auf den Gedanken, zwischendurch einen kleinen feurigen Spaziergang im Wohnzimmer zu unternehmen. Zum Glück.

Wieso dann aber bei einem Gewitter? Wieso fließt der Strom bei einem Gewitter plötzlich in kilometerlangen leuchtenden Strahlen über den Himmel?

EWALD JÜRGEN VON KLEIST

Der eigentliche Erfinder der Leidener Flasche war der deutsche Rechtsgelehrte Ewald Jürgen von Kleist. Er entdeckte im Jahr 1745, wie sich Strom speichern lässt. Weil er nicht genau beschrieb, wie man seine, die »Kleistsche« Flasche nachbauen konnte, wurde seine Erfindung später als »Leidener Flasche« berühmt: In der holländischen Universitätsstadt entdeckte Pieter von Musschenbroek ein Jahr nach Kleist die Methode noch einmal.

Um das zu verstehen, müssen wir uns die Sache mit dem Strom etwas genauer ansehen. Zwar denken die meisten Leute, sie wüssten alles über Strom. Aber wenn man sie fragt, wie sich das mit den Elektronen und Feldern, den Ladungen und der Energie verhält, werden sie meistens ziemlich schweigsam. Dabei ist es gar nicht so schwierig.

Warum eine Bande von kleinen Abenteurern so viel Kraft hat

Elektrizität entsteht, weil einige Körper die Fähigkeit haben, sich mit elektrischer Energie aufzuladen, und diese Energie wieder abgeben können. Bernstein ist ein Körper, der so etwas besonders gut kann. Er wird schon nach ein wenig Reiben elektrisch. Aber man braucht keinen Bernstein, um das Laden auszuprobieren. Es reicht, in einem warmen, trockenen Zimmer seinen Pullover auszuziehen. Schon sprühen die Funken, der Pullover hat sich durch das Reiben am Körper geladen und entlädt sich wieder.

WIE SCHNELL SIND ELEKTRONEN?

Die maximale Geschwindigkeit, mit der Elektronen um den Atomkern rasen, liegt bei einem Prozent der Lichtgeschwindigkeit. Ein Elektron käme also in etwa einer Sekunde von Stockholm nach Madrid.

Als Benjamin Franklin lebte, konnte niemand wissen, warum ein Körper durch Reiben elektrisch geladen wird, denn damals war das Atommodell, mit dem die Wissenschaftler heute den Aufbau der Materie erklären, nicht bekannt. Das Atommodell sagt, dass jedes Ding, jede Flüssigkeit und sogar die Luft um uns herum aus winzig kleinen Teilchen besteht, den Atomen. Diese Atome sind so klein, dass man sie mit bloßem Auge nicht sehen kann: Könnte man sie aufreihen wie eine Perlenkette, würden zwei Millionen von ihnen auf einen einzigen Millimeter passen.

Leider kann man Atome nicht anfassen. Selbst mit einer extrem winzigen Atomkneifzange wäre das

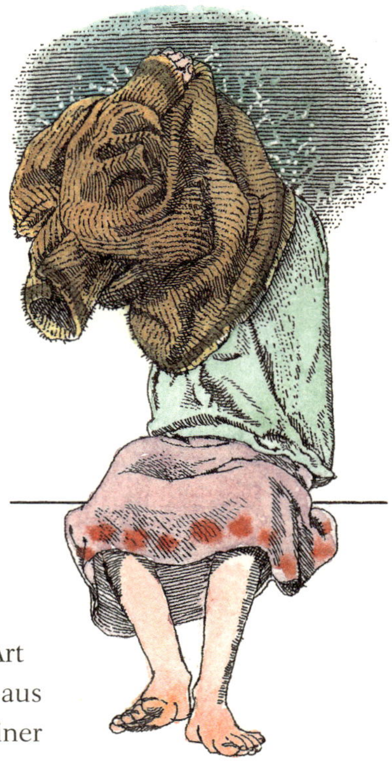

nicht möglich. Die Atome sind nämlich nicht aufeinandergestapelt wie Bauklötze, sondern werden von Naturkräften auf sehr raffinierte Weise zusammengehalten. In einem Diamanten stecken sie dicht und fest zusammen, in der Luft ziemlich locker. In jedem Atom gibt es einen kleinen Kern, um den ständig eine Reihe von Elektronen mit großer Geschwindigkeit herumschwirren. So unglaublich schnell rasen die Elektronen um den Kern, dass sie praktisch überall sind und eine Art Hülle bilden. Dass sich eine Hülle aus rasenden Elektronen schlecht mit einer Atomkneifzange fassen lässt, ist klar.

Die Geschichte mit den Atomen hört sich ziemlich verrückt an. Der schwere Sessel, auf dem man gerade so gemütlich das Kinder-Uni-Buch liest, soll in Wahrheit ein rasendes Gewimmel von Abertrilliarden von Atomen sein? Und sogar die unsichtbare Luft soll voll sein von Atomen? Undenkbar. Trotzdem müssen wir davon ausgehen, dass es wahr ist. Alle ernsthaften Wissenschaftler der Welt sind sich in diesem Punkt einig. Und sie besitzen mittlerweile sogar Mikroskope, mit denen sie einzelne Atome erkennen können: Wie Tischtennisbälle sehen die Atome mit ihrer Hülle unter dem Elektronenmikroskop aus. Für uns hat die Atomtheorie auf jeden Fall einen großen Vorteil. Man kann mit ihrer Hilfe die Elektrizität erklären.

KLEINER ATOMKERN

Im Atom kreist alles um den Kern. Obwohl er fast allein für das Gewicht eines Atoms sorgt, ist er sehr klein. Wenn das Atom mit seiner Elektronenhülle so groß wäre wie eine Kathedrale, wäre der Kern in der Mitte nur so groß wie eine Fliege.

Benjamin Franklin vermutete, dass eine Art unsichtbarer und unfassbarer Flüssigkeit dafür verant-

MINUS UND PLUS

Elektrizität als Mangel und Überschuss von Fluidum: Diese Idee von Benjamin Franklin inspirierte den deutschen Mathematiker und Physiker Georg Christoph Lichtenberg. Er wollte, dass sich auch die Mathematiker für die Elektrizität interessierten, und führte die mathematischen Symbole + und – ein.

wortlich ist, dass Körper eine Ladung erhalten, ein »Fluidum«, das aus einem Körper in einen anderen Körper wechsle. Bei jedem Wechsel entstehe bei dem einen Körper ein Überschuss, bei dem anderen dagegen ein Mangel an Fluidum. In Franklins Theorie hieß das: ein Plus und ein Minus an Elektrizität. Heute wissen wir, dass nicht das Fluidum wechselt, sondern die Elektronen.

Elektronen sind kleine Abenteurer. Immer auf Achse, immer unternehmenslustig und immer voller Power: Anders als der Bernstein müssen Elektronen nämlich nicht geladen werden, sie sind es von Natur aus. Ihre Ladung nennen wir negativ und beschreiben sie mit dem Minuszeichen. Minus sagen wir nicht etwa, weil die Elektronen einen schlechten Charakter hätten. Es ist einfach eine weltweite Übereinkunft, die auf Benjamin Franklins Idee mit dem Mangel und Überschuss an Fluidum zurückgeht. Ob in Japan, Korea, Spanien oder Deutschland: Überall wird heute die Seite, auf der sich viele Elektronen befinden, mit einem Minuszeichen gekennzeichnet. Und die Seite, auf der die Elektronen fehlen, mit einem Plus-Zeichen. Fragt sich nur, warum sich die Elektronen überhaupt auf einer Seite zusammenrotten. Sollten sie nicht besser da bleiben, wo sie sind?

Tatsächlich drehen die Elektronen, wenn man sie in Ruhe lässt, friedlich ihre Runden um die positiv geladenen Atomkerne. Weil die Ladungen genau gleich groß sind, gibt es keinen Ärger in der Nachbarschaft. Doch manchmal reicht schon ein bisschen Reibung mit einem Tuch aus, um ihre Abenteuerlust zu wecken. Prompt verlassen sie ihren Kern, quetschen sich in die Atome in ihrer Umgebung, vertreiben andere Elektronen und bringen alles durcheinander. Plötzlich sind auf der einen Seite eines Körpers zu viele Elektronen und auf der anderen zu wenig.

Ein ähnliches Phänomen kennen wir aus dem öffentlichen Nahverkehr. In Bussen kommt es immer wieder vor, dass sich vorne die Menschen furchtbar quetschen und hinten alles frei ist. Jeder, der mal in so einem Bus gefahren ist, weiß, wie viele Spannungen das auslöst. Alle drängeln und ruckeln und würden am liebsten ihre Nachbarn in den Arm beißen. Irgendwann wird dann der Trottel in der Mitte, der alles blockiert, einfach weggedrückt, und alle stürmen nach hinten. Die Spannung löst sich.

WARUM 220 VOLT?

In den meisten Ländern der Welt hat man sich darauf geeinigt, den Strom mit einer Spannung zwischen 110 Volt (in den USA) und 230 Volt (in Europa) in die Wohnungen zu schicken. Mit dieser Spannung können elektrische Geräte bei einigermaßen verträglicher Stromstärke betrieben werden. Wäre die Spannung höher (etwa 1000 Volt), wird es zu gefährlich für die Menschen. Wäre sie kleiner (etwa 10 Volt) müsste mehr Strom auf einmal fließen, damit ein Gerät die gewünschte Leistung bringt. Unerwünschte Folge: Kabel und andere elektrischen Leitungen erhitzen sich.

Was hat Eisessen mit Strom zu tun?

Im überfüllten Bus ist es manchmal so, als würden die gequetschten Menschen vorne eine Wutwolke erzeugen, eine unsichtbare Energiestrahlung, die bis ans Ende des Busses zu spüren ist. In der Elektrizität gibt es keine Wutwolken, weil Elektronen anders als Menschen keine Gefühle haben, aber es gibt etwas anderes: Körper, in denen Elektronen ungleich verteilt sind, umgeben sich mit »Feldern«. Über ihre Felder üben die geladenen Körper eine Wirkung auf andere geladene Körper aus. Sie ziehen sie an oder stoßen sie ab. Jedes Stromkabel und jedes elektrische Gerät erzeugt ein Feld um sich herum, das auf andere elektrisch geladene Geräte einwirkt.

Das Feld selbst kann man nicht sehen, aber man kann es sichtbar machen, indem man zum Beispiel Papierschnipsel um einen geladenen Körper streut. Die Schnipsel ordnen sich dann wie von selbst zu

Linien an, die vom Pluspol zum Minuspol reichen. Auch das ist eine wichtige Erkenntnis: Elektrizität gibt es immer nur mit Polen, einem Plus- und einem Minuspol. Das ist genau wie bei einem Magneten. Auch in der Elektrizität stoßen sich zwei gleichartige Pole ab und ziehen sich verschiedenartige Pole an.

Plus- und Minuspol ziehen sich an, weil sie ihre Ladungen unbedingt austauschen wollen. Wir haben ja schon erfahren, dass es am Minuspol immer zu viel Elektronen gibt und am Pluspol immer zu wenig. Dass die Elektronen gerne dahin hüpfen, wo es Platz für sie gibt, ist logisch: Schließlich will jeder Abenteurer irgendwann mal wieder ein Zuhause. Zum Glück für uns finden die Elektronen nicht immer sofort ein passendes Atom. Es gibt nämlich auch Körper, in denen die Elektronen nicht so einfach weiterhüpfen können. Isolierband ist zum Beispiel so ein Körper.

KUPFER

ist hervorragend geeignet, um Strom zu leiten. In diesem Metall können die Elektronen sehr gut von einem Atom zum anderen hüpfen. Noch besser allerdings fließt Strom durch Silber, weshalb die Besitzer von besonders teuren Stereoanlagen ihre Geräte gerne mit Silberkabeln verbinden.

Wenn der Vater an der Lampe einen Draht mit Isolierband umwickelt, kommen die Elektronen nicht weiter. Der Widerstand ist zu groß. Freilich gibt es auch Stoffe mit wenig Widerstand: Kupferdraht zum Beispiel. Ob den Elektronen das Hüpfen gelingt, hängt also davon ab, wie groß der Widerstand ist und wie groß der Unterschied zwischen der Ladung von Plus und Minus. Diesen Unterschied nennt man Spannung. Je mehr Elektronen sich am Minuspol drängen und je weniger am Pluspol, desto größer ist die Spannung zwischen beiden Polen. Klingt kompliziert, ist aber eigentlich ganz einfach.

Wir müssen uns nur einen Jungen und ein Mädchen vorstellen, die sich ineinander verliebt haben. Erst beobachten sie sich heimlich, werden rot, wenn man sie ertappt, und malen aus Versehen Herzen in ihre Mathehefte. Doch schon bei der nächsten Begegnung auf dem Schulhof hängt eine ordentliche Spannung in der Luft, eine Spannung, die dringend mal bei einem gemeinsamen Eisessen gelöst werden sollte. Leider dauert es oft ziemlich lange, bis es zum Eis kommt.

Schuld daran sind allerlei Widerstände wie zum Beispiel Freunde und Freundinnen mit ihren doofen Bemerkungen, blöde Eltern mit ihren Verboten oder die Clique, die immer genau weiß, was geht und was nicht geht. Diese Widerstände halten das Mädchen und den Jungen so lange vom Eisessen ab, bis die Liebe und die Spannung zwischen beiden einfach zu groß geworden sind. Mit dem Strom ist es ganz ähnlich, nur dass hier gewissermaßen Trilliarden von Jungs und Mädchen darauf warten, endlich Eisessen gehen zu können. Irgendwann überwinden sie die stärksten Widerstände.

Ladungen. Felder. Spannungen. Widerstände. Eigentlich wissen wir jetzt genug, um uns wieder Benjamin Franklin und dem Blitz zu widmen. Wir erinnern uns: Franklin vermutete, dass Wolken vor einem Gewitter elektrisch geladen sind und nach einem Ausgleich suchen. Der Blitz wäre dann wie ein Eisessen zwischen Himmel und Erde. Aber wie ließ sich das beweisen?

VIRTUELLE PHOTONEN

So wie ein Lautsprecher einen Ton erzeugt, der sich wellenförmig in der Umgebung ausbreitet, so erzeugt eine elektrische Ladung ein Feld um sich herum. Aber wie wird das Feld in der Umgebung verbreitet? Beim Ton sind dafür die Moleküle zuständig, die ihre Energie an die Nachbarn weitergeben. Beim Feld ist es schwieriger, weil hier die Quantenmechanik gilt, eine physikalische Theorie, die unsere Erfahrungswelt übersteigt. Sie lehrt, dass die Kraft im Feld von »virtuellen Photonen« übertragen wird: masselosen Teilchen, die aus dem Nichts kommen und wieder verschwinden.

Warum Benjamin Franklin gleich doppeltes Glück hatte

Im Jahr 1752 kam ihm die rettende Idee. Er musste Erde und Wolken miteinander verbinden, dann würde er sehen, ob es zu einer elektrischen Entladung zwischen beiden kam. Franklin baute einen Drachen. Als Material wählte er Seide, weil Papier

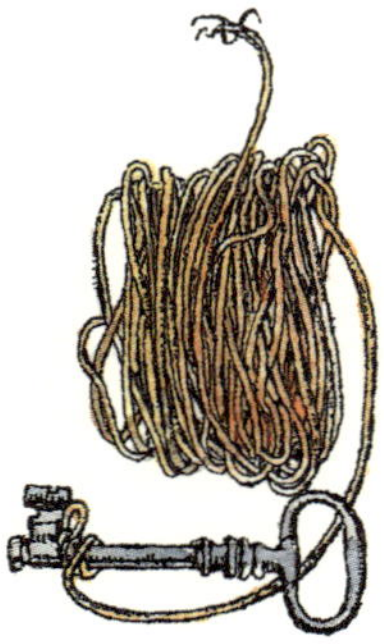

in einem Gewitter zu schnell nass wurde. An der Spitze des Drachens befestigte er einen eisernen Nagel, und als Schnur wählte er Hanf. Eines Junitages war es so weit. Als ein Gewitter näher rückte, eilte Franklin mit seinem kleinen Sohn nach draußen und ließ seinen Drachen steigen. Um zu sehen, ob die Schnur elektrisch wurde, hatte er einen metallischen Schlüssel darangehängt.

An diesem Tag hatte Franklin gleich doppeltes Glück. Zum einen sträubten sich bald die Hanffasern und zuckten um den Schlüssel kleine Funken. Es floss also Strom, der Beweis war erbracht. Zum anderen schlug in den Drachen kein Blitz ein. Das hätte leicht passieren können und wäre Franklins Ende gewesen. Der Naturforscher ahnte nicht, wie groß die Spannung war, die zwischen den Wolken und der Erde herrscht, und wie gefährlich sein Experiment. Franklins Mut aber lohnte sich: Das Experiment bewies, dass Blitze durch elektrische Aufladung der Wolken entstehen.

Doch wie laden sich Wolken auf? Kommt etwa im Sommer ab und zu Goliath mit einem Tuch vorbei, um sie zu reiben? Oder gibt es irgendwo eine Riesensteckdose für Wolken? Wie es wirklich funktioniert, wusste Franklin nicht, und es ist komischerweise bis heute noch nicht in allen Einzelheiten verstanden. Die meisten Wissenschaftler glauben aber, dass die elektrische Aufladung hauptsächlich mit Bewegungen innerhalb der Wolken zu tun hat. Kalte und weniger kalte Regentropfen reiben aneinander und erzeugen auf diese Weise Ladungen in verschiedenen Gebieten der Wolken. Die Elektronen sammeln sich dabei eher am unteren Rand der Wolke und bilden den Minuspol, der Pluspol befindet sich eher im oberen Wolkenbereich.

RICHMANNS TOD

Nur ein Jahr nach Franklin begann der deutsche Physiker Georg Wilhelm Richmann mit der Erforschung von Blitzen. Er errichtete neben seinem Haus eine Eisenstange und versuchte, die Blitze in den Boden zu leiten. Zu seinem Unglück näherte er sich der Stange, als gerade ein Blitz einschlug. Der Blitz durchfuhr Richmanns gesamten Körper. Oben an der Stirn hinterließ er einen roten Fleck, unten, am linken Schuh, ein großes rußiges Loch. Der Forscher dazwischen war tot.

Mit Hilfe der Regentröpfchentheorie kann man erklären, warum es im Sommer besonders oft zu Gewittern kommt, obwohl kein Wind weht. Wenn feuchte Luft am Boden stark erhitzt wird, steigt sie mit viel Tempo nach oben und löst in den eiskalten höheren Schichten unserer Atmosphäre turbulente Bewegungen aus. Wie in einem Lift geht es in den dunstigen Wolken zu. Winzige Eis- und Wasserteilchen fliegen auf- und abwärts und reiben dabei aneinander. Genau wie beim Bernstein entstehen auf diese Weise elektrische Ladungen und Felder. Freilich gibt es nicht nur im Sommer Gewitter. Elektrische Spannungen entstehen auch, wenn eine Zone mit niedrigen Temperaturen heranzieht und auf eine Zone mit hohen Temperaturen trifft. Auch hier kommt es zu mächtigen Reibereien in den Wolken.

Wir haben schon erfahren, dass die Wolkenunterseite negativ geladen ist. Jetzt müssen wir uns nur noch vorstellen, dass diese Ladung mit ihrem Feld auf die Erde wirkt wie ein Riesenmagnet, der den ganzen Raum zwischen Himmel und Erde erfüllt. Magnete ziehen an oder stoßen ab. In diesem Fall drängt die negative Ladung der Wolkenunterseite die negativ geladenen Elektronen am Boden erbarmungslos zur Seite. Folge: Die positive Ladung am Boden wächst und damit auch die Spannung zwischen Himmel und Erde.

GEWITTERFELDER

Die Feldstärke ist die Kraft, die eine elektrische Ladung in ihrer Umgebung ausübt. Sie wird in der Einheit Volt pro Meter (V/m) angegeben. An einem normalen Schönwettertag beträgt die natürliche Feldstärke des Erdbodens etwa 100 V/m, vor einem Gewitter kann sie auf 1000 V/m steigen. Zum Vergleich: Die Basisstation eines modernen schnurlosen Telefons erreicht in ihrer direkten Umgebung eine Feldstärke von 3 V/m.

Irgendwann ist die Spannung so groß, dass selbst die Luft, die eigentlich kein guter Leiter für Strom ist, die Ladungen nicht mehr trennen kann. Man vermutet, dass zwischen Wolken und Erde die Spannung auf mehr als 100 Millionen Volt ansteigen kann. Zum Vergleich: Unser Strom aus der Steckdose hat bloß eine Spannung von 220 Volt und kann trotzdem Menschen umbringen. 220 Volt reichen allerdings nicht aus, um den Widerstand der Luft zu überwinden, weshalb es zwischen den beiden Steckdosenlöchern auch kein dauerndes Geblitze gibt. Anders bei einem Gewitter.

Wenn die Spannung zwischen Wolken und Erde groß genug ist, kommt es zu einem plötzlichen Stromfluss, einem gewaltigen explosiven Energieaustausch, dem Blitz. Die Explosion bei diesem Kurzschluss erhitzt die Luft in der Umgebung auf bis zu dreißigtausend Grad. Das ist fünf Mal so heiß wie an der Oberfläche der Sonne und führt dazu, dass die Gase in der Luft brennen wie bei einem Feuer und sich schlagartig ausdehnen. Die Folge dieser Ausdehnung ist allen bekannt: Es donnert. Weil sich der Schall wesentlich langsamer ausbreitet als das Licht, ist der Donner immer ein paar Sekunden nach dem Blitz zu hören.

Entgegen unserer Erwartung zucken die sichtbaren Blitze übrigens nicht nur von oben nach unten, sondern auch von unten nach oben. Das liegt daran, dass ein Blitz normalerweise mit einem Leitblitz anfängt, einem Pionier, der sich von den Wolken einen Weg zur Erde bahnt. Wie ein Elektriker, der ein Kabel verlegt, so schafft der kleine Leitblitz einen Kanal durch die Luft, eine Verbindung zwischen der negativen Ladung in den Wolken und der positiven am Boden. Ist die Verbindung erst einmal geschaffen, kann es zum eigentlichen Blitz kommen, dem Hauptblitz. Die positive Ladung am Boden saugt jetzt gierig die Elektronen durch den Blitzkanal heran und sorgt dafür, dass sich der Stromkanal von unten nach oben erhitzt.

Bei einem Gewitter zucken aber nicht nur Blitze zwischen den Wolken und dem Erdboden. Zwei von drei Blitzen sind Entladungen, die zwischen den Wolken selbst stattfinden. Denn auch zwischen den oberen und unteren Bereichen der Wolken bauen sich Spannungen auf.

Blitze zwischen den Wolken sind länger als Blitze zwischen Himmel und Erde. Man hat Wolkenblitze gemessen, die mehr als hundert Kilometer lang waren. Blitze zwischen Wolke und Erde sind dagegen kaum mehr als fünf Kilometer lang und nur wenige Zentimeter breit. Obwohl der Blitzkanal also sehr klein ist, fließt für einen kurzen Augenblick

MITZÄHLEN

Wer wissen will, wie weit ein Gewitter entfernt ist, muss die Zeit stoppen, die zwischen Blitz und Donner vergeht. Teilt man die Sekunden durch drei, erhält man die Entfernung in Kilometern. Weil Schallwellen durch die Atmosphäre abgeschwächt werden, sind sie nur zu hören, wenn das Gewitter höchstens zwanzig Kilometer entfernt ist. Gefährlich nahe ist ein Gewitter, wenn die Zeit zwischen Blitz und Donner kleiner als drei Sekunden ist.

sehr viel Strom durch ihn hindurch. Wenn dieser Strom ein Ziel trifft, das ihn nicht sofort in die Erde leitet, kann es sein, dass der Blitz das Ziel, etwa ein Haus mit Strohdach, so stark erhitzt, dass es anfängt zu brennen. Es war deshalb ein großer Segen für alle Hausbesitzer, dass Benjamin Franklin in Philadelphia nicht nur herausfand, dass Blitze mit Elektrizität zu tun haben, sondern auch entdeckte, wie man sie unschädlich macht.

Was hat der Blitz gegen Golfspieler?

Wo ein Blitz einschlägt, kann niemand vorhersagen. Es hängt davon ab, wie sich die Ladung in den Wolken verteilt. Sicher ist aber, dass Blitze eher in hochgelegene, spitze Punkte einschlagen, weil dort das elektrische Feld besonders stark ist und die herumflitzenden Elektronen anzieht. Benjamin Franklin hatte deshalb die Idee, dem Blitz einen hochgelegenen Ort anzubieten eine Metallstange auf dem Dach. Weil Elektronen in Metall, anders als in einem Strohdach, sehr gut hüpfen können, leitet eine Metallstange den Blitz in die Erde, ohne dass er Schaden anrichten kann. Mit einer ganz einfachen Erfindung, dem Blitzableiter, hat Benjamin Franklin also unzählige Häuser vor dem Abbrennen gerettet. Allein in Deutschland schlagen pro Jahr etwa 750 000 Blitze ein, in Österreich und der

Schweiz sind es jeweils etwa 165 000 Blitze. Selbst wenn nur ein Bruchteil dieser Blitze in Häuser eingeschlagen wäre, hätte es seit 1752 eine Unmenge Brände gegeben.

Heute haben fast alle Häuser einen Blitzableiter, und es gibt kaum noch Brände, die durch ein Gewitter ausgelöst werden. Moderne Blitzableiter bestehen nicht einfach aus einer spitzen Metallstange, sondern aus Metallstäben auf dem Dach, die den Blitz auf vielen Wegen in die Erde leiten. Trotzdem sterben jedes Jahr auf der Welt noch etwa eintausend Menschen durch Blitzschlag. Das liegt daran, dass nicht alle Menschen sofort in ein Haus mit Blitzableiter flüchten können, wenn ein Gewitter sich nähert.

Menschen können direkt vom Blitz getroffen werden oder indirekt, wenn der Blitz in ihrer Nähe einschlägt. Ein Mensch, der vom Blitz getroffen wird, kann sterben. Doch überleben immerhin zwei von drei Blitzopfern einen Blitzschlag mehr oder weniger unversehrt. Das liegt daran, dass der Strom nicht immer durch den ganzen Körper rast, sondern seinen Weg über die Haut sucht. Trotzdem ist jeder Blitzschlag eine große Gefahr für die Gesundheit. Er kann zu Lähmungen von Armen und Beinen führen, zu Atem- oder Herzstillstand, das Gehirn schädigen, Seh- und Gehstörungen verursachen. An den Stellen, an denen der Blitz in den Körper hinein- und wieder hinausfährt, kann es außerdem schwere Verbrennungen geben.

Wer bei einem Gewitter allein unterwegs ist, sollte darauf achten, den Blitz nicht herbeizulocken. Blitzexperten raten, eine Mulde zu suchen, dort in die Hocke zu gehen, die Füße dicht nebeneinander zu stellen und die Arme um die Beine zu legen. Hinlegen sollte man sich nicht. Unbedingt vermeiden

SIEBENMAL GETROFFEN

Roy C. Sullivan, ein Park-Ranger aus dem amerikanischen Staat Virginia, hält den Weltrekord im Blitzschlag. In vierzig Jahren wurde er sieben Mal vom Blitz getroffen. Der Blitz verbrannte ihm Haut und Haare, riss ihm die Schuhe von den Füßen und zerstörte sein Trommelfell. Im Jahr 1983 beging er Selbstmord, angeblich, weil ihn eine Frau verließ.

sollte man die Nähe zu allein stehenden, hohen Bäumen, weil der Blitz, wenn er in einen Metallstab oder Baum einschlägt, den Strom über den Erdboden in seiner Umgebung verbreiten kann. Es ist dabei übrigens völlig egal, um was für einen Baum es sich handelt.

Besonders gefährlich leben bei Gewittern die Golfspieler: Man hat festgestellt, dass sich in Ame-

rika jeder fünfte Blitzunfall auf einem Golfplatz ereignet. Haben Blitze etwas gegen Golfspieler? Vermutlich nicht, aber trotzdem ist ein Golfplatz für einen Blitz ein großer Anziehungspunkt. Die vielen allein stehenden Bäume, die Schutzhütten ohne Blitzableiter und die Fahnenstangen an den Löchern fangen Blitze auf und verteilen sie in der Umgebung. Auch nasse Golfschläger und aufgespannte Regenschirme sind attraktive Ziele für Blitze.

Keine Sorgen muss man sich machen, wenn man bei einem Gewitter im Auto unterwegs ist. Wird das Auto getroffen, wandert der Strom an der Metalloberseite entlang und kommt nicht ins Innere hinein. Auch Flugzeuge sind dank ihrer metallischen Außenhaut gegen Gewitter gut geschützt, allerdings können die elektronischen Instrumente bei einem Einschlag beschädigt werden. Dies gilt übrigens auch für elektrische Geräte im Haushalt. Selbst wenn ein Blitzableiter auf dem Dach installiert ist, kann es sein, dass der Blitz die elektrischen Leitungen im Haus durchwandert. Dadurch kann sich die Spannung kurzfristig so erhöhen, dass empfindliche Geräte beschädigt werden. Man sollte deshalb, wenn man nicht ein Schutzgerät eingebaut hat, Radio, Fernseher und Computer bei einem Blitz von der Steckdose nehmen und auch den Antennenstecker herausziehen.

IM ZELT

Zelte haben keine metallische Außenhaut und keinen Blitzableiter. Zelte sind deshalb riskante Aufenthaltsorte bei einem Gewitter, vor allem, wenn sie einsam auf einem Feld aufgebaut wurden. Besser ist es, ein Zelt auf einem Campingplatz oder im Wald aufzuschlagen (mit drei Meter Abstand zu den nächsten Bäumen). Im Zelt selbst sollte man sich während des Gewitters auf eine trockene Isomatte setzen und weder Stange noch Außenhaut berühren.

Sind Gewitter nützlich?

Viel praktischer wäre es natürlich, wenn man die Geräte einfach mit der Energie des Blitzes betreiben könnte. Bei hundert Millionen Volt müsste es doch möglich sein, ein paar Tage lang den Fernseher mit

BLITZE DÜNGEN PFLANZEN

Weil ein Blitz die Luft enorm aufheizt, erzeugt er, genau wie ein Verbrennungsmotor, Stickoxide. Allerdings sind die natürlichen Stickoxide anders als die künstlichen sehr nützlich. Durch den Gewitterregen werden sie sofort nach der Entstehung in den Boden transportiert und bilden dort einen natürlichen Dünger für Pflanzen.

Blitzstrom laufen zu lassen. Doch leider ist die Gewitterenergie für die Stromversorgung völlig nutzlos. Erstens lässt sie sich nicht so einfach abzapfen, weil der eigensinnige Blitz nie dort einschlägt, wo er soll. Und zweitens ist die Energie, die bei einem Blitzschlag frei wird, viel weniger groß, als man denkt. Zwar ist die Spannung außerordentlich hoch, doch fließt der Strom nur ein paar Mikrosekunden lang. So kommt insgesamt nicht viel Strom zusammen. Man hat ausgerechnet, dass ein gewöhnlicher Blitz nur etwa 25 Kilowattstunden Strom erzeugt. So viel verbraucht ein einziger elektrischer Heizlüfter in zwölf Stunden.

Auch wenn wir die Blitze nicht als Energiespender nutzen können, so haben sie in der Geschichte der Menschen doch eine große Rolle gespielt. In einem berühmten, heute allerdings auch etwas umstrittenen Experiment zeigte der Physikstudent Stanley Miller im Jahr 1952, dass aus einfachen Gasen wie Methan, Ammoniak und Wasserstoff organische Substanzen entstehen können, wenn sie mit Blitzen befeuert werden. Aus Methan, Ammoniak und Wasserstoff bestand vermutlich auch die erste Atmosphäre unseres Planeten. Blitze könnten deshalb mit dafür gesorgt haben, dass vor vier Milliarden Jahren die ersten Vorformen des Lebens auf der Erde entstanden.

Blitze haben aber auch viele Milliarden Jahre später dafür gesorgt, dass unsere Vorfahren, die ersten Menschen, eine wichtige und folgenreiche Erfahrung machten. Sie lernten, dass die Flammen, die aus einem vom Blitz getroffenen Baum schlugen, nützlich sein konnten. Wenn man von dem großen Brand wagemutig einen kleinen brennenden Zweig nahm und damit ein kleines Feuer anzündete, konnte man sich prima daran wärmen. Außerdem schmeckte Fleisch, das eine Zeit lang im Feuer erhitzt worden war, viel besser, als wenn es roh verschlungen wurde. Die frühen Menschen versuchten deshalb, das Feuer möglichst lange am Leben zu halten. Und irgendwann lernten sie sogar, das Feuer, das ihnen der Blitz brachte, selbst zu erzeugen.

Warum raufen Jungs und sind Mädchen zickig?

Jungs, mal herhören! Das ist nichts für euch. Der folgende Text ist wirklich nichts für euch. Mensch, überlegt doch mal: Ihr seid Jungs. Habt ihr denn keinen Fußball? Habt ihr niemanden zum Raufen? Wirklich nichts Besseres zu tun? Und ihr Mädchen? Habt ihr keine Freundinnen zum Lästern, keine Idee, worüber ihr kichern könnt, keine Lust auf Zickenalarm? Wir sind schwer enttäuscht von euch. Ihr wollt wirklich weiterlesen? Überlegt euch gut, was ihr da tut. Wenn es hinterher Ärger gibt, haben wir jedenfalls keine Schuld. Schuld allein habt ihr, warum verhaltet ihr euch nicht, wie es sich für Raufbolde und Zicken gehört?

Über raufende Jungs und zickige Mädchen sprach der Psychologieprofessor Michael Diehl in seiner Tübinger Kinder-Uni-Vorlesung. Klar, dass die Zuhörerinnen und Zuhörer nicht ohne Vorkenntnisse in diese Vorlesung kamen. Die Antworten der Kinderstudenten bestätigten die beiden Behauptungen, allerdings waren mehr Jungs als Mädchen der Meinung, dass Mädchen öfter zickig sind. Beim Raufen waren sowohl Jungs wie Mädchen sich einig, dass es mehr die Jungs betrifft. Michael Diehl half uns, diese Behauptungen zu überprüfen.

Nicht wir, *die* sind doof, sagen die Mädchen über die Jungs. Nein, *die* sind doof, sagen die Jungs über die Mädchen. Also sind unterschiedslos alle doof, jedenfalls in der Altersklasse der Zehn- bis Dreizehnjährigen und in den Augen des jeweils anderen Geschlechts. Komisch, dass jede so gut über jeden und jeder so gut über jede Bescheid weiß. Dabei bemühen sich doch alle, den ganzen Tag aneinander vorbeizugucken.

Da muss man, werdet ihr jetzt sagen, auch nicht groß hinschauen, um bestätigt zu bekommen, was ohnehin längst alle wissen: Jungs müssen sich dauernd wichtig machen und mit Gewalt durchsetzen. Und Mädchen reden, kichern, lästern und zicken die ganze Zeit herum.

Entspricht das einfach der Natur von Jungen und Mädchen oder hat ihnen das jemand beigebracht? Es hieß sogar einmal: Man wird nicht als Mädchen geboren, man wird dazu gemacht. Für Jungs kann man

das bestimmt ähnlich sagen. Sind also wieder einmal die Eltern schuld, haben wieder einmal sie versagt? Eltern, warum schafft ihr es nicht, halbwegs passable Kinder großzuziehen? Kinder, die nicht nur für das eigene, sondern auch für das andere Geschlecht erträglich sind? Doch bevor wir den Eltern den schwarzen Peter zuschieben, müssen wir noch eine andere Frage klären: die Frage nämlich, warum gibt es überhaupt zweierlei Geschlecht: Warum gibt es Mädchen, und warum gibt es Jungs? Warum gibt es nicht nur ein einziges, nettes, unzickiges und gar nicht rauflustiges Geschlecht? Es herrschte Einigkeit und Frieden auf Erden – und fertig.

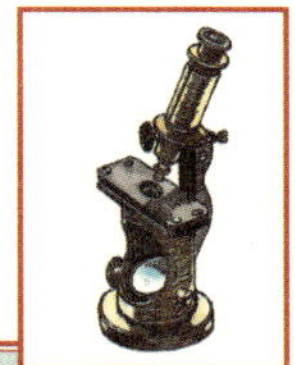

CHROMOSOM

Mit den Chromosomen begibt man sich in eine Welt, die nur unter starken Mikroskopen sichtbar wird. Denn Chromosomen findet man in den Zellen von Lebewesen. Der Mensch hat normalerweise in jeder Zelle 23 Chromosomenpaare. Auf den Chromosomen finden sich die Gene, sie sind Träger der Erbinformationen.

Wozu braucht man zwei Geschlechter?

Sehen wir die Sache einmal ganz nüchtern, gehen wir sie biologisch an. Wiederholen wir nur ein paar Fakten aus dem Aufklärungsunterricht, ohne viel Gesums drumherum. Vielleicht kommen wir so einem Zicken-Gen oder einem Raufbold-Chromosom auf die Spur.

Mädchen und Jungen unterscheiden sich durch die Länge ihrer Haare, die Form ihrer Hosen, dadurch, dass sie einen Bikini tragen oder eben nicht, aber vor allem dadurch, dass sie einen Penis mit zwei Hoden oder zwei Brüste und eine Scheide haben. Die männlichen Sexualorgane produzieren Samenzellen, die weiblichen Eizellen. Um die Menschheit vorm Aussterben zu bewahren, muss beides zusammenkommen. Bei den Tieren sagt man, sie paaren sich, die Menschen haben viele Wörter für ihren Sexualakt, unter anderem nennen sie es »miteinander schlafen«, obwohl sie dann er-

regt sind und gar nicht schlafen, sie befinden sich nur meist am Ort des Schlafens, nämlich im Bett.

Wenn der Mann seinen Penis in die Scheide der Frau einführt, einen Samenerguss hat und die Eizellen, die im 28-Tage-Rhythmus heranreifen, gerade groß genug sind, kann es zu einer Befruchtung kommen. Nun ist eine Schwangerschaft keineswegs immer gewünscht und das Ziel der beiden, die miteinander geschlafen haben. Wenn wir den Sexualakt jedoch als reine Fortpflanzungsangelegenheit betrachten, drängt sich ein Gedanke auf: Es ginge wirklich einfacher. Einfacher wäre es schon, wenn sich nicht immer erst ein Mann und eine Frau finden müssten, die zusammen Kinder machen und haben wollen. Es gibt sechs Milliarden Menschen auf der Welt, bis man da den Richtigen oder die Richtige mit den bestsitzenden Sommersprossen oder den schönsten Segelohren ausgemacht hat, kann es lange dauern. Die Sache scheint unnötig schwierig zu sein.

Wie machen es denn die anderen?

Schauen wir uns doch mal bei den Fischen um. Manche von ihnen haben ihre Fortpflanzung viel einfacher geregelt. Das Dorsch-Weibchen laicht die Eier ins Wasser ab, das Männchen spendet im Vorbeischwimmen seinen Samen dazu. Gut, auch hier werden noch Mann und Frau zur Arterhaltung gebraucht, aber niemand muss lange umworben und es muss keine ewige Liebe und Treue geschworen werden. Manche Würmer und Insekten haben ein noch sichereres Fortpflanzungsmodell entwickelt. Sie tragen sowohl Samen- als auch Eizellen in sich, bestimmte Arten können sich sogar selber befruchten.

Nun sind Würmer und Fische nicht so komplizierte Organismen wie Menschen und Säugetiere.

PANTOFFELTIERCHEN

Selbst die einzelligen Pantoffeltierchen haben ein Mittel zur Frischzellenkur entwickelt. Sie vermehren sich ungeschlechtlich, allein durch Zellteilung, was auf die Dauer zu genetischen Defekten führen kann. Hin und wieder suchen sie also die Nähe eines unbekannten Pantoffeltierchens, docken aneinander an und tauschen ihr Zellmaterial aus, so möbeln sie ihr Erbgut auf.

Für unsere Spezies bietet das menschliche Paarungsmodell einen großen Vorteil: Wenn das Erbmaterial von zwei Menschen zusammenkommt und sich mischt, sind viel mehr Kombinationen möglich. So erbt das eine Kind die Sommersprossen der Mutter und die Segelohren des Vaters, das andere die dunkle Haut des Vaters und die eng anliegenden Ohren der Mutter. Die Menschenwelt ist deshalb auch interessanter und vielseitiger als die Welt der Würmer und Quallen. Außer bei eineiigen Zwillingen sehen die Abkömmlinge derselben Eltern verschieden aus. Aber es geht noch um mehr als nur verschiedenartiges Aussehen: Die Anpassung an Umweltbedingungen und -veränderungen gelingt mit zwei Vorfahren leichter, denn aus der großen Auswahl an Merkmalen und Eigenschaften bilden sich mit der Zeit diejenigen mit den größten Überlebenschancen heraus.

Mit dem Geschlecht des Menschen sind einige wesentliche biologische Tatsachen gesetzt. Die Befruchtung findet nämlich immer im weiblichen Körper statt, also ist die Frau diejenige, die das Kind austrägt. Für den Mann könnte die Sache eigentlich schon mit der Zeugung erledigt sein. Er gibt seinen Samen, danach könnte er stiften gehen und die nächste Frau schwängern. Rein biologisch wäre das kein Problem, moralisch jedoch schon. Die Frau trägt das Kind neun Monate lang in ihrem Bauch, danach stillt sie es und ist die Garantie dafür, dass das noch nicht alleine überlebensfähige Kind versorgt wird. Sicher, Väter fühlen sich zum Glück auch für ihre Kinder verantwortlich, aber wenn sie es nicht sein wollen, können sie sich sehr viel stärker heraushalten, als eine Frau das kann – zumindest in der ersten Zeit.

DER WINZIGE UNTERSCHIED

Die Gene von Jungen und Mädchen unterscheiden sich nur durch eine ganz winzige Kleinigkeit, aber diese Kleinigkeit findet sich in jeder Zelle des Körpers. Jede Zelle besitzt 23 Chromosomenpaare, das sind die Träger der menschlichen Erbinformationen. Eines dieser Chromosomenpaare bestimmt das Geschlecht. Beim Mädchen besteht es aus zwei X-Chromosomen, beim Jungen aus einem X- und ein Y-Chromosom. Die weiblichen Eizellen können nur X-Chromosomen weitergeben, die männlichen Samenzellen enthalten halbe-halbe entweder ein X- oder ein Y-Chromosom. Die Samenzelle bestimmt also das Geschlecht des Kindes.

Da haben wir also schon den ersten schweren Fehler im Modell Mensch! Ist da nicht eine höchst ungleiche Belastung von Mann und Frau und eine unglaubliche Ungerechtigkeit eingebaut? Warum müssen die Weibchen viel mehr zur Arterhaltung beitragen als die Männchen? Warum können Männchen nicht erfahren, wie es ist, wenn man schwanger ist und ein Junges säugt? Und warum ist der Mensch nicht lieber doch eine Pflanze mit männlichen und weiblichen Sexualorganen, mit Staubgefäßen und Stempel? Es wäre doch gerechter, jeder Mensch könnte schwanger werden oder auch nicht, wenn er es nicht wollte. Allerdings gibt es kein höher entwickeltes Lebewesen, bei dem dieses Modell funktioniert. Es wäre eine sehr aufwendige biologische Konstruktion, in einer Person sowohl weibliche als auch männliche Sexualzellen anzulegen und außerdem noch Schutzmechanismen gegen Selbstbefruchtung einzubauen, denn die Selbstbefruchtung schafft eine größere Zahl an Nachkommen mit genetischen Schäden.

VOR DER GEBURT

Junge oder Mädchen wird man nicht erst beim ersten Schrei, mit dem man der Welt meldet: Ich bin da! Schon im zweiten Monat nach der Befruchtung bilden sich die männlichen Geschlechtsorgane heraus, im dritten Monat die weiblichen. Im vierten ist auch das Gehirn schon, je nach Geschlecht, unterschiedlich angelegt. Das liegt zum Beispiel am Hypothalamus, dem Teil des Gehirns, der die Bildung von männlichen und weiblichen Hormonen steuert und Einfluss auf die Gefühle hat.

Eins ist schon mal klar: Am menschlichen Zwei-Geschlechter-Fortpflanzungsmodell ist nicht zu rütteln, wenn man denn nicht zum Klonen übergehen will. Vorerst wird es wohl weitergehen wie bisher – auf bewährt ungerechte Art. Das bedeutet also: Die Frauen kümmern sich um die Brut und Aufzucht der Kinder, und weil sie fürs Baby ja nur eine Hand brauchen, können sie mit der anderen kochen, waschen, putzen und Kuchen backen. Aber weil dieses zweihändige Leben sehr anstrengend ist, müssen die Frauen viel schimpfen, rumzicken und sich über die Männer aufregen, die alles, was die Frauen den ganzen Tag aufräumen, immer neu in Unordnung bringen. Die Männer sind froh, wenn sie schnell wieder abhauen können in die wilde Männerwelt, in der sie Bären erlegen, Computerprobleme lösen und lieber mal einen Krieg ausfechten, als zu Hause von unzufriedenen Frauen genervt zu werden. Das Geheimnis ist also gelüftet, jetzt wissen wir, warum schon die Mädchen zickig sind und die Jungs rauflustig. Sie bereiten sich nur auf ihre spätere Rolle und späteren Aufgaben vor.

Aua, das tut weh! Das können wir so nicht stehen lassen. Es wäre sehr falsch, einen Menschen und sein Verhalten alleine aus seinem Geschlecht heraus zu erklären. Wenn es so wäre, müssten ja alle Frauen gleich sein und ein Mann dem anderen zum Verwechseln ähnlich. Aber Männer und Frauen werden in ihrem Verhalten nicht allein aus ihrer Biologie gesteuert.

Wird man wirklich als Junge oder Mädchen geboren? Oder doch dazu gemacht?

Warum sollten Penis und Scheide überhaupt eine größere Bedeutung haben? Wenn man das Kinderkriegen abzieht, unterscheidet sich vielleicht gar nicht so viel bei Mann und Frau. Zu lange war den Frauen gesagt worden, sie könnten weniger als die Männer und bräuchten eine starke männliche Hand, die sie durchs Leben führt. Irgendwann begannen die Frauen darüber nachzudenken. Je mehr sie darüber nachdachten, desto geringer erschien ihnen der Unterschied zwischen den Geschlechtern. Von Natur aus sind Jungs und Mädchen gar nicht so viel anders, stellten sie fest. Erst die Erziehung, die Familie, die Gesellschaft mache den Unterschied. Dem kleinen Mädchen wird die Frauenrolle und dem Jungen die Männerrolle übergestülpt. Anfangs ist es vielleicht noch ähnlich wie mit einem Karnevalskostüm: Der Junge spielt den Cowboy, das Mädchen die Prinzessin, doch irgendwie wächst jede und jeder in dieses Kostüm hinein, bis es schließlich sitzt wie die eigene Haut. Nachdem dieser Gedanke einmal in der Welt war, wurde viel über die Erziehung zum weiblichen Geschlecht geforscht. Über die Erziehung zum männlichen noch nicht ganz so viel, aber mittlerweile beschäftigt man sich auch immer mehr damit.

Vor allem Forscherinnen durchkämmten die Vergangenheit: Was bedeutete es früher, ein Mädchen oder eine Frau zu sein, und was heute? Ging es Mädchen und Frauen früher besser oder waren sie immer schon zu einem Leben in der zweiten Reihe verdammt? Die Forscherinnen stellten fest, dass es gar nicht so leicht ist, etwas über die Frauen von damals herauszufinden, denn ihre Leben verliefen in der Regel viel unauffälliger und leiser als die der Männer. Die Geschichte der Frauen, so entdeckten sie, ist von Zurückhaltung und Unterdrückung geprägt.

In dieser Geschichte hatten immer andere das Sagen. Sie sagten, dass die Frauen weniger wert sind als die Männer, dass sie weniger können als die Männer und weniger Rechte haben als die Männer. Und das alles machten sie an ihrer Biologie fest. Mal war das weibliche Hirn zu klein, mal der Busen,

FRAUENSTUDIUM

Kaum noch vorstellbar, aber es gab Zeiten, in denen war nicht nur von Kindern keine Spur an deutschen Universitäten, auch den Frauen war das Studium verwehrt. Bestenfalls wurden sie als Gasthörerinnen geduldet, aber als richtige Studentinnen einschreiben konnten sie sich nicht. In Deutschland wurde das erst von 1900 an möglich, zuerst im Großherzogtum Baden und dann nach und nach bis 1909 in den anderen Teilstaaten. Die Universität Zürich war die erste deutschsprachige Universität, die Frauen aufnahm. Hier konnten sie von 1864 an studieren.

mal war die ganze Frau nur ein durch Gefühle gesteuertes Mängelwesen. Immer fanden Männer Gründe dafür, warum Frauen etwas nicht konnten oder durften.

Schon früher fanden das nicht alle Frauen in Ordnung. Aber sie hatten eher gelernt, das Wohl und die Interessen ihrer Männer oder Kinder ernst zu nehmen als ihre eigenen. Außerdem kannten sie auch nur wenige weibliche Vorbilder, nur wenige Mütter oder Großmütter, die ihnen zeigten, dass es auch anders geht. Diese wenigen Frauen waren dann als unweiblich und unschicklich verschrieen. Sie wurden als Mannweiber angefeindet.

Im 20. Jahrhundert sollte sich endlich einiges ändern. Die Frauen erkämpften sich das Wahlrecht, sie verlangten gleiche Bezahlung für gleiche Arbeit, sie wollten politisch und wirtschaftlich ernst genommen und dem Mann gleichgestellt werden. Die Frauen dachten über die Frauenrolle nach: dass Frauen zur Unselbstständigkeit erzogen werden, dass sie weniger Chancen haben, weil sie sich weniger zutrauen als die Männer, dass sie sich zu sehr über Männer bestimmen, dass sie warten, bis sie einen getroffen haben, dem eine hübsche Karriere bevorsteht, der sie ernähren kann – und schon greifen sie ihn sich und lassen sich ein paar Kinder machen. Soll das denn schon alles gewesen sein, fragten sich die Frauen.

In den siebziger Jahren des 20. Jahrhunderts protestierten sie besonders laut: Frauen, befreit euch, riefen sie, wartet nicht darauf, dass Männer euch die Freiheit geben, ihr müsst sie euch schon selber nehmen. Frauen taten sich zusammen und demonstrierten für ihre Rechte. Sie sagten, der Bauch einer Frau gehört nur ihr allein. Wenn sie ungewollt

WAHLRECHT FÜR FRAUEN

Es gab Zeiten, da durften Frauen nicht wählen. Die Männer waren der Meinung, Frauen sollten sich nicht in die Politik einmischen und sich lieber um Haushalt und Familie kümmern. Erst seit dem 1. Januar 1919 haben die Frauen in Deutschland das Wahlrecht. Das aktive und das passive, sie dürfen also wählen und ins Parlament gewählt werden. Genauso wie die Männer. In Italien (1944), Frankreich (1945) und Griechenland (1952) wurden die Frauen erst später gleichberechtigte Staatsbürgerinnen. In der Schweiz gibt es das Wahlrecht für Frauen erst seit 1971.

schwanger ist, muss sie abtreiben dürfen. Frauen bildeten aber auch Gesprächskreise, sie sprachen untereinander über Rivalitäten zwischen Frauen, sie nannten sich gegenseitig Schwestern, sie gründeten Häuser für Frauen, die von ihren Männern geschlagen wurden, brachten sich gegenseitig bei, wie Autos repariert und Lampen aufgehängt werden, übten zusammen eine weiblichere Sprache oder sich den Schönheits- und Modevorstellungen zu entziehen, und sie forderten schließlich, dass Frauen bessere Berufschancen bekommen, dass Arbeitgeber als Ausgleich für jahrhundertelange Benachteiligung die Frauen vorziehen sollten. Und es wurden Stellen geschaffen, die darüber wachten, dass Frauen gerechter behandelt wurden.

Die Frauen hatten einiges erreicht, sie hatten das Wahlrecht bekommen, sie konnten lernen, was sie wollten, sie konnten sogar Bundespräsidentin werden, jedenfalls rein theoretisch. Sie konnten berufstätig sein, wenn auch immer noch schlechter bezahlt als die Männer, sie bekamen ein paar Kindergärten und -krippen mehr, in die sie die Kinder bringen konnten, während sie bei der Arbeit waren. Die Frauen konnten also fürs Erste zufrieden sein. Sie hatten jedoch noch gut in Erinnerung, welche Mühe es sie gekostet hatte, sich aus den Fesseln und der Unmündigkeit zu befreien. Sie sagten sich also, unsere Töchter sollen es einmal besser haben als wir. Die sollen von Anfang an zu selbstbewussten und emanzipierten Wesen erzogen werden, sie sollen in der Erziehung nicht länger hinter den Jungs zurückstehen, sie sollen die gleichen Startchancen haben wie sie.

Mütter gaben ihren Töchtern also Autos und Lokomotiven zum Spielen, möglichst wenig Puppen

DIE ERSTEN KINDERLÄDEN

Kinderladen klingt komisch, als gäbe es hier Kinder zu kaufen. In Wirklichkeit war es jedoch so, dass sich Eltern zusammentaten, um die Erziehung ihrer Kinder gemeinsam zu organisieren, und als Treffpunkte leer stehende Ladenlokale anmieteten. Das ging 1968 in Berlin los, andere Großstädte folgten. Die Kinderläden entstanden aus einer Unzufriedenheit mit den üblichen Kindergärten. In den Kinderläden sollten die Kinder frei und wild aufwachsen. Nicht die Erwachsenen herrschten hier, sondern die Kinder.

und schon gar keine Barbie-Puppen. Mädchen wurden zum Lautsein, zum Sich-Wehren und zu wilden Spielen ermuntert. In den Kinderläden sollten Kinder frei von Dressur und quer zum Rollenmuster aufwachsen. Hier herrschte eine freie wilde Kinderwelt. Erziehen und erzogen werden war eine Sache unter Kindern. Die Erwachsenen hatten sich möglichst rauszuhalten und nicht dauernd als Bestimmer einzugreifen. Antiautoritäre Erziehung nannte man das. Und die Idee klingt verlockend – für selbstbewusste und durchsetzungsfähige Kinder allerdings mehr als für zurückhaltende und schüchterne, die in der wilden Kinderhorde untergingen. Die Wilden hatten jedoch auch mit Schwierigkeiten zu kämpfen, zum Beispiel sich hinterher in den Schulen zurechtzufinden, in denen die Lehrer die Bestimmer im Unterricht und auch bei den Noten sein wollten.

Die Kinderläden blieben nicht lange Kinderläden im Kinder-erziehen-sich-gegenseitig-Muster. Man kritisierte, dass Kinder darin verwildern und verwahrlosen und zu kleinen Egoisten, aber nicht für ein Leben in der menschlichen Gemeinschaft erzogen werden. Und man stellte fest, dass die Unterschiede im Verhalten von Jungen und Mädchen sogar noch stärker hervortraten.

Man begann wieder neu über Erziehung nachzudenken. Das vorläufige Ergebnis davon: In den Diskussionen von Eltern, Lehrern und Erzieherinnen herrscht die Meinung vor, man sollte den Kindern Grenzen setzen, sie zu sozial verantwortlichem Handeln erziehen und ihre Neugier, Entdeckungslust und ihren Drang zum Lernen fördern.

Dass die Erziehung Kinder prägt, sie sowohl fördern als auch benachteiligen kann, darüber sind sich mittlerweile alle einig. Gerungen wird jedoch um das »Wie sehr?«. Die Buchläden sind voll von Erziehungsratgebern, die hilflosen Eltern Tipps geben. Denn je mehr Kinder als Resultat ihrer Erziehung gesehen werden, desto belastender ist das für die Eltern. Sie müssen ständig Angst haben, etwas falsch zu machen, sie schlagen also dauernd in den Büchern der Experten nach. Die Experten wissen über alles Bescheid: Sie wissen, wie Musik auf die Intelligenz des Embryos Einfluss nimmt, welche Bilder das mathematische Verständnis des Babys fördern und welche Übungen beim Kleinkind einer späteren Lese-Rechtschreib-Schwäche vorbeugen. Das perfekte Kind ist machbar, sagen die Experten. Das Kind, so wie es auf die Welt kommt, wäre demnach wie eine Knetmasse. Wenn die Eltern die richtigen Kniffe beherrschen, können sie die Knetmasse so formen, wie sie sie haben wollen. Wenn es sein muss, ließe sich so aus einem Mädchen ein perfekter Junge oder aus einem Jungen ein perfektes Mädchen machen.

Was machen die Jungs, was machen die Mädchen?

Die Eltern begannen also, bewusst Knetübungen anzustellen. Sie wurden dabei von Forscherinnen und Forschern beobachtet und unterstützt, denn alle Menschen sind neugierig darauf zu erfahren, was an der Knetmassen-Theorie dran ist und ob es auch etwas Nicht-Knetbares im Menschen gibt.

Eines der Experimente, auf das viele Eltern kamen, bestand darin, kleinen Jungen Babypuppen in die Hand zu geben. Erziehen wir doch den Jungs

einfach mehr Weiblichkeit an, sagten sie sich und kauften ihnen Babypuppen mit allem Drum und Dran, sogar mit Penis, aus dem das Wasser herauspieselte, mit Puppenwindeln und Strampelhöschen, mit Jäckchen, Schühchen und Kinderwagen.

Man könnte aus dem Großteil dieser Anschaffungen ein riesiges Mahnmal der unbespielten oder ungeliebten Babypuppen bauen. Sicher, es gibt auch Mädchen, die nicht mit Puppen spielen, aber sie verhalten sich diesem Spielzeug gegenüber selten so unerbittlich wie die kleinen Jungs. Eltern und Forscher beobachteten, dass Jungs, wenn sie denn überhaupt etwas mit Puppen anfangen, mit ihnen völlig neuartige Spiele entwickeln. Der Puppenwagen wird zum Rennauto, die Puppe zum Verkehrsopfer.

Und umgekehrt, wie ist es, wenn Mädchen keine Puppen, sondern Rennautos und Eisenbahnen in die Hand bekommen? Auch sie spielen damit meist ganz anders als die Jungs. Vielleicht gestalten sie liebevoll eine Eisenbahn-Landschaft, bauen Bäume und Häuser dazu, überlegen sich Ortsnamen, malen Schilder und spielen schließlich »Ich täte hier wohnen und wäre ein berühmter Star, und du tätest da wohnen und hättest zwei Kinder«.

Seit Jahrzehnten also stehen Forscherinnen und Forscher mit in den Puppen- und Bauecken der Kindergärten und beobachten das Verhalten von Jungs und Mädchen. Dabei haben sie diese verblüffenden Dinge herausgefunden. Die meisten von ihnen hatten so etwas jedenfalls nicht erwartet. Jahrelang hatten sie angenommen, Jungen und Mädchen würden sich in ihrem Verhalten von Geburt an nicht unterscheiden, die Unterschiede seien nur angelernt.

KIBBUZ-ERZIEHUNG

Was passiert, wenn Jungen und Mädchen gleich aufwachsen? In den israelischen Kibuzzim sammelt man schon seit vielen Jahren Erfahrungen. Der Kibbuz ist eine Lebensgemeinschaft, in der die Familien weitgehend aufgelöst sind. Junge Frauen übernehmen die gleichen Arbeiten wie junge Männer. Die Kinder wachsen in Kinderhäusern auf und werden dort von Erziehern erzogen, die ebenfalls schon ohne das übliche Mann-Frau-Muster aufwuchsen. Dennoch beobachtete man auch hier dieselben Vorlieben wie bei Jungs und Mädchen, die in normalen Familien groß wurden. Hier die Puppe, dort das Auto, hier der vorsichtigere, dort der wildere Umgang mit den Spielsachen.

Babymädchen, so stellte man fest, suchen von Anfang an stärker den Blickkontakt zu ihrem Gegenüber und lächeln früher und häufiger als Babyjungen. Im Alter von ungefähr einem Jahr legte man Kindern eine Auswahl an Plüschtieren, Robotern und anderem Spielzeug hin – und siehe da, die Mädchen griffen zumeist zu den Plüschtieren und die Jungen zu den Robotern. Wahrscheinlich, so hielt man dagegen, tun sie es nur, weil ihnen genau diese Dinge bekannt waren, weil die Eltern ihnen solches Spielzeug schon zuvor gegeben hatten. Man hatte bei diesen Tests jedoch streng darauf geachtet, dass Kinder aus den unterschiedlichsten Familien daran teilnahmen – aus Familien, in denen man Jungs und Mädchen bewusst gleich erzog, und aus Familien, in denen ein Unterschied gemacht wurde.

Egal, was die Kinder von ihren Familien mitbekommen hatten, sie verhielten sich fast alle so, als hätte man ihnen zu Hause ganztägig eingetrichtert: Sei ein typisches Mädchen oder sei ein richtiger Junge! Denn das älteste aller Mädchen- und Jungenbilder bestätigte sich bei der Auswahl des Spielzeugs. Und nicht nur das, auch wie die Kinder mit dem Spielzeug umgingen, war so, als hätten sie Regieanweisungen für die brave »Heidi« oder den sich ewig prügelnden »kleinen Nick« gelesen. Die Jungs verhielten sich wilder, kloppten auch schon mal mit den Sachen aufeinander ein und zeigten früh Interesse an Nicht-Spielsachen, an technischen Geräten und allen Dingen, die man auseinandernehmen konnte. Davon ließen sie auch dann nicht ab, wenn es ihnen verboten wurde.

Mädchen zeigten dagegen viel mehr Vorsicht im Umgang mit den Dingen. Auch bei älteren Kindern änderte sich daran nicht viel. Mädchen verkleideten sich gerne, machten Rollenspiele und kneteten, bastelten und malten schon früh wie die Weltmeister. Man sagt, Mädchen üben früher ihre Feinmotorik und Jungen ihre Grobmotorik.

Für manche Eltern war es zum Verzweifeln. Da gaben sie sich Mühe, die Kinder nicht nach den bekannten Männer- oder Frauenbildern zu erziehen, und dann mussten sie das erleben! Sie vergaßen dabei allerdings, dass ja nicht nur sie selber ihre Kinder erziehen. Ganz vieles und ganz viel erzieht an ihren Kindern mit. Da gibt es die heile Familienwelt der Werbung und deren Bilder von richtigem Mann und richtiger Frau, ebenso wie die Vorstellungen und Vorgaben der anderen Kinder. Dabei zählt vor allem das, was die Geschlechtsgenossen meinen und sagen.

Die Jungen- und Mädchenforscher verglichen ihre Untersuchungsergebnisse mit dem, was in anderen

FEINMOTORIK UND GROBMOTORIK

Das klingt wie der Unterschied zwischen Feinmechaniker und Waldarbeiter. In jedem Menschen steckt sowohl ein Feinmechaniker als auch ein Waldarbeiter, allerdings unterschiedlich ausgeprägt. Die Grobmotorik betrifft Bewegungen des ganzen Körpers, beim Sport trainiert man zum Beispiel diese Motorik. Die Feinmotorik liegt in den Fingern, Zehen und auch in der Mimik. Beim Musizieren, Malen oder Schönschreiben ist die Feinmotorik in ihrem Element.

Ländern und Kulturkreisen zu beobachten ist. Wie sieht es zum Beispiel dort mit Jungen- und Mädchenspielen aus, wo es weder Mädchen- noch Jungenspielzeug gibt? Mit Erstaunen sahen die Forscher, dass die Mädchen ihrem Drang zum Bemuttern mit den einfachsten Mitteln nachkamen. Beim Mutter-Kind-Spiel ersetzte ihnen etwa der Maiskolben die Babypuppe. Die Jungen hingegen übten sich früh in Jagd und Wettkampf.

Und noch etwas bestätigte sich im Kulturvergleich: Mädchen und Jungen zieht es nicht zum gemeinsamen Spiel. Mädchen legen sogar noch früher als Jungen Wert auf jungenfreie Spiele. Das andere Geschlecht ist, wenn es gleichgeschlechtliche Spielkameraden gibt, nur wenig interessant. Jungs sind dann für Mädchen ein Notbehelf und Mädchen für Jungs.

Bleibt man lebenslang Junge? Schon kleine Kinder wissen sehr genau, ob sie ein Junge oder ein Mädchen sind. Was sie aber vorerst noch nicht wissen, ist, dass man diesem Geschlecht auch lebenslang angehört. Etwa im Alter von vier bis fünf Jahren setzt sich diese Erkenntnis bei ihnen durch. So ist auch ein Gespräch im Kindergarten zwischen einem Vierjährigen und einem Viereinhalbjährigen zu erklären: »Wenn ich groß bin, werde ich Flugzeugbauer«, sagt der Ältere. »Und ich werde eine Mama«, antwortet der Jüngere.

Da haben wir schon einen möglichen Grund für die harten Urteile der Mädchen über die Jungen und der Jungen über die Mädchen. Je schlechter man die anderen kennt und je größer die Entfernung ist, aus der man sie beäugt, desto mehr sieht man in ihnen, was man sehen will. Eine doofe Zicke eben oder einen blöden Raufbold. Und selbst wenn

TYPISCHES GESCHLECHTSVERHALTEN

Es ist leicht gesagt: So sind die Jungs und so die Mädchen. Die Wirklichkeit ist viel komplizierter: Wissenschaftler haben Jungs und Mädchen auf typische Merkmale beobachtet und danach Kurven gemalt. Die Jungenkurve zeigt, dass die meisten Jungen in ihrem Verhalten den jungentypischen Vorstellungen entsprechen, die Mädchenkurve zeigt, dass das Gleiche auch für Mädchen gilt. Bemerkenswert ist allerdings, dass es bei den Mädchen einen ganz kleinen Teil gibt, der die jungentypischen Verhaltensmerkmale noch ausgeprägter besitzt als manche Jungen, und umgekehrt bei den Jungen solche, die ausgeprägtere Mädchenmerkmale haben als manche Mädchen.

Peter eine richtig nette Lily kennt, ändert das noch lange nichts an seiner Meinung über Mädchen. Er betrachtet Lily dann einfach nicht als Mädchen – bestenfalls als eine rühmliche Ausnahme. Und Lily geht es umgekehrt genauso. Sie sieht in Peter die große Ausnahme.

Ist das nun also die Antwort auf unsere Warum-Frage? Will euch mal wieder ein Erwachsener erklären, dass ihr nichts als Vorurteile habt, dass die Mädchen gar nicht so schlimm sind, wie es von weitem scheint, und die Jungen auch nicht? Das alte Lied also, dass man nur etwas mehr Verständnis füreinander haben, freundlicher zueinander sein muss, und schon sind alle Jungen-Mädchen-Probleme aus der Welt. Und dass man doch bitte schön nur all die Jungen und Mädchen angucken muss, die anders ticken: die Jungs, die ihre Teddybären lieb haben,

heimlich Babypuppen in den Schlaf wiegen und Angst haben vor raufenden Kumpels. Und die Mädchen, deren Spiele vorzugsweise in der Lösung von Transportproblemen bestehen, die auf Gameboys rumhacken und gerne mal einen Jungen verkloppen. Die gibt es ja ohne Zweifel auch!

Die Erwachsenen wissen mal wieder alles besser! Sie tun so, als verhielten sie sich selbst immer tadellos und begegneten anderen Menschen völlig vorurteilsfrei. Deshalb finden sie die Einteilung der Welt in blöde Jungs und blöde Mädchen auch von vorneherein blöde. Schauen wir uns doch einfach einmal an, was diese aufgeklärten Erwachsenen zu bieten haben. Den Forschern ist auch dazu ein Experiment eingefallen. Sie haben die Geschlechtsmerkmale eines Babys in einer Windel versteckt, es zum Jungen erklärt, und schon hielt das Publikum es für stark und robust. Dann haben sie dasselbe Baby zum Mädchen erklärt, und schon schwärmte ein anderes erwachsenes Publikum von seiner Zartheit und Zierlichkeit. Na, da haben wir es ja: Genau so wird man doch zum Jungen oder zum Mädchen gemacht! Man muss einem Kind nur lange genug einreden, dass es stark ist oder schwach, schließlich wird es das auch. So produziert man also ein starkes und ein schwaches Geschlecht.

Zum Glück ist das nicht so einfach. Alle Eltern wissen, dass Kinder anders sind als Kuchen. Sonst würden sie eine große Schüssel nehmen, fünf Kilo Gesundheit und Stärke mit einer Messerspitze Selbstbewusstsein hineingeben, drei Tüten Intelligenz, zwei Pfund Feingefühl, einen Liter Lebenslust, ein Fläschchen Schönheitskonzentrat und alles gut umrühren. Solche Rezepte funktionieren jedoch nicht. Um es bildlich zu sagen: Die Schüssel enthält nämlich schon eine Art Backmischung, bevor sie in die Hände der Eltern fällt. Die können den Kuchen zwar veredeln, aber aus einem Bienenstich kann keine Apfeltorte werden und umgekehrt.

Längst bevor es möglich ist, den Kindern irgendeine Art von Vorbild zu sein, lassen sich die ersten Verhaltensmuster und Unterschiede von Jungs und Mädchen ausmachen. Im Bauch der Mutter treten und boxen die männlichen Kinder schon kräftig, die weiblichen verhalten sich im Vergleich dazu ruhiger. Das ist doch ein erster schlagkräftiger Beweis für die angeborenen Unterschiede und Merkmale, oder?

Halten wir einmal die Unterschiede fest, die wir schon zusammenhaben. Jungs strampeln sich im Mutterbauch heftig ab, sie interessieren sich für Transportmittel und -modelle, für technische Dinge und suchen den Wettkampf mit anderen Jungen. Mädchen sind ruhiger, spielen gerne mit Puppen und Plüschtieren und probieren im Spiel viele Rollen aus. Das kann man doch einfach nüchtern festhalten!

Was ist daran denn schlecht? Und was hat das mit Rauflust und Zickigsein zu tun?

DIE BAUINGENIEURIN

Mädchen und Maschinen müssen keine verfeindeten Mächte sein! Immerhin steigt der Anteil der Frauen stetig, die Bauingenieur, Maschinenbau oder Elektrotechnik studieren. In Deutschland verdreifachte er sich in den letzten 25 Jahren. Im Jahr 2003 waren mehr als ein Viertel aller Bauingenieurstudenten weiblich und ungefähr ein Sechstel der künftigen Maschinenbauer. In der Elektrotechnik ist allerdings noch nicht einmal jeder zehnte Studierende eine Frau.

Warum wollen die einen die Besten und die anderen immer beste Freundinnen sein?

Raufbold und Zicke sind nicht die besten Empfehlungen, die man ins Leben mitbekommen kann. Raufen klingt vielleicht immer noch ein bisschen besser als zicken. Zu einem richtigen Jungen gehört das eben dazu, sagen die Erwachsenen augenzwinkernd. Man kann sich auch gerade noch vorstellen, dass sich eine gewisse Vorliebe zum Raufen aus all dem ableiten lässt, was wir bisher über die Eigenschaften von Jungen gehört haben. Jungen haben es gerne wild, sie wollen sich mit anderen messen, sie suchen den Vergleich und die Konkurrenz in der Gruppe. Der Sport ist ein idealer Tummelplatz für diese Neigungen, und die größere Jungenhorde ist zum Kräftemessen geeigneter als eine Zweierfreundschaft. Man sagt, Jungen haben nicht so häufig enge Freundschaften wie die Mädchen.

DIE BESTE FREUNDIN

In Büchern für Jungen und Mädchen steht im Zentrum der Geschichte oft eine Gruppe von Kindern, die Abenteuer erlebt oder Detektivfälle löst. In reinen Mädchenbüchern geht es meist um enge Freundschaften zwischen zwei Mädchen, die ein Herz und eine Seele sind, eine Hanni und eine Nanni.

Aber warum sind Jungen so scharf darauf, andere zu übertrumpfen? Vielleicht steckt ja eine gar nicht so unerfreuliche Sache für die Mädchen dahinter. In der Biologie spricht man von männlichem Imponiergehabe. Schon mal einen Affen dabei beobachtet? Wenn er seinen Oberkörper aufbläht und sich mit den Fäusten auf die Brust trommelt, sieht das nach blöder Macho-Angeberei aus. Aber vielleicht hat er auch bessere Gründe dafür. Die Forscher sagen, diese Gründe führten weit, weit zurück. In eine graue Vorzeit, in der die Menschen vor allem mit Überlebenskampf und Fortpflanzung beschäftigt waren. So unterschiedlich die Aufgaben bei der Aufzucht der Nachkommen sind, so unterschiedlich sei auch das Paarungsverhalten von Männchen und Weibchen. Die Männer versuchen die Frauen auf sich aufmerksam zu machen, denn die Frauen sind zurückhaltender bei der Paarung. Sie prüfen den Partner genauer, sie tragen schließlich auch schwerer an einer Verbindung und ihren möglichen Folgen. Also müssen sie von den Männern überzeugt und gewonnen werden.

Gut, dass ein paar Jahre seit diesen ersten Flirt- und Partnerschaftsbemühungen vergangen sind und die Menschenmänner schon etwas dazugelernt haben. So kapieren die meisten inzwischen auch, dass

Angeber-Gehabe bei den Menschenfrauen nicht so gut ankommt wie bei den Pavian-Weibchen.

So weit also zum biologischen Hintersinn des Jungenverhaltens, den sicher kaum ein Junge widerstandslos auf sich sitzen lassen will. Doch das Gemeine bei solchen biologisch beeinflussten Verhaltensprogrammen ist: Man kann alle Mädchen doof finden und sich als Junge dennoch so verhalten, als ob man den Mädchen imponieren möchte.

Nun haben wir den Jungs also einen schweren Schlag versetzt! Ihre Kraftmeierei richtet sich also in Wahrheit an die Adresse der Mädchen. Gut gegeben, oder? Und was können wir jetzt für die Mädchen tun? Die Antwort auf die Frage, was deren Rumgezicke mit der Vorliebe für Puppen oder Rollenspielen zu tun hat, steht noch aus. Auch dafür muss man etwas weiter ausholen und sich erst einmal fragen, was Zickigsein überhaupt bedeutet. Lassen wir als Kronzeugen mal ein paar Jungen um den Bilderbuch-Helden Willi Wiberg zu Wort kommen. Willi hat Probleme, weil er wahnsinnig gerne mit Milla spielt. Die anderen Jungen machen sich über ihn lustig, denn die finden Mädchen doof. Sie nennen auch einige Gründe dafür: »Weil die schwach sind und wegen jeder Kleinigkeit heulen … Und die gucken dauernd in den Spiegel und kämmen sich … und haben Angst um ihre Kleider … und vergessen nie ihre Hausaufgaben (und machen sich lieb Kind bei der Lehrerin!) … und flüstern und tuscheln … und lachen über gar nichts … und spielen langweilige Spiele … und gehen immer nur zu zweit … und tratschen und können Geheimnisse nicht für sich behalten …« Man sieht die Parade-Zicke doch förmlich vor sich. Aber auch dieses Verhalten kann eine andere Seite haben. Die Zimperliese, das

CHEF UND CHEFIN

Weibliche Qualitäten passen besser in Führungspositionen als männliche. Mittlerweile orientieren sich Erfolgsmänner am weiblichen Muster. Zuhören können, Mitarbeiter fördern und zu eigenen Ideen anregen, das sind Eigenschaften, die Frauen eher nachgesagt werden als den Männern.

schnelle Heulen, das Aufpassen aufs Kleidchen und die langweiligen Spiele könnten, wenn man es aus freundlicheren Augen als den Jungsaugen betrachtet, für Vorsicht stehen. Das Verhalten in der Schule für Gewissenhaftigkeit und Pflichtbewusstsein, das Tratschen, Kichern und mit der besten Freundin zusammenglucken für den Wunsch nach Nähe, Beziehungen und sozialem Austausch.

Hört sich alles gar nicht so schlimm an. Vor allem kommt es sehr nah an das heran, was in den Puppen- und Rollenspielen der Mädchen passiert. Fürsorglichkeit, Austausch mit anderen, größere Gehorsamkeit, Kooperationsbereitschaft, Geschick und Neigung zu feineren Basteleien, all das scheint die meisten Mädchen schon sehr früh miteinander zu verbinden.

Man kann es sich leicht machen bei der Suche nach den Gründen für das unterschiedliche Verhalten. Man kann es auf die Steinzeit schieben, auf die frühen Jahre der Menschheit. Der Mann ging auf die Jagd, fachsimpelte in seiner Männerhorde über neue Werkzeuge und Jagdtechniken und erlegte ein möglichst kalorienreiches Abendessen. Die Frau kehrte die Höhle, sammelte Früchte, bewachte das Feuer und erzog die Kinder, damit ordentliche Steinzeitmänner und -frauen aus ihnen wurden. Sie tauschte sich dabei ständig mit ihren Mit- und Nebenhöhlenbewohnerinnen aus, so wurde ihr schon nicht langweilig. Vor allem aber konnte sie ihre Beobachtungsgabe schulen. Niemand hätte damals allerdings gedacht, dass viele Jahrtausende später die steile Behauptung aufgestellt würde, dass Frauen vieles und auch Verschiedenes gleichzeitig tun können, doch dass es ihnen mangels Jagderfahrungen an räumlichem Vorstellungsvermögen fehlt

und ihnen das Rückwärts-Einparken besondere Probleme bereitet. Während auf der anderen Seite Männer schlecht zuhören und sich immer nur auf eine einzige Sache (Jagd) konzentrieren können.

Ob es so ist, wollen wir hier offen lassen. Wir interessieren uns mehr für die Mädchen und die Jungen. Die Hirnforscher interessieren sich mindestens so sehr für sie, und sie haben Unterschiede in der Entwicklung des Gehirns bei weiblichen und männlichen Ungeborenen, schon vom vierten Monat an, festgestellt. Das Großhirn besteht, grob gesagt, aus zwei Hälften. Die linke hat ihren Schwerpunkt in Logik, Vernunft und Sprache, die rechte eher im räumlichen Vorstellungsvermögen, sie ist für bildliche Erfassung und für Kreativität zuständig. Dass jetzt niemand glaubt, die Welt spalte sich in Linkshirnfachmänner und Rechtshirnfachfrauen. Man hat jedoch herausgefunden, dass bei Männern die beiden Fächer im Gehirn eher nach den Schwerpunkten sortiert bleiben, während sich bei Frauen die verschiedenen Fähigkeiten auf beiden Hirnhälften ausprägen und verteilen. Allerdings führt das zu einer besonderen Ausbildung der sprachlichen Fähigkeiten. Diese neigen nämlich dazu, in jeder Hirnabteilung die Wortführerrolle zu übernehmen und andere Fähigkeiten an die Wand zu spielen.

Ob sich diese unterschiedlichen Arbeitsweisen des Gehirns, die – sehr vereinfacht – für mehr männliches Spezialistentum und mehr weibliche Talente im sprachlichen und sozialen Bereich sprechen, durch die verschiedenen Aufgaben von Männern und Frauen bei der Fortpflanzung und dem Erhalt der menschlichen Spezies herausgebildet haben, lassen wir mal offen. Ein paar Fragen müsst ihr euch schließlich auch noch für später aufheben. Jedenfalls sind sich viele Wissenschaftler sicher, dass die männlichen und die weiblichen Sexualhormone Einfluss auf den Aufbau des Gehirns haben.

Wer ist nun eigentlich das schwache und wer das starke Geschlecht?

Dass der Mann körperlich stärker und größer ist, machte ihn für die Jagd wohl eher geeignet als die Frau, die ja auch wegen Schwangerschaft und Stillzeiten ausfiel. Es lag also nahe, die Männer als das starke Geschlecht zu bezeichnen und die Frauen als das schwache. Hätte man dies nur auf die Fähigkeiten bezogen, Sechzig-Kilo-Gewichte zu stemmen oder das New Yorker Telefonbuch zu zerreißen, wäre es auch in Ordnung. Aber stark bekam die Nebenbedeutung: herrlich, mächtig, besser. Und das ist wirklich ein großer Quatsch! Aus diesem Quatsch leitete man jedoch jahrhundertelang ab, dass die ganze Welt dem Mann gehorchen sollte – und wirklich die ganze Welt, ohne Ausnahme, schon gar nicht der Frauen.

In einer Gesellschaft, in der man Bärentöter zum Überleben braucht, wäre das zur Not noch einzusehen. Aber nicht in einer Gesellschaft, in der weder Bären noch Mammuts vor der Haustür rumspazieren und selbst Kriege nicht mehr durch Muskelstärke gewonnen werden. Hier bringt die Kraft gerade noch eine Olympia-Medaille ein, ansonsten ist sie nicht viel mehr als ein netter Schmuck für einen hübschen Mann.

Wohl ist in der heutigen Gesellschaft das gute Aussehen wichtig, und der Waschbrettbauch bekommt immer noch mehr Anerkennung als der Bierbauch. Aber den Lebensunterhalt kann man mit Bierbauch genauso sichern wie mit einem Flachbauch und Mordsmuskeln. Der Wind hat sich gedreht. Nachdem jahrhundertelang die Frauen als das unvollkommene Menschenmodell, als eine Ware mit kleinen Fehlern angesehen wurden, hört man derzeit ungewohnt viel Gutes über sie. Viele Lehrer scheinen das weibliche Modell dem männlichen vorzuziehen. Sie loben die Mädchen und tadeln die Jungs, denn sie tun sich mit den Schülerinnen leichter als mit deren männlichen Altersgenossen.

Mädchen sind fleißiger und anpassungsfähiger im Unterricht, sie scheinen für ein Leben in der Gemeinschaft und einen langen Schulmorgen ohne Kicks und Abenteuer besser gerüstet. Mittlerweile machen in Deutschland mehr Mädchen als Jungen Abitur, sie bleiben seltener sitzen und haben durchweg die besseren Noten. Jungen sind unruhiger, zeigen weniger Interesse, sind kaum zu bändigen und auf ihre Probleme nur schwer anzusprechen: außen cooler Macho und innen verängstigt und orientierungslos – in dieser Falle sitzen viele Jungs. Die Kombination wirkt verheerend und ist nur schwer aufzuknacken. So entwickeln sich Jungs zu Schulversagern.

Jahrzehntelang grübelten Pädagogen und Eltern, wie sie Mädchen in naturwissenschaftlichen und mathematischen Fächern auf die Sprünge und bei der Ausbildung zu frauenuntypischen Berufen helfen könnten, jetzt scheint es, als machten die Mädchen ihren Weg und hätten vor allem die Jungen Unterstützung nötig. Sie müssen lernen, dass nicht immer nur Mut, Stärke und Schnelligkeit zählen, dass es genauso mutig ist, zu eigenen Schwächen und Fehlern zu stehen. Dass Freundschaften auch außerhalb des Fußball- oder Basketballplatzes bestehen können und Begegnungen mit anderen nicht nur im Austausch von Knüffen, Tritten und in Wettkämpfen liegen. Dafür müssen sie noch nicht einmal ihr heiß geliebtes Vorurteil aufgeben, dass Mädchen Zicken sind. Sollen die doch in den Augen der Jungen ruhig eine Weile Zicken bleiben, die können nämlich durchaus zurückgiften und sich zur Wehr setzen.

Irgendwann gibt es ja meistens ein Happyend zwischen Mädchen und Jungen. Mit 14, 15 Jahren wird schon weniger und leiser über das andere Geschlecht gelästert. Mit 16 Jahren sieht man dann einzelne Vertreter beider Arten Hand in Hand herumspazieren … Ja, und mit 20, 30 Jahren gibt es die ersten Nachkommen. Bald also sitzt die Frau als Heimchen am Herd bei den Kindern und der Mann macht lustig Karriere? So muss es längst nicht mehr sein. Auch wenn Mann und Frau von Natur aus unterschiedlich ausgestattet sind, die Erziehung hat schließlich auch noch ein Wörtchen mitzureden. Es gibt nämlich weder einen eingebauten Weibchen- noch einen Macho-Automatismus, weder ein Zicken-Gen noch ein Raufbold-Chromosom.

Warum sehen Fledermäuse mit den Ohren?

Das wäre was, wenn man mit den Ohren sehen könnte! Man würde sich in tiefster Finsternis zurechtfinden, müsste nie mehr sein Fahrradlicht reparieren. Könnte dem kleinen Bruder mitten in der Nacht Käsesocken ins Bett schmuggeln. Und unter der Bettdecke würde man endlos Manga-Comics lesen und keine Taschenlampenbatterie verbrauchen. Leider können Menschen nicht mit den Ohren sehen, sie brauchen Augen und Licht. Anders die Fledermäuse: Sie finden sich auch in stockdunkler Nacht zurecht. Wie sie das machen und warum sie das machen, steht in diesem Kapitel. Darin lernen wir auch eine Fledermaus persönlich kennen, ein Großes Mausohr namens Rak.

Der Zoologieprofessor Hans-Ulrich Schnitzler erforscht die Ultraschallortung der Fledermäuse. In der Tübinger Kinder-Uni zeigte er, wie das ungewöhnliche Orientierungssystem entdeckt wurde und wie raffiniert es funktioniert. Mit seiner Erfahrung und vielen Ratschlägen half er auch beim Schreiben dieses Kapitels.

Das Große Mausohr ist die größte einheimische Fledermausart, obwohl sie uns gar nicht besonders groß erscheint. Nur acht Zentimeter misst sie vom Kopf bis zum Po, das ist nicht länger als ein Handy. Finden kann man Große Mausohren öfter in der Nähe von Kirchen. Das liegt nicht etwa daran, dass diese Fledermausart besonders gern beten würde oder fromme Lieder singen. Große Mausohren wohnen einfach gern unterm Kirchendach, weil es dort schön ruhig, schön dunkel und schön warm ist. Große Mausohren sind anspruchsvolle Mieter. Kälte und Lärm mögen sie nicht besonders. Vor allem Lärm finden sie zum Fledermäusemelken blöd.

Warum das so ist, sieht man auf den ersten Blick. Fledermäuse haben nicht einfach nur Ohren, sie haben an ihrem Kopf eher so etwas wie Satellitenschüsseln sitzen. Die Ohren des Großen Mausohrs sind erheblich größer als der ganze Kopf. Menschen, die so große Ohren hätten, könnten im Zirkus auftreten und die Löwen erschrecken. Für Fledermäuse ist es ganz normal. Sie haben so große Ohren, weil sie damit etwas Ungewöhnliches machen: Sie sehen.

Natürlich sehen Fledermäuse mit ihren Ohren nicht so wie andere Tiere mit ihren Augen. Auch Fledermäuse fangen mit ihren Ohren Geräusche auf, sie »hören« also. Allerdings hören sie viel mehr als die Menschen. Mit ihren Ohren können sie extrem hohe Töne auffangen, Töne, die für Menschen unhörbar sind, weil sie im sogenannten Ultraschallbereich liegen. Doch das ist noch nicht alles. Fledermäuse können sogar Dinge hören, die gar keine Geräusche von sich geben, nicht einmal Ultraschall. Eine Wand zum Beispiel. Oder einen Ast. Oder eine Libelle, die sich auf einem Blatt ausruht. Das können andere Tiere nicht. Fledermäuse können ihre Ohren zum gleichen Zweck benutzen wie andere Tiere ihre Augen, zur Orientierung. Deshalb kann man sagen: Die Fledermäuse haben so große Ohren, damit sie besser »sehen« können.

Die Art, wie Fledermäuse »sehen«, wie sie sich mit den Ohren in ihrem Revier zurechtfinden, ist einzigartig in der Tierwelt. Es hat Jahrhunderte gebraucht, bis die Wissenschaftler halbwegs verstanden haben, wie die Fledermäuse das schaffen, aber noch immer ist es nicht gelungen, alle Geheimnisse des Fledermaussehens zu enträtseln. Immerhin wissen die Forscher schon eine ganze Menge, und auch wir werden schon bald einiges darüber lesen.

Erst mal besuchen wir jetzt aber eine Fledermauskolonie. Schließlich wollen wir auch etwas über das Leben der Fledermäuse erfahren, und das geht am besten, wenn man Fledermäuse persönlich kennen lernen kann. Also denn! Wir stellen vor: Rak, das Große Mausohr.

Warum muss eine Fledermausmutter bei der Geburt aufpassen?

Raks Ohren sind im Moment ziemlich zusammengequetscht. Noch befindet er sich nämlich im Bauch seiner Mutter Mav, und da ist nicht gerade viel Platz für lange Ohren. Raks Mutter wohnt im Sommer in einer kleinen Kirche in einer Art Wohngemeinschaft: Auf dem geräumigen Dachboden lebt sie zusammen mit zweihundert anderen Mausohren. Für Menschen ist das eine große Wohngemeinschaft, für Fledermäuse eine kleine. In Mexiko wurden Kolonien entdeckt, in denen mehr als eine Million Fledermäuse lebten. Selbst die Mausohren, die in Europa leben, bringen es auf Kolonien mit über zehntausend Tieren.

An diesem Morgen hängt die ganze Fledermaustruppe unter dem Dach und döst vor sich hin. Wer so eng zusammenwohnt, muss sich gut vertragen. Die Fledermäuse in der Kolonie achten deshalb sehr auf gutes Benehmen. Sie beißen sich nicht und stoßen sich auch nicht von der Decke. Natürlich streiten sich die Tiere ab und zu und veranstalten dann ein ziemliches Gezeter auf dem Dachboden. Aber das legt sich schnell wieder. Den Pfarrer der kleinen Kirche stören die Tiere auf seinem Dachboden jedenfalls nicht. Im Gegenteil.

Er findet es gut, dass sich die Fledermäuse jedes Jahr im Frühling wieder bei ihm einfinden. »Ich freue mich über jeden«, sagt er, »der zu mir in die Kirche kommt!« Auch dass die Fledermäuse so viel schlafen, ist ihm egal. »Hauptsache, die Menschen unten sind wach.«

Mav, die Mutter von Rak, hat sich ein Plätzchen ganz oben unter dem Dachfirst gesucht. Nicht weit von ihren Freundinnen Kaja und Lal hängt sie an einem der rissigen Balken. Oben ist es ziemlich warm, und Wärme kann sie gut gebrauchen. Eine Geburt kostet viel Energie und ist nicht ungefährlich, schließlich hängt die Mutter kopfüber an der Decke. Mav muss aufpassen, dass ihr Baby nicht auf den Boden fällt. Über fünf Meter tief ist es hier. Selbst wenn das Junge den Sturz überlebte: Ohne Mutter würde es in den Kothügeln am Boden bald verhungern. Ihrer Freundin Lal ist vor ein paar Tagen das Kind weggerutscht. Zum Glück hielt die Nabelschnur, und Lal konnte die kleine Tochter schnell wieder hochziehen. Mav will so etwas nicht erleben.

MÄNNER BLEIBEN DRAUSSEN

Bei den Großen Mausohren und vielen anderen Fledermausarten halten sich die ausgewachsenen Männchen von den großen Wohngemeinschaften und den Wochenstuben fern. Um die Jungen kümmern sich ausschließlich die Weibchen. Wo sich die Männchen in dieser Zeit herumtreiben, ist unbekannt. Wahrscheinlich leben sie alleine und gehen auf die Jagd.

Seit über zwei Stunden plagt sie sich mit der Geburt und den Wehen. Unruhig klettert sie hierhin und dorthin, drückt sich gegen ihre Freundinnen, als wollte sie das Kind aus sich herauspressen, doch so leicht macht Rak es ihr nicht. Es dauert noch eine halbe Stunde, bis er aufgibt und mit den Füßen zuerst auf die Welt kommt. Als es so weit ist, beugt die Mutter ihren Kopf weit nach vorn, hängt fast horizontal, mit dem Rücken nach unten am Balken, und bildet mit ihren Flügeln eine Tasche, in die Rak sanft hineinfällt.

Schnell und umsichtig leckt die Mutter ihr jüngstes Kind ab. Für die Schnauze und den Po nimmt sie sich besonders viel Zeit: Die Körperöffnungen müssen sauber sein, darauf legt sie Wert. Zum Schluss beißt sie die Nabelschnur durch und verspeist den Rest der Plazenta, des eiweißreichen Mutterkuchens, von dem Rak die letzten fünf Wochen im Bauch seiner Mutter gelebt hat. Rak ist nun auf der Welt und braucht keinen Mutterkuchen mehr.

Obwohl er sehr erschöpft ist, macht er sich sofort auf einen beschwerlichen Weg. Er kriecht auf dem Bauchfell der Mutter herum, bis er gefunden hat, was er sucht: eine Zitze. Mit aller Kraft beißt er mit den winzigen Milchzähnen in die linke Zitze der Mutter und saugt sich an ihr fest. So fest, dass Mutter und Kind selbst mit Gewalt kaum getrennt werden können. Dann schläft er ein. Seine Mutter hüllt ihn in einen ihrer Flügel und schläft auch ein wenig. Sie ist jetzt fünf Jahre alt und Rak ihr viertes Kind. Sie ist eine erfahrene Mutter.

Mav weiß genau, dass von Raks Vater keine Hilfe bei der Aufzucht ihres Jungen zu erwarten ist. Sie weiß nicht einmal, wo er sich gerade herumtreibt. Irgendwann im letzten Herbst ist sie ihm kurz begegnet. Er hatte sich gegenüber der Kirche ein kleines Quartier zugelegt, ein Junggesellenstübchen in einer Baumhöhle. Eher zufällig war Mav vorbeigekommen, wollte eigentlich gleich weiter, doch irgendein spannender Geruch hielt sie zurück.

Raks Vater war ein struppiges und mageres Männchen. Trotzdem hielt er sich offenbar für unwiderstehlich. Auf einen großen Balzgesang hatte er verzichtet. Zu Recht, wie sich zeigte, denn Mav steuerte schnurstracks seine Höhle an. Für sie war er genau der Richtige. Sie flog in die Höhle und hängte sich in der Nähe des Männchens an die

SEX BEI FLEDERMÄUSEN

Nicht alle Fledermausmännchen verzichten auf eine Balz. Viele versuchen auch im Herbst, wenn sie reichlich Sperma angesammelt haben, mit aufregenden Gesängen und Flügen Partnerinnen anzulocken. Sind sie erfolgreich, finden sich bis zu fünf Weibchen im Quartier eines Männchens ein und bilden für ein paar Nächte einen kleinen Harem. Manche Arten wollen sogar im Winter, wenn eigentlich der Winterschlaf auf dem Programm steht, nicht auf Sex verzichten. Sie dringen in fremde Kolonien ein und paaren sich dort mit schlaftrunkenen Weibchen.

Decke. Leider wissen wir nicht, was in dieser Nacht geschah. Sicher ist aber, dass Mav das Stübchen mit dem Samen eines Mausohrmännchens verließ. In ihrer Gebärmutter hütete sie diesen Samen den ganzen Winter über. Erst im Frühjahr, als ihr Körper es ausreichend warm fand, setzte sich in ihrem Innern ein kleines Ei in Bewegung und traf auf seinem Weg in die Gebärmutter auf den Samen des vergangenen Herbstes. Rak wurde gezeugt.

Sind Fledermäuse unsere nächsten Verwandten?

Alle Fledermäuse kommen wie Rak an einem geschützten Ort zur Welt. Auf einem Dachboden, in einer Höhle, manchmal auch in einem hohlen Baumstamm. Genau wie Menschen brauchen Fledermäuse eine Wohnung, einen Ort, an dem sie zu Hause sind, wo sie entspannen können und nach der Jagd neue Kraft schöpfen. Was für ein Ort das ist, hängt von den Vorlieben der verschiedenen Arten ab. Die meisten Fledermausarten bevorzugen im Sommer einen warmen und im Winter einen kühlen Platz. Die Mausohren wechseln deshalb im Herbst ihr Quartier und ziehen in eine kühle Höhle.

Die Fledermäuse sind Säugetiere und haben es zu ziemlich vielen Arten gebracht. Über achthundert verschiedene Fledermäuse fliegen heute auf der

Welt herum und dazu noch zweihundert verschiedene Flughunde. Offenbar mussten die Fledertiere sich im Verlauf der Evolution an sehr unterschiedliche Lebensräume anpassen und haben dafür verschiedene Lösungen gefunden. Raubtiere oder Huftiere, die auch zu den Säugetieren gehören, hatten das nicht nötig, sie können längst nicht so viele Arten bieten. Nur die Nagetiere, zu denen Mäuse, Hamster und Biber gehören, haben es zu noch mehr Arten gebracht, von denen allerdings nicht eine einzige fliegen kann.

DIE TIERARTEN

Unter einer Art verstehen die Wissenschaftler Pflanzen und Tiergruppen, die sich in wichtigen Merkmalen ähneln und sich untereinander vermehren können. Alle Menschen gehören zum Beispiel einer Art an, egal ob sie aus China oder aus Afrika kommen, denn sie können miteinander Kinder bekommen. Goldhamster und Meerschweinchen gehören dagegen zu verschiedenen Arten und kriegen keine Meerhamster oder Goldschweinchen.

Dass die Fledermäuse ganz normale Säugetiere sind und mit den Affen sogar enger verwandt als mit Vögeln oder Mäusen, erkannte erst der schwedische Naturforscher Carl von Linné im Jahr 1765. Er hatte gesehen, dass die Zitzen der Fledermäuse ganz ähnlich auf der Brust saßen wie die der Affen. Auch bekommen Fledermäuse genau wie die Affen nicht besonders viele Kinder. Dafür pflegen sie ihre wenigen Jungen gut und erreichen auch ein vergleichsweise hohes Alter. Bis zu dreißig Jahre können Tiere aus bestimmten Arten alt werden.

So komisch es klingt: Weil es in Europa Affen nur in zoologischen Gärten und auf Gibraltar gibt, sind die Fledermäuse auf diesem Kontinent wahrscheinlich die engsten Verwandten des Menschen. Jedenfalls gibt es etliche Forscher, die das glauben. Biologisch sind uns die Fledermäuse danach näher als Katzen, Hunde und Pferde, auch wenn wir selbst das vielleicht anders empfinden. Aber die Urahnen von Katzen, Hunden und Pferden haben sich in der Evolution viel früher von unseren Vorfahren getrennt als die Urahnen der Fledermäuse.

Wie es dazu kam, dass sich vor vielen Millionen Jahren einige Säugetiere zu Fliegern entwickelten, ist noch ziemlich unklar. Sicher ist, dass nicht eines Tages ein Maulwurfweibchen ein Kind mit Flügeln auf die Welt brachte, sondern dass die Flügel im Laufe vieler Generationen und vieler Millionen Jahre allmählich gewachsen sind. Allerdings fehlt den Wissenschaftlern noch ein Vorläufer. Zwar haben die Forscher in der Grube Messel bei Düsseldorf Versteinerungen von fünfzig Millionen Jahren alten Fledermäusen gefunden, doch sahen die damaligen Fledermäuse schon ungefähr so aus wie die heutigen. Gesucht wird deshalb ein Tier, das noch nicht richtig fliegen, aber schon ordentlich hopsen und ein Stück gleiten konnte.

Wahrscheinlich lebte dieser Vorläufer der Fledermäuse auf Bäumen, wo er nach Fliegen und Faltern jagte und mit allen Tricks versuchte, noch ein paar mehr zu erhaschen. Bei der Jagd auf Fliegen und Mücken war ein Tier, dem am Körper ein paar Häute gewachsen waren, im Vorteil. Es konnte besser von Ast zu Ast springen. Noch mehr Vorteile hatte ein Tier, das auch in der finsteren Nacht jagen konnte, wenn die Konkurrenz schlief und jede Menge Insekten unterwegs waren. Ein solches Tier hatte wenig Feinde und viel zu fressen. Allerdings musste es auch wissen, wie es sich in stockdunkler Nacht zurechtfinden konnte. Es musste eine Möglichkeit finden, um auch dann etwas zu erkennen, wenn es kein Licht gab. Es brauchte ein leistungsfähiges neuartiges Ortungssystem.

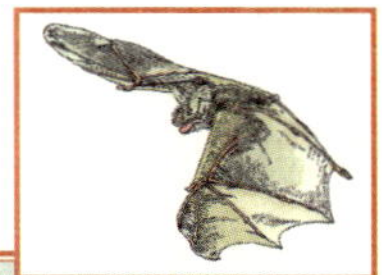

DAS MITTELTHIER

Auch große Forscher können irren. »Die Fledermauß ist ein Mittelthier zwischen dem Vogel und der Mauß«, schrieb 1598 der Züricher Naturforscher Conrad Gesner in seinem berühmten »Thierbuch«. Man könne das Tier, meinte Gesner, daher auch »eine fliegende Mauß nennen«, weil sie die Gestalt eines Vogels und einer Maus habe. Gesners Thierbuch und seine Naturgeschichte »Historia Animalium« waren ein Jahrhundert lang die wichtigsten Bücher zum Einordnen der Tiere.

Wohin führen die Straßen der Fledermäuse?

Rak besitzt ein solches System, auch wenn er von seinen fantastischen Fähigkeiten noch nichts weiß. Ziemlich schlapp hängt er am Tag nach seiner Ge-

burt an einem Balken unterm Kirchendach. Bei den Fledermäusen hängen schon die allerkleinsten Babys an der Decke. Instinktiv suchen sie sich ein Plätzchen und haken sich ein. Das fällt ihnen überhaupt nicht schwer. Raks Füße sind schon fast so groß wie die seiner Mutter, und die spitzen Krallen bohren sich ganz von selbst ins Holz. Das Einhängen ist ein Reflex, gegen den Rak nichts machen kann, selbst wenn er es wollte. Seine Füße rasten einfach ein wie ein Schloss. Kein Muskel muss dafür bemüht werden.

Rak fühlt sich sehr allein. Seine Mutter Mav ist gemeinsam mit ihren Freundinnen Lal und Kaja losgeflogen, um Nahrung zu holen. Nach der Geburt braucht sie sehr viel Futter, um sich und Rak zu ernähren. Mindestens zehn Gramm Insekten muss sie pro Nacht fressen, das ist mehr als ein Viertel ihres gesamten Gewichts und bedeutet viel Arbeit: Etwa vierzig mittelgroße Laufkäfer müssen gefangen werden. Acht Kilometer sind die drei geflogen, um zu einer Stelle am Waldrand zu kommen, wo an guten Tagen jede Menge Käfer unterwegs sind.

Heute ist wenig los, denn es ist kühl, viel zu kühl für eine Juninacht. Mav, Lal und Kaja haben sich das Gebiet aufgeteilt und schwirren unruhig über dem Boden hin und her. Sie suchen Laufkäfer. Finden sie einen, fliegen sie blitzschnell auf ihn zu und schnappen die Beute mit dem Maul. Es ist eine mühselige Jagd, aber die drei sind hartnäckig und erwischen Käfer um Käfer. Nach etwa einer Stunde machen sie sich wieder auf den Rückflug und überlassen ein paar Fransenfledermäusen den Platz. Eigentlich ist es für diese Art schon etwas zu dunkel, sie bevorzugen die Dämmerung, aber offenbar ist der Hunger groß. Die Fransenfledermäuse können ihre Beute auch im Flug fangen. Wie mit einem Kescher sammeln sie Fliegen und kleine Schmetterlinge mit ihrer Schwanzflughaut ein, fischen das zappelnde Insekt mit dem Kopf aus dem Kescher und töten es mit einem Biss. Noch während des Fluges wird die Beute vertilgt, ungenießbare Teile wie etwa Schmetterlingsflügel lassen die Jäger unterwegs fallen.

Für den Rückflug nutzen die drei Fledermausweibchen eine ihrer Luft-Straßen. Sie führt erst ein paar Kilometer am Waldrand entlang, ehe sie sich nach rechts wendet und parallel zu einer Hecke und einer kleinen Allee von Büschen verläuft. Die Weibchen jagen die Straße mit großer Geschwindigkeit entlang, denn sie wollen so schnell wie möglich wieder bei ihren hungrigen Kindern sein. Unterwegs treffen sie ab und zu andere Fledermäuse. Die meisten sind Mausohren wie sie und wohnen unter demselben Kirchendach.

So wie die drei Freundinnen nutzen viele Fledermäuse feste Routen, sogenannte »Straßen«, um sich in ihrer Umgebung schnell zurechtzufinden. Sie haben ein gutes Ortsgedächtnis und können sich deshalb merken, ob sie links an einer Hecke vorbeifliegen oder ob eine Straßenlaterne im Weg steht. Die Flugstraßen sind für die Fledermäuse sehr wichtig, sie werden über viele Jahre und von vielen Generationen benutzt. Um die Routen zu lernen, flie-

WARUM HÄNGEN FLEDERMÄUSE AN DER DECKE?

Die Schlafposition der Fledermäuse kommt uns seltsam vor. Ist es nicht anstrengend, immer an der Decke zu hängen? Läuft den Tieren nicht das Blut in den Kopf? Tatsächlich könnten die Fledermäuse uns die gleiche Frage stellen. Unser Herz muss schließlich viel mehr arbeiten, um das Blut aus den weit entfernten Füßen ständig nach oben zum Herzen zu pumpen. Und viel anstrengender als zu hängen ist es natürlich, wenn man wie ein Vogel auf einem Stromkabel ständig das Gleichgewicht halten muss. Das Hängen an der Decke ist für die Fledermäuse überhaupt kein Problem, sondern ganz im Gegenteil sehr entspannend. Es kostet so wenig Kraft, dass manchmal sogar eine tote Fledermaus einfach an der Decke hängen bleibt.

gen die jüngeren Tiere einfach den älteren hinterher und prägen sich den Verlauf der Straßen genau ein.

Haben die Tiere erst einmal ihre Routen im Gehirn gespeichert, müssen sie gar nicht mehr genau auf den Weg schauen. Es gibt Berichte, dass Fledermäuse auf ihrer Straße einen Baum auch dann noch umfliegen, wenn er längst gefällt ist, oder dass sie mit einem Hindernis, das man ihnen unerwartet in den Weg stellt, prompt zusammenstoßen. In Indien haben Forscher einmal Fledermäuse, die in einem Tempel lebten, mit Ringen gekennzeichnet und hundert Meter weiter freigelassen. Bis die Tiere wieder in ihrem heimischen Quartier landeten, hat es zwei Wochen gedauert. Offenbar hat das Ortungssystem der Fledermäuse auch ein paar Nachteile.

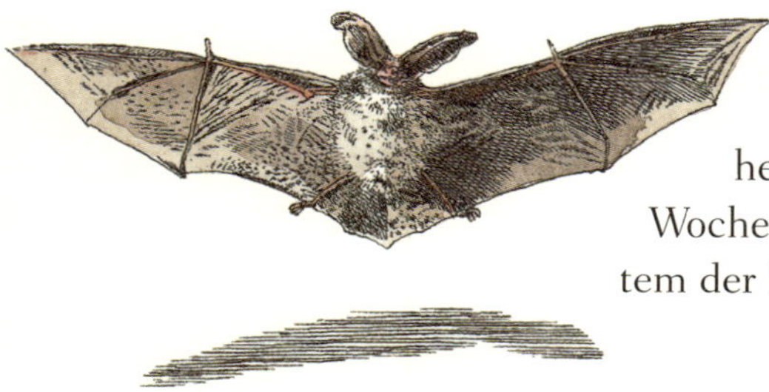

Wie fliegt man mit Haut?

Fledermäuse sind gute Flieger, obwohl sie keine Federn haben. Sie fliegen wie Flugsaurier mit Flügeln aus Haut, die an Beinen und Armen angewachsen sind und beim Schlafen eng an den Körper gelegt werden. Wenn die Tiere ihre Arme aufklappen, entsteht eine große Tragfläche, mit der sich auch für längere Flüge genügend Auftrieb erzeugen lässt. Die zarte Flughaut spannt sich hauptsächlich zwischen den Fingerknochen, die im Vergleich zu uns außerordentlich lang geraten sind. Hätten wir so lange Finger wie die Fledermaus, könnten wir uns ohne Bücken am großen Zeh kratzen.

Fledermausflügel bestehen aus lebendem Gewebe. Sie sind sehr dünn und von feinen Muskeln, Nerven und Blutäderchen durchzogen. So kann ein

Flügel auch wieder heilen, wenn er einmal verletzt wird. Ein kleines Loch im Fledermausflügel ist nach wenigen Tagen wieder geschlossen. Vogelfedern bestehen dagegen aus Hornhaut, ähnlich wie unsere Fingernägel. Sie sind totes Gewebe.

Mit ihren Flügelhäuten können die Fledermäuse sehr kunstvoll fliegen. Je nach Art beherrschen sie Sturzflüge, rasen im Zickzack durch die Luft und schaffen sogar Saltos. Außerdem sind sie äußerst flott, einige Arten erreichen Geschwindigkeiten von über zwanzig Kilometern pro Stunde. Das ist fast so schnell wie ein Mofa. Obwohl sie nicht so ausdauernd fliegen wie Vögel, kommen sie trotzdem ziemlich weit herum, wenn sie wollen. Hundert bis zweihundert Kilometer sind für einige Arten kein Problem, es gibt sogar Fledermäuse, die im Winter wie die Vögel ein südliches Quartier suchen. Selbst ein Ozean ist für Fledermäuse nicht unüberwindlich, wie wir heute wissen. Die ersten Fledermäuse der Welt lebten nämlich in Europa, Afrika und Asien. Weil es heute auf der ganzen Welt Fledermäuse gibt, müssen sie irgendwann den Atlantik überquert haben, allerdings haben sie dabei vermutlich viele Zwischenstationen auf Inseln eingelegt.

Wie sich Fledermäuse auf langen Flügen orientieren, ist noch nicht ausreichend erforscht. Wir haben schon verraten, dass Fledermäuse mit den Ohren sehen und sich mit Hilfe von Ultraschall orientieren. Doch Ultraschalltöne reichen nicht sehr weit und helfen den Tieren auf langen Entfernungen nicht. Die Wissenschaftler nehmen an, dass sich die Fledermäuse bei langen Flügen auf ihr gutes Gedächtnis und ihre Augen verlassen. Allzu viel sehen die Fledermäuse aus der Luft allerdings

STARTS UND LANDUNGEN

Nichts einfacher als der Start in der Höhle: Die Fledermäuse lassen sich hier einfach fallen und fliegen los. Schwieriger wird's, wenn die Tiere vom Boden aus abheben wollen. Dazu müssen sie so hoch springen, dass sie ihre Flügel entfalten können. Vor allem auf spiegelglattem Untergrund macht das manchen Arten Probleme. Für die Landung an der Decke legen viele Arten einen Salto ein und bremsen dann mit den Flügeln, manche springen aber auch bäuchlings auf einen Ast und lassen sich dann fallen.

nicht. Die kleinen Knopfaugen liefern nur ein verschwommenes graues Bild von der Welt, ungefähr so wie ein altersschwacher Schwarz-Weiß-Fernseher. Aber es reicht aus, um auf dem Boden einen Wald von einem See zu unterscheiden.

Kann man »Hunger« auf Ultraschallisch sagen?

Rak ist jetzt fünf Tage alt. Seine Augen haben sich geöffnet, er ist schon viel größer geworden und hat ständig Hunger. Mav und ihre Freundinnen jagen unermüdlich, um den Hunger ihrer Kinder zu stillen. Kaum taucht die erste Mutter am Kirchenfenster auf, fiepen die Kleinen ungeduldig, und die Mütter wühlen sich eifrig durch die Menge der Jungen. Gar nicht so einfach, unter all den vielen kleinen schreienden Babys das eigene zu finden, aber Mav erkennt ihren Rak schon aus der Ferne an seinen Rufen. Und natürlich riecht sie ihn auch. Wie alle Babys riecht und schmeckt er einfach wunderbar, und Mav kann gar nicht genug davon bekommen, an ihm zu riechen und zu lecken. Für Rak ist es ein Segen, dass seine Mutter so viel an ihm leckt. In der Kolonie leben nämlich auch eine Menge Parasiten. Milben, Fliegen und sogar Wanzen, die besonders gern kleine schwache Kinder beißen. Mav sorgt dafür, dass ihr Sohn die schlimmsten Plagegeister los wird.

Anfang Juli herrscht draußen endlich gutes Wetter. Die Mütter finden jede Menge Insekten und haben genügend Milch für ihre Kinder, so dass alle kräftig wachsen. Nach zwei Wochen bekommt Rak die ersten Haare. Auch die Flügel sind schon größer geworden. Immer wieder klappt Rak seine Flug-

NICHT AUFHEBEN!

Wer auf der Straße eine verletzte Fledermaus findet, darf sie auf keinen Fall mit den Händen anfassen. Auch wenn sie geschwächt sind, verteidigen sich Fledermäuse und beißen: Das kann zu schweren Entzündungen führen. Fledermäuse kann man mit dicken Handschuhen oder einem Besen vorsichtig in einen Pappkarton befördern, der mit weichen Tüchern und Luftlöchern ausgestattet und ausbruchsicher ist. Wichtig ist, dass die Fledermaus zu einem Fachmann kommt. Außerdem sollte man sich die Stelle genau merken, wo die Fledermaus gefunden wurde.

häute auf und zeigt sie stolz seinen Freunden. Am liebsten würde er auf dem Dachboden schon mal eine Runde drehen, aber einfach fallen lassen und losfliegen, das traut er sich noch nicht.

Dass Rak auch schon Ultraschalllaute ausstößt, hat er noch gar nicht bemerkt. Was er bislang zu sagen hatte (»Mamaaa!« »Hunger!«), sagte er in einer Tonlage, die für Menschenohren ziemlich hoch, für Fledermausohren aber ziemlich tief ist. Erst jetzt, im Alter von zwei Wochen, mischen sich immer höhere Töne unter seine Laute. Töne, die für Menschen nicht mehr hörbar sind. Die Stimmbänder in Raks Kehlkopf vibrieren schon außerordentlich schnell und schaffen Laute mit einer Frequenz von über dreißigtausend Hertz. Und seine Ohren können diese Töne auch hören.

Ultraschall nennt man Laute, die oberhalb der menschlichen Hörfähigkeit liegen, also eine Frequenz von mindestens zwanzigtausend Hertz erreichen. Um das zu schaffen, müssen die Stimmbänder im Kehlkopf von Rak mindestens zwanzigtausendmal pro Sekunde hin und her schwingen. Und das schaffen sie mühelos. Wozu brauchen die Fledermäuse Töne mit so vielen Schwingungen?

Warum rufen Fledermäuse nicht einfach »Huhuuuu«?

Die Töne sind die Voraussetzung für ihre einzigartige Fähigkeit, mit den Ohren zu sehen. Die Fledermäuse hören nämlich nicht einfach nur auf Geräusche in ihrer Umgebung. Sie machen auch selbst welche. Regelmäßig senden sie Ultraschalllaute aus und lauschen auf das, was zurückkommt: das Echo.

Auch Menschen bekommen ein Echo, wenn sie einen Laut ausstoßen. Wenn sie vor einer Schlucht oder einer großen Felswand stehen und »Huhuuu« rufen, ruft die Felswand zurück. Wenn sie allerdings vor einem Baum stehen und »Huhuuu« rufen, ruft der Baum nicht zurück. Das liegt daran, dass der Laut der menschlichen Stimme zu tief ist. Ganz anders die Ultraschalllaute der Fledermaus. Sie haben eine sehr hohe Frequenz und erzeugen selbst dann ein Echo, wenn sie auf ein ziemlich kleines Hindernis stoßen wie etwa ein Schmetterling. Echo-Ortung nennen die Wissenschaftler dieses Prinzip, das die Fledermäuse perfekt beherrschen.

Während ihres Fluges sendet eine Fledermaus ständig Ultraschalllaute aus. Die Laute werden von Bäumen, Mauern oder kleinen Insekten reflektiert und kommen wieder zurück zur Fledermaus. Dabei verändern sie sich ein wenig, genauso wie das Echo in der Schlucht sich ein wenig anders anhört als unsere Stimme. Mit ihren riesigen Ohren können die Fledermäuse die Ultraschallsignale gut empfangen und auswerten. Kommt das Geräusch eher von rechts oder eher von links? Ist es ein Busch oder ein Baum? Ein Laubbaum oder ein Nadelbaum? All das liest das Gehirn der Fledermaus aus den zurückgekehrten Ultraschallsignalen heraus. Es gibt Arten, die sogar unterscheiden können, ob das appetitliche Insekt vorne eine Mücke oder ein Schmetterling ist und ob es sich nach hinten links oder eher nach vorne rechts bewegt.

Wie eine Fledermaus hört, können wir Menschen uns nicht vorstellen. Es ist ein vollkommen anderes Hörerlebnis, als wir es haben. Die Fledermäuse hören nicht nur ständig die Echos ihrer eigenen Laute. Sie hören ja auch noch die Laute selbst und

ECHO-ORTUNG FÜR BLINDE?

Wenn die Echo-Ortung bei Fledermäusen so gut funktioniert, warum kann man sie dann nicht verwenden, um Blinden die Orientierung zu erleichtern? Theoretisch ist das möglich, und man hat es sogar praktisch schon versucht, indem die Ultraschalllaute für das Ohr der Blinden zu hörbaren Tönen umgewandelt wurden. Leider tun sich viele Blinde schwer damit, die zusätzlichen Signale zu verarbeiten. Im Lauf der Jahre haben sie sich daran gewöhnt, auf die normalen Laute ihrer Umgebung sehr genau zu achten, auf Autos, Spaziergänger, Stimmen. Die neuen Echos überlagern ihr normales Hören und verwirren sie.

dazu die Laute der anderen Fledermäuse. All das müssen sie mit ihrem winzigen Gehirn analysieren und trennen. Am einfachsten geht das, wenn die Tiere schön hoch fliegen und fern sind von Hindernissen. Dann schicken sie nur wenige Ultraschallsignale aus und bekommen nur wenige zurück. Doch was ist, wenn die Fledermäuse im Wald jagen, wenn sie häufiger Laute ausstoßen müssen und von überallher die Echos der Blätter zurückkommen? Wie behalten sie in solch einem Echo-Salat den Durchblick oder besser gesagt den Durchhör? Und vor allen Dingen: Wie filtern sie aus dem Echo-Gewirr auch noch ein Insekt heraus?

Die Fledermausforscher wissen mittlerweile, dass die Tiere ihre Laute perfekt ihrer Umgebung anpassen können. Sie können zum Beispiel Töne erzeugen, die ganz hoch beginnen und dann in der Frequenz schnell nach unten fallen. Sie können lange und kurze Laute machen. Und sie können zwischen den einzelnen Tönen relativ viel Zeit verstreichen lassen oder relativ wenig. Jagen sie zum Beispiel ein Insekt, stoßen sie umso mehr Laute aus, je näher sie der Beute kommen. Es ist wie eine Taschenlampe, die man schnell an- und ausschaltet. Je öfter die Taschenlampe in einem finsteren Raum blinkt, desto besser kann man erkennen, wo der große Bruder mit den geklauten Mohrenköpfen gerade hinschleicht. Kurz bevor die Fledermaus ein Insekt fängt, schickt sie deshalb besonders viele kurze Laute aus. Bis zu zweihundert Signale pro Sekunde können es sein. Umgekehrt ist es, wenn die Fledermaus im freien Luftraum jagt. Dann sendet sie wenige lange Signale, fünf bis zwanzig pro Sekunde, und wartet, ob von irgendwoher ein Echo kommt.

BAT-DETEKTOREN

Zwar können Menschen mit ihren Ohren keine Fledermaus-Laute hören, doch können sie die Ultraschalltöne mit Hilfe eines Bat-Detektors hörbar machen. Diese Geräte empfangen Ultraschalltöne und senken sie auf ein auch für Menschen hörbares Niveau ab. Wer einmal den Bat-Detektor in einem Jagdrevier von Fledermäusen eingeschaltet hat, staunt, wie laut es bei der scheinbar so stillen Jagd zugeht.

Die Fledermausforscher haben herausgefunden, dass die Tiere sogar Insekten erkennen können, die über ein Blatt kriechen. Allerdings horchen sie dabei mit ihren riesigen Ohren zuerst auf ganz normale Geräusche. Wenn sie ein Krabbeln oder Sirren hören,

jagen sie mit eingeschaltetem Ultraschall auf den Käfer zu und schnappen ihn.

Auf all diese Erkenntnisse zu kommen war gar nicht einfach. Viele Forscher haben sich jahrelang den Kopf zerbrochen, wie es ein Tier schafft, in stockfinsterer Nacht seine Beute zu jagen. Ein entscheidender Schritt zur Lösung des Rätsels gelang dem italienischen Forscher Lazzaro Spallanzani. Im Jahr 1793 ließ er Fledermäuse in einem dunklen Raum fliegen, in dem er zuvor eine Menge Drähte aufgespannt hatte. Die Drähte waren mit kleinen Glöckchen verbunden. Wie erwartet erklang kein einziges Glöckchen, die Fledermäuse umkurvten die Drähte ohne die kleinste Berührung. Dann band Spallanzani ihnen die Augen zu und wartete gespannt, ob es irgendwo anfangen würde zu bimmeln. Doch wieder

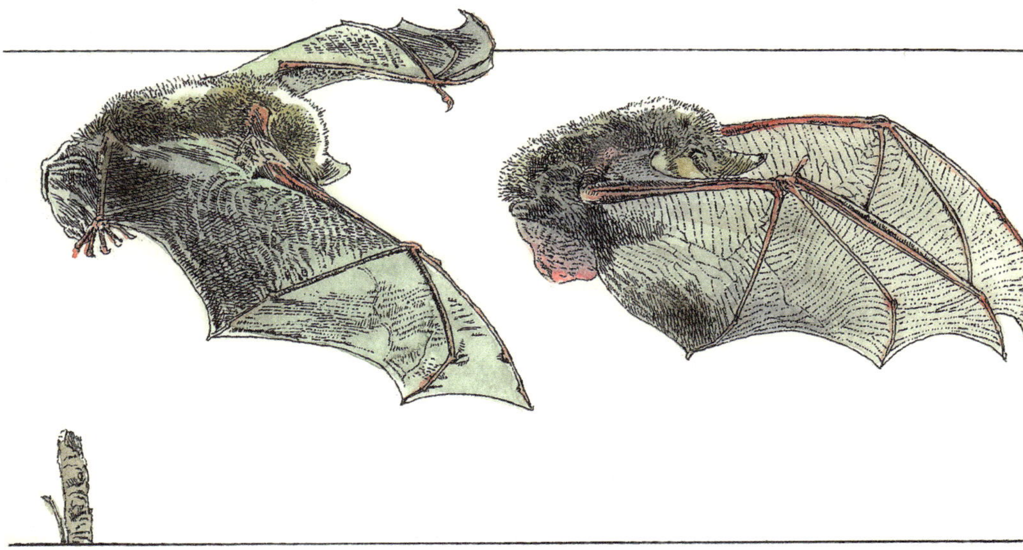

erklang nicht ein einziges Glöckchen. Offensichtlich brauchten die Tiere ihre Augen nicht zum Fliegen. Erst als Spallanzani den Fledermäusen die Ohren verstopfte, gab es ein ordentliches Gebimmel. Ohne Ohren konnten die Tiere den Hindernissen nicht mehr ausweichen, ihr Ortungssystem hing also mit den Ohren zusammen. Wie allerdings die Fledermäuse einen Draht hören konnten, blieb Spallanzani ein ewiges Rätsel.

Der Forscher, der den Fledermäusen auf die Schliche kam, war ein Biologe, der 1938 mit einem Käfig voller Fledermäuse einen Kollegen aus der Physik besuchte. Er hieß Donald Griffin und wollte eigentlich nur analysieren, wie die hörbaren Töne der Tiere beschaffen sind. Zufälligerweise war das Aufnahmegerät seines Kollegen in der Lage, auch die höheren Töne zu erfassen, die Ultraschalltöne. Die Wissenschaftler staunten nicht schlecht, als sie merkten, dass die Fledermäuse angeregt Töne produzierten, obwohl sie beide überhaupt nichts hörten. Damit war das Rätsel gelöst. Die Fledermäuse orientierten sich mit Ultraschallechos, sie konnten mit den Ohren »sehen«.

GEFÄHRDETE FLEDERMÄUSE

Viele der dreißig europäischen Fledermausarten sind heute bedroht. Weil Landwirte oft mit Pestiziden Insekten vernichten, fehlt ihnen ihre Nahrung. Pestizide wie DDT reichern sich außerdem in Insekten an und gelangen so in die Fledermauskörper. Die Fledermäuse werden dadurch schleichend vergiftet. Schlimm für die Fledermäuse ist auch, wenn insektenreiche Feuchtgebiete trockengelegt oder ihre Quartiere zugebaut oder verschlossen werden. So sank der Fledermausbestand in den siebziger Jahren auf ein Fünfzigstel der ursprünglichen Zahl. Viele Arten sind heute ausgestorben.

Müssen Fledermäuse Saltos üben?

Für Rak ist das Fliegen mit Ultraschall, das die Forscher mühsam entschlüsseln mussten, im Nu gelernt. Seit zwei Wochen fühlt er, dass es langsam Zeit für den ersten Flug ist. Er hangelt sich zu einer freien Stelle, zögert kurz, und lässt sich dann in die Tiefe fallen. Wie durch ein Wunder entfalten sich sofort seine Flügel und tragen ihn problemlos zu einem Balken auf der anderen Seite des Dachbodens, wo er genauso problemlos mit einem halben Salto landet. Weil es so einfach ging, versucht er es gleich noch einmal, und wieder klappt alles ohne Probleme.

Nach seinem ersten Flug ist Rak etwas erschöpft. So verbringt er den Tag in der Wochenstube und saugt besonders gierig an Mutters Zitzen. Er ruht sich aus. Doch in der Nacht ist es endlich so weit: Das Mausohr startet zu seinem ersten Flug nach draußen. Ganz allein, ohne seine Mutter, bricht Rak auf. Er hört ein paar andere junge Mausohren und saust hinter ihnen her, findet auf Anhieb das Fenster, dreht vor der Kirche ein paar Runden und fliegt wieder hin-

ein. Cool! Er spürt, dass er jetzt ein erwachsenes Mausohr geworden ist und seine Mutter bald verlassen wird. Ein, zwei Wochen kommt er tagsüber noch zurück, um Milch zu trinken und sich etwas bemuttern zu lassen. Noch ist er nicht erfahren genug, um ausreichend Insekten zu fangen. Doch mit jedem Ausflug wird es besser.

Den Rest des Sommers muss Rak fleißig Insekten jagen, um den ersten Winter seines Lebens zu überstehen. Sein Instinkt sagt ihm, wie wichtig es für ihn ist, auf die unbekannte kalte Zeit vorbereitet zu sein. Sein Instinkt sagt ihm auch, wann es Zeit ist für den Winterschlaf. Gemeinsam mit zwei Freunden sucht er sich ein stilles, kühles Plätzchen in einer nahe gelegenen Höhle. Die drei hängen sich ein und fühlen, wie eine große fremde Müdigkeit sich nähert.

Sie wissen nicht, was mit ihnen geschieht, aber sie haben keine Angst davor. Raks Körper wird allmählich kühler und kühler, sein Herzschlag verringert sich auf einen Schlag pro Minute, und er hört auf zu verdauen. Er schläft jetzt den tiefsten Schlaf seines bisherigen Fledermauslebens und hängt leblos in der kleinen Höhle. Der Winterschlaf ist seine einzige Chance, dem Tod zu entgehen. Die Energie, die sein kleiner Körper benötigt, könnte er in den kalten Monaten, wenn keine Fliegen und Mücken unterwegs sind, nie aufbringen. Wer ihn jetzt weckt, riskiert Raks Tod. Doch sein Versteck ist gut gewählt. Er wird den Winter überstehen und noch ein langes glückliches Fledermausleben führen. Im Sommer wird er tagsüber dösen und die Nacht mit der Jagd verbringen. Im Herbst wird er sich einen kleinen Harem zulegen und sich mit Weibchen paaren, sooft es geht. Seine Kinder wird er, genau wie sein Vater, nie kennen lernen.

Warum können Mathematiker nicht rechnen?

Sobald es in der Schule um Dinge geht wie Primzahlen, Pythagoras und Logarithmen, stellt sich bei vielen Schülern eine rätselhafte Gehirnlähmung ein. Sie würden so gerne verstehen, was der Lehrer dort vorne an der Tafel macht. Doch leider: Selbst mit übermenschlicher Anstrengung können sie ihm nicht folgen. Wie machen das nur die Mathematiker? Warum können die so gut rechnen? Haben sie ein anderes Gehirn? Eins mit eingebautem Pythagoras? Oder können die in Wahrheit auch nicht rechnen?

Arabische und griechische Mathematiker traten auf, als Rainer Nagel in der Kinder-Uni erklärte, warum Mathematiker nicht rechnen können. Der Tübinger Professor begeisterte nicht nur seine jungen Zuhörer, er half auch den Buchautoren mit vielen Hinweisen.

Wenn es eine Abstimmung über das unbeliebteste Fach an der Schule gäbe, das Fach mit den gemeinsten Klassenarbeiten und den zeitraubendsten Hausaufgaben: Mathe käme bestimmt weit nach vorn. Schon das Wort »Mathe« klingt bedrohlich, nach »fünf« und »sechs« und »Sitzenbleiben«. Und es klingt nach »Formel« und »Gleichung«, nach »x« und »y«. Auch Erwachsene wollen mit der komischen Zeichensprache, in der sich die Mathematiker verständigen, lieber nichts zu tun haben. »Jede mathematische Formel in einem Buch«, stellte einmal der berühmte britische Physiker Stephen Hawking fest, »halbiert die Zahl der Leser.«

Außerdem muss in Mathematik immer alles so genau sein. Zwei plus zwei ergibt vier. Und nicht vier Komma einsfünfdrei oder drei Komma achtsiebenneun. Nur vier ist erlaubt. Kein bisschen mehr, kein bisschen weniger. Da kann man mit seiner Lösung noch so nahe dran sein am richtigen Ergebnis, sie ist trotzdem falsch und bleibt falsch. Überhaupt das ganze Rechnen. Multiplizieren, Addieren, Dividieren. Wozu soll das gut sein? Schließlich leben wir im dritten Jahrtausend, wo jeder einen absoluten Hochleistungsrechner zu Hause hat. Wozu muss man da noch Rechnen lernen?

Fürs Leben?

Denkste. Später braucht man den ganzen Mathekram nie wieder. Binomische Formeln? Logarithmen? Pythagoras? Man frage nur mal die Eltern, was sie davon noch wissen. Null Komma nix. Deutsch und Englisch, damit kann man was anfangen. Oder Erdkunde und Bio. Das hat was mit dem Leben zu tun. Mit Bäumen und Gras. Mit dem Körper und der Gesundheit. Das ist nützlich. Dagegen Mathe. Absolut überflüssig. Wird nie wieder gebraucht.

DER ERSTE TASCHENRECHNER

Ingenieuren der Firma Texas Instruments gelang es im Jahre 1967, einen Rechner zu bauen, den man in die Hand nehmen konnte. Dieser erste Minirechner der Welt beherrschte die vier Grundrechenarten und zeigte sechs Ziffern an. Der erste Taschenrechner, den man kaufen konnte, war der Bowmar 901 B. Er beherrschte die vier Grundrechenarten, war 13 Zentimeter lang, sieben Zentimeter breit und kostete im Jahr 1971 240 Dollar.

Könnte man nicht stattdessen ein wirklich praktisches Fach wie Computerspielkunde einführen?

Ist die Mathematik unnütz?

Bevor wir einen Brief an die Regierung schreiben und die sofortige Ersetzung der Mathematik durch das Fach Computerspielkunde verlangen, sollten wir kurz überlegen, ob vielleicht doch irgendetwas für die Mathematik spricht. Irgendetwas, das wir vergessen haben, das aber wichtig sein könnte. Schließlich sind wir ja in der Kinder-Uni, da werden die Wissenschaften nicht so leicht abgeschafft.

Tatsächlich ist da was. Und das hat auch noch mit Computerspielen zu tun. Ohne Mathematiker könnte man nämlich nicht ein einziges Computerspiel bauen. Alles, was wir auf dem Monitor sehen, jede Bewegung eines außerirdischen Monsters, jedes Haus, das in Sim-City gebaut wird, ist das Ergebnis einer komplizierten mathematischen Berechnung. Das amerikanische »DigiPen Institute for Technology« war weltweit die erste Einrichtung, an der Studenten einen akademischen Abschluss im Computerspielprogrammieren machen konnten. Es hat seinen Sitz in der Stadt Redmond, der Heimatstadt von Microsoft, und wird von Nintendo unterstützt. Sein Gründer sagt: »Neunzig Prozent ihrer Zeit verbringen unsere Studenten damit, allgemeine Mathematik und die Mathematik von Computergrafiken zu lernen. Die Mathematik bildet den Kern allen Programmierens und Computerverständnisses.« Ach du Schreck.

Mathematiker haben die Aufgabe, die Ideen der Grafiker in Programme umzusetzen. Und sie müs-

AM ANFANG STANDEN KÄSEKÄSTCHEN

Für seine Doktorarbeit entwickelte im Jahr 1952 ein Student namens A. S. Douglas das erste Computerspiel der Welt. Es handelte sich um das Schülerspiel »Käsekästchen«. Gespielt wurde es mit Hilfe einer Telefontastatur gegen einen Rechner. Sechs Jahre später war die Zeit reif für das erste Videospiel der Welt: »Pong« erschien, eine Art Tennis auf dem Bildschirm. Das legendäre und vielgeliebte »Pac Man« erfand ein japanischer Spieleentwickler 1980.

sen den Plan entwerfen, nach dem die vielen komplizierten Aufgaben bei der Entwicklung eines Computerspiels aufgeteilt werden. In ihrem Studium lernen sie nämlich, wie man ein großes Problem in kleinere Probleme zerlegen kann. Mathematiker sind aber auch dabei, wenn in Hollywood ein großer Action-Film gedreht wird. Wenn Außerirdische angreifen, Spiderman durch die Stadt fliegt oder New York einfriert, kann man das nicht mehr im Studio

nachstellen oder von Stuntmen erledigen lassen. Die Bilder für solche gigantischen Szenen werden berechnet und programmiert. Jeder Punkt auf der Leinwand ist das Ergebnis einer Rechnung. Damit alles echt wirkt, Licht und Schatten richtig fallen, die Haare im Wind natürlich wehen, müssen Hunderte von Grafikern und Programmierern sich sehr viele komplizierte Formeln einfallen lassen.

Wir sehen also: Mathematiker sind doch zu etwas nütze, sie machen sogar richtige coole Sachen. Wo wir gerade dabei sind: Auch mp3-Player gibt es nur, weil es Mathematiker gibt. mp3 ist eine Methode, um ein Musikstück in eine Datei umzuwandeln. Das Stück lässt sich dann auf einem Computer oder einem mp3-Player speichern und bequem aus dem Internet herunterladen. Würde man das Stück so herunterladen, wie es auf einer CD gespeichert ist, wäre das nicht nur teurer, man bräuchte auch zwölf Mal so viel Zeit. Kein Wunder, dass mp3 die Welt verändert hat und heute zu den Wörtern gehört, die im Internet am häufigsten auftauchen. Der Mann, der diese revolutionäre Methode gemeinsam mit seinem Team entwickelt hat, ist ein Deutscher: Karlheinz Brandenburg. Studiert hat er Mathematik.

Wir stellen also fest: Erstens sind die coolsten Sachen voller Mathematik. Zweitens ist das ganze Internet voller Mathematik. Drittens sind alle Computer voller Mathematik. Und viertens ist die ganze moderne Welt ohne Mathematik nicht denkbar. Hochhäuser, Brücken, Tunnel. Ohne Mathematik würden sie zusammenbrechen, könnten gar nicht gebaut werden. Auch Flugzeuge würden nicht fliegen. Bevor ein neues Modell zum ersten Mal startet, hat es heute schon viele Flüge im Computer hinter sich. Mathematiker haben genau berechnet,

MUSIK BERECHNEN

Mit Hilfe von mp3 werden aus einem Musikstück alle diejenigen Frequenzen herausgerechnet, die für das menschliche Ohr nicht oder kaum hörbar sind. Obwohl das Stück nach der Bearbeitung nur noch ein Zwölftel der ursprünglichen Informationen enthält, hört es sich kaum anders an als zuvor.

wie sich kleinste Veränderungen des Flügels beim Fliegen auswirken, ob der Flugzeugrumpf einen Flug durch schwerste Stürme übersteht. Erst wenn das Flugzeug im Computer sicher fliegt, darf es auf das echte Rollfeld. Unendlich viel Mathematik ist auch nötig, um eine Raumsonde zum Mars oder zur Venus zu schicken. Alles muss bei so einer Fahrt im Voraus berechnet werden. Die Route, der Einfluss der Schwerkraft, sogar der Treibstoff. Schnell mal eben zur Tanke, das geht im Weltraum nicht.

Die Mathematik ist also doch zu etwas nütze. Aber heißt das auch, dass jeder unbedingt etwas davon verstehen muss? Reicht es nicht aus, wenn sich ein paar Freaks damit beschäftigen? Könnte man nicht die Mathematik komplett an diese sympathischen Jungs übergeben? Diese Typen, die immer so komisch mit den Augen blinzeln und in der Pause uncoole Käsebrote essen, die einem aber immer helfen, wenn der Computer abstürzt? Müssen alle etwas von Mathematik verstehen?

Die Antwort der Kinder-Uni auf diese Frage ist für die vielen gestressten Mathe-Opfer der Welt ziemlich überraschend. Sie lautet: Jeder sollte sich mit Mathematik beschäftigen, weil es Spaß macht. Dass Mathematik nützlich ist: Okay, haben wir verstanden. Dass es Leute gibt, die etwas davon verstehen. Auch okay. Aber dass Mathematik Spaß macht, das kann einfach nicht sein. Oder?

Um diese ungeheuerliche Behauptung zu beweisen, werden wir jetzt, dem berühmten Physiker Hawking zum Trotz, ein paar Gleichungen in das Kapitel aufnehmen. Keine Frage: Gleichungen sehen bedrohlich aus. Lauter mysteriöse Zeichen, Zahlen, Striche. Dazwischen auch noch Buchstaben, die sich beim besten Willen nicht zu sinnvol-

DER PERFEKTE HORRORFILM

Mathematiker des Londoner King's College haben aus Spaß nach einer komplizierten Formel für den perfekten Horrorfilm gesucht. Das Ergebnis:

$$(es+u+cs+t)^2 + s + \frac{(tl+f)}{2} + \frac{(a+dr+fs)}{n} + \sin x - 1.$$

Enthalten in dieser Formel sind: Dramatische Musik (es), das Unbekannte (u), Verfolgungsjagden (cs), Eingeschlossensein (t), Schreckeffekte (s), echtes Leben (tl), Fantasy (f), Einsamkeit (a), dunkler Raum (dr), Filmszenerie (fs). n ist die Zahl der Personen, sin x gibt die Blutmenge an.

len Worten versammeln wollen. Schluck. Aber ohne Gleichungen gibt es keine Mathematik. Und wir wollen doch hinein in das unglaubliche und fantastische Reich der Mathematiker, das Reich der Zahlen. Also beißen wir die Zähne zusammen. Und los geht's.

Kann es sein, dass Mathematik Spaß macht?

Im Reich der Zahlen stoßen wir als Erstes auf einen guten alten Bekannten, die 1. Die 1 kennt jeder Mensch auf der Welt, selbst die größten Trottel mit der schwersten Matheblockade haben schon einmal von der 1 gehört. Sie ist in allen anderen, sogenannten natürlichen Zahlen enthalten, denn man kann alle von ihnen als eine Folge von Einsen schreiben: $1+1=2$. $1+1+1=3$. $1+1+1+1=4$. Man kann auch jede andere Zahl durch die 1 teilen. $412:1=412$. $24:1=24$. Sogar die 1 kann man durch die 1 teilen. Heraus kommt: 1.

Das Beste ist: Mit der 1 kann man auch Unsinn treiben. Zum Beispiel beim Multiplizieren. $1 \times 1=1$. $11 \times 11=121$. So weit, so langweilig. Interessant wird es, wenn wir uns einen Taschenrechner holen und weitermachen. $111 \times 111=12321$. $1111 \times 1111=1234321$. Und $11111 \times 11111=123454321$. Wir haben jetzt fünf Ergebnisse von fünf Aufgaben und das komische Gefühl, dass wir das sechste Ergebnis auch ohne Rechner herausbekommen würden und dass es genauso lustig aussieht wie die anderen. $111111 \times 111111=?$

Richtig. Wieder ist das Ergebnis eine Zahl, die man, ähnlich wie das Wort »Otto«, von vorne und hinten lesen kann. Nennen wir sie die Otto-Zahl.

Sie beginnt mit der 1, steigt ganz gemütlich und regelmäßig an und sinkt genauso gemütlich wieder hinab bis zur 1. Mittendrin steckt die höchste Zahl, und die ist komischerweise genauso hoch wie die Zahl der Einsen in den beiden Kolonnen, also 111111×111111=12345654321.

Sollte es hier ein geheimes Gesetz geben? Eine Regel, der sich alle Einser-Trupps fügen müssen? Ein Otto-Prinzip? Um das herauszufinden, müssten wir jetzt eigentlich weiter rechnen, ob das Prinzip auch funktioniert, wenn die Zahlen immer größer werden. Wir müssten rechnen. Und rechnen. Und rechnen. Trotzdem wüssten wir am Ende nicht, ob das Prinzip bei den absolut längsten Einser-Trupps, die wir uns vorstellen können, auch noch funktioniert

Sehr unbefriedigend. Aber es hat seinen Grund. Ganz zufällig sind wir nämlich auf eine der spannendsten Eigenschaften des Zahlenreichs gestoßen. Es hat keine Grenzen. Auch der längste Einser-Trupp kann immer noch um eine 1 ergänzt werden. Wir könnten eine Einser-Kolonne malen, die von diesem Buch bis zum Mond reicht, und es wäre trotzdem ein Kinderspiel, hinten noch eine weitere Eins hinzuzuschreiben. Wir könnten die Kolonne bis zum Ende unseres Sonnensystems weiterführen und würden trotzdem immer noch eine Eins ergänzen können. Nicht einmal der äußerste Rand des Weltraums kann die Einser aufhalten. Es gibt keine längste Einser-Kolonne. Es gibt auch keine längste Fünfer-Kolonne oder Neuner-Kolonne. Es gibt überhaupt keine längste oder größte Zahl, weil es immer noch eine Zahl gibt, die größer ist. Und jetzt kommt der Hammer: Es gibt nicht nur eine, sondern sogar eine unendlich große Zahl von Zahlen, die größer sind als die größte Zahl, die wir uns vorstellen können.

Für uns heißt das: Wir könnten unendlich lange rechnen und wüssten trotzdem nicht, ob unser Prinzip bei allen Einser-Kolonnen funktioniert. Immer noch gäbe es eine Einser-Reihe, die wir nicht getestet hätten. Was uns fehlt, ist eine Regel, die alle, aber auch wirklich alle Einser-Kolonnen erfasst. Genau danach suchen Mathematiker. Sie interessieren sich nicht besonders für die Einzelfälle, sie suchen die Gesetze, die unumstößlichen Regeln, die das unendlich große Reich der Zahlen beherrschen. Die ewigen Regeln. Die Regeln, denen sich alle, aber auch wirklich alle Bewohner des Zahlenreichs unterwerfen müssen.

In unserem Fall mit den Einser-Kolonnen können wir die Bewohner des Zahlenreichs beruhigen. Kein Gesetz schreibt ihnen vor, dass sie immer nach dem Otto-Muster auftreten müssen, wenn sie in Einser-Kolonnen multipliziert werden. Wir können das in diesem Fall durch einfaches Herumprobieren herausfinden. Schon bei einer Einser-Kolonne mit mehr als neun Ziffern wackelt das Prinzip gefährlich, denn die Ziffer in der Mitte kann maximal die 9 sein. Bei zehn Einsen in Folge lautet das Ergebnis: 1111111111×1111111111=1234567900987654321. »Otto« lebt noch, aber er hat sich schon gefährlich verändert. Und mit einer Eins mehr im Gepäck ist das Otto-Prinzip dann endgültig am Ende. Heraus kommt: 123456790120987654321. Adieu Otto.

Und hallo, Carl Friedrich Gauß! Höchste Zeit, dass du endlich kommst! Um zu verstehen, wie vergnügt Mathematiker mit dem Reich der Zahlen umgehen, sollten wir endlich mal einen echten Mathematiker kennen lernen. Carl Friedrich Gauß war nicht nur

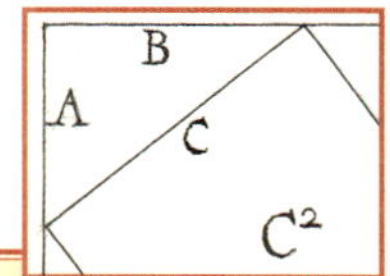

EIN RECHENKÜNSTLER

Der Bonner Informatiker und Erziehungswissenschaftler Gert Mittring ist fünffacher Weltmeister im Rechnen und hält zwei Guinness-Rekorde. Er kann zum Beispiel in 13,3 Sekunden die 137. Wurzel aus einer 1000-stelligen Zahl ziehen. Trotz seiner Rechenkunst und seines Intelligenzquotienten von 145 hat er in der Schule nicht besonders gut abgeschnitten. In Mathe bekam er mal eine 5, sein Abischnitt war 3,7.

DIE NATÜRLICHEN ZAHLEN

Im Reich der Zahlen gibt es sehr unterschiedliche Bewohner. Diejenigen, die uns am vertrautesten sind, heißen natürliche Zahlen. Es sind die Zahlen, die wir schon als Kinder kennen lernen. 1, 2, 3, 4, 5 und so weiter. Zu den natürlichen Zahlen gehören auch die negativen Zahlen. –1, –2, –3, –4 ... Sie sind ein bisschen seltsam. Aber es gibt noch viel seltsamere Bewohner.

ein echter Mathematiker, er war sogar einer der berühmtesten Mathematiker der Welt. Gelebt hat er von 1777 bis 1855 in Göttingen, wo er 48 Jahre als Professor lehrte. Gut in Mathe war er schon als kleines Kind. »Ich konnte früher rechnen als schreiben«, sagte er von sich selbst. Und sein Vater erinnerte sich, dass ihn sein Sohn einmal bei einem Rechenfehler ertappte, als der Kleine gerade mal drei Jahre alt war. Gauß war also ein richtiges Wunderkind, allerdings eines, das in der Schule erst auffiel, als der Rechenunterricht begann. Sein Mathelehrer hieß Herr Büttner und hatte die Angewohnheit, seiner Klasse immer furchtbar lange Rechenaufgaben an die Tafel zu schreiben. So konnte er, während seine Schüler schwitzten, ungestört vor sich hinträumen und in der Nase popeln.

Einmal ließ er seine Schüler hundert Zahlen addieren. 1+2+3+4+... und so weiter bis 100. Die ganze Klasse fing tapfer an zu rechnen. 1 plus 2 sind 3 plus 4 sind sieben plus 5 sind 12 .... Nur einer rechnete nicht mit: Der kleine Carl Friedrich schrieb nach ein paar Sekunden Nachdenken eine einzige Zahl auf seine Schiefertafel und knallte sie dem Lehrer umgekehrt auf das Pult. »Ligget se!«, soll er dazu in Plattdeutsch gerufen haben, was »da liegt sie!« bedeutet.

Lehrer Büttner rieb sich erst die Augen und dann die Hände. Konnte das sein? So viel Frechheit von einem so kleinen Jungen? Er starrte den kleinen Carl Friedrich streng an, doch der grinste nur vergnügt zurück. Wenn die Stunde zu Ende war, sagte sich Lehrer Büttner, würde er dem frechen Schüler schon mit ein paar Schlägen auf den Hosenboden seine Grenzen zeigen. Am Ende der Stunde allerdings, als alle ihre Tafeln abgegeben hatten, kam es etwas anders als geplant. Der Lehrer drehte die Tafeln um und bekam fast einen Hustenanfall. Während die Mitschüler lange Rechnungen angestellt und nur wenige das richtige Ergebnis errechnet hatten, stand auf der Tafel des Schülers Gauß eine einzige Zahl. Und die war richtig. Ein Wunder?

Keineswegs. Carl Friedrich Gauß hatte seinem Lehrer nur den Unterschied zwischen Rechnen und Mathematik klar gemacht. Während der Lehrer und seine Mitschüler mühselig rechneten, benutzte Gauß seinen Kopf für Mathematik. So war er die Aufgabe 1+2+3+4+ ...+100 völlig anders angegangen als seine Mitschüler. Statt stumpfsinnig von vorn nach hinten zu addieren, stellte er die Zahlen einfach um, denn er hatte gesehen, dass sich die Zahlen auch von vorn und hinten zusammenzählen ließen. Also die 1 und die 100, die 2 und die 99, die 3 und die 98. Tat man dies, erhielt man 50 Paare mit genau der gleichen Summe. 1+100=101, 2+99=101, 3+98=101 und so weiter. Nun musste er nur noch im Kopf 101 mit 50 multiplizieren und konnte schon das richtige Ergebnis auf seine Tafel schreiben: 5050.

Natürlich konnte der kleine Carl Friedrich Gauß auch rechnen. Jeder Mathematiker beherrscht die Grundrechenarten. Doch Rechnen ist nicht das, was Mathematik ausmacht. In der Mathematik geht es darum, Lösungen zu finden und die Prinzipien zu beschreiben, die hinter den Problemen stecken. Weil diese Prinzipien sehr genau beschrieben werden müssen, benutzen die Mathematiker so gerne Formeln. Sie sind einfach praktischer. Wollten wir Gaußens Idee in normalen Sätzen aufschreiben, bräuchten wir viel Platz. Probieren wir es einmal aus: »Man bilde die Summe aus einer, bei eins beginnenden und um die Zahl eins sich jeweils bis zur Zahl 100 erhöhenden Reihe von Summanden, indem man jeweils absteigend von vorn und hinten Paare aus der Reihe der Summanden bilde und die dadurch gewonnene Summe mit der Hälfte ....« und so weiter, und so fort. Wer soll das verstehen? Wer soll das lesen?

OSTERN MIT GAUSS

Im Jahr 325 beschloss das Konzil von Nicäa, das Osterfest immer am ersten Sonntag nach dem ersten Frühlingsvollmond zu feiern. Anders als Weihnachten fällt Ostern daher immer auf einen anderen Termin (und ebenso Pfingsten oder Karneval). Aber welcher Tag ist der richtige? Der fromme Mathematiker Gauss fand eine Formel, mit der sich das Osterdatum für jedes beliebige Jahr ausrechnen lässt.

Wie angenehm kurz ist stattdessen die Gleichung. Sie lautet: $1+2+3+....+100 = (1+100) \times \frac{100}{2}$. Für den Fall, dass ein Lehrer auf die Idee kommt, uns nicht nur bis 100 addieren zu lassen, sondern bis 200 oder gar 300, können wir die Gleichung sogar so umbauen, dass sie für alle Gelegenheiten passt. Wir tauschen dazu einfach nur die 100 durch den Buchstaben »n« aus: $1+2+3+....n = (1+n) \times \frac{n}{2}$. Das »n« ist in dieser Gleichung ein Platzhalter. Wir können ihn durch jede beliebige natürliche Zahl ersetzen. Der Trick mit den Platzhaltern ist eine geniale

Erfindung der Mathematiker und wird von allen Mathematikern der Welt heftig benutzt. Natürlich heißen die Platzhalter nicht immer »n«. Je nach Bedarf werden sie »n« oder »x« oder »y« oder »a« oder »b« genannt. Aber stets vertreten sie jemanden anderen. So zeigen sie: Diese Gleichung gilt nicht nur für eine spezielle Rechnung. Sie gilt für alle Rechnungen nach dem gleichen Muster.

Wir bekommen langsam eine Ahnung, warum den Mathematikern ihre Mathematik Spaß macht. Man kann viel Zeit sparen. Man kann Lehrer damit verblüffen. Und fühlt sich verdammt gut, wenn man die Lösung für ein Problem gefunden hat. Dummerweise haben wir jetzt auch ein Problem gelöst, nämlich das Problem dieses Kapitels: »Warum können Mathematiker nicht rechnen?« Die Antwort lautet: Echte Mathematiker rechnen gar nicht, dazu sind sie viel zu faul. Sie lösen lieber Probleme. Das Rechnen überlassen sie den Taschenrechnern.

Ehrlicherweise müssen wir zugeben, dass nicht allen Mathematikern das Problemlösen so leicht fällt wie dem kleinen Carl Friedrich Gauß. Manchmal ist es auch richtig harte Arbeit. Die Probleme können nämlich ziemlich vertrackt und kompliziert sein. Das Wichtigste bei vertrackten Problemen ist, dass man als Erstes genau festlegt, was eigentlich das Problem ist, dass man das Problem »definiert«. Die Definition ist die Voraussetzung dafür, dass alle Mathematiker der Welt das Problem angehen können. Wer eine Idee hat, wie es zu lösen ist, stellt eine »Behauptung« auf. Sie beschreibt die Lösung des Problems, reicht aber noch nicht aus. Denn die Behauptung muss bewiesen werden. Erst der »Beweis« stellt klar, dass jeder vernünftig denkende Mensch die Behauptung von jetzt an akzeptieren muss.

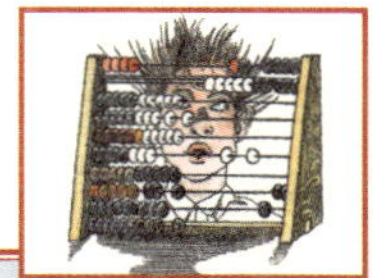

DIE MATHE-OLYMPIADE

Seit 1959 kämpfen Schüler aus der ganzen Welt jedes Jahr um den Sieg bei den Mathe-Olympiaden. Jedes Land kann sechs Teilnehmer entsenden, die in zwei Klausuren je drei schwierige Aufgaben lösen müssen. Die Sieger bekommen genau wie bei den richtigen Olympischen Spielen Gold-, Silber- und Bronzemedaillen. Die letzte große Mathe-Olympiade fand 2004 in Athen statt. Schüler aus mehr als achtzig Ländern machten mit. Die nationalen Vorausscheidungen werden meist von Schulen organisiert.

Die Mathematik funktioniert also ungefähr so wie ein Spiel. Nur wenn alle Mitspieler nach den gleichen Regeln spielen, wenn die Regeln genau »definiert« sind, macht das Spielen Spaß. Tatsächlich verhalten sich die Mathematiker ein bisschen so wie Schachspieler. Gute Schachspieler lesen fleißig

Schachbücher und analysieren andere Schachpartien. Um gegen andere gute Spieler zu gewinnen, müssen sie aber auch zu echten Spielereien bereit sein. Sie müssen neue, ungewöhnliche Züge ausprobieren, phantastische Züge, an die niemand vorher gedacht hat. So etwas bekommen Kinder oft besser hin als Erwachsene. Im Schach gibt es deshalb genau wie in der Mathematik richtige Wunderkinder, die selbst erfahrene Meister ihres Fachs verblüffen. Der Tübinger Simon Brendle war so ein Wunderkind. Schon mit 15 Jahren besuchte er Mathematik-Seminare an der Universität und stellte den staunenden Professoren Fragen, die sie nicht beantworten konnten. Mit 16 Jahren machte er Abitur und vier Jahre später war er Doktor der Mathematik. Übrigens haben Spieler und Mathematiker noch etwas gemeinsam: Sie gewinnen gern und wollen unbedingt die Ersten sein, die ein Problem lösen.

Das Problemlösen macht Spaß, aber es kann auch sehr anstrengend sein. Wer Mathematik studiert, muss auf eine Menge Frust gefasst sein. Ein mathematisches Problem wird nämlich entweder gelöst oder es wird nicht gelöst. Man kann nicht, wie in anderen Fächern die Ergebnisse seiner langwierigen Forschungen am Ende erschöpft in einem Aufsatz zusammenfassen. Wer in der Mathematik seine Aufgabe nicht löst, hat nichts geschafft und kann nicht einmal den allerkleinsten Aufsatz schreiben. Er muss unermüdlich weiter denken. Mathematiker erkennt man deshalb oft an ihrem versunkenen Blick. Auch wenn sie einkaufen, im Konzert sitzen oder auf einer Party feiern, denken sie immer an ihrem Problem herum. Sogar nachts denken sie und denken. Manchmal Jahre oder Jahrzehnte.

Einer der berühmtesten Mathematiker der Welt ist der Engländer Andrew Wiles. Er wurde 1953 in Cambridge geboren. Als er zehn Jahre alt war, also im Jahr 1963, ging er eines Nachmittags in die öffentliche Bibliothek seines Heimatortes. Er wollte eigentlich nur ein wenig stöbern. Durch Zufall fand er ein Buch, in dem es um den berühmten Mathematiker Fermat ging. Andrew begann zu lesen und stieß auf das Fermatproblem. Fortan ging es ihm nicht mehr aus dem Kopf.

Dreihundert Jahre lang hatten die klügsten Mathematiker der Welt versucht, das Fermatproblem zu lösen, doch es gelang ihnen nicht. Der kleine Andrew beschloss, das Problem anzugehen. Er studierte Mathematik und forschte an den besten Universitäten der Welt, in Harvard, Princeton, Paris. Immerzu dachte er dabei über das Fermatproblem nach: »Es war mein persönlicher Kampf«, sagte er. Nur wenn er mit seinen Kinder spielte, konnte er das Fermatproblem vergessen, sie waren an Fermat einfach nicht interessiert. Am 19. September 1994

DAS FERMATPROBLEM

Auf den Rand eines alten Lehrbuchs schrieb der französische Jurist und Hobbymathematiker Pierre de Fermat eines Tages die Behauptung, dass sich für die berühmte Gleichung des Pythagoras $a^2 + b^2 = c^2$ keine Lösung mit ganzen Zahlen mehr finden ließe, wenn die Potenz höher als zwei sei, also etwa $a^4 + b^4 = c^4$. Er habe dafür, notierte Fermat, einen wunderbaren Beweis gefunden, der aber leider nicht auf den Rand des Buches passe. Generationen von Mathematikern suchten daraufhin vergebens nach dem Beweis.

geschah das Ungeheuerliche: »Vollkommen unerwartet hatte ich diese unglaubliche Erleuchtung.« Es war der wichtigste Moment seines Mathematikerlebens und der aufregendste: Er hatte die Lösung gefunden. Sie war einfach und elegant, und er starrte sie zwanzig Minuten lang einfach nur an. Dann machte er einen Spaziergang und kam zurück, um zu sehen, ob sie immer noch da war. Sie war es. Nach 31 Jahren Nachdenkens hatte Andrew Wiles ein Problem gelöst, das die Mathematik dreihundert Jahre lang beschäftigt hatte.

DIE LÖSUNG DES FERMATPROBLEMS

Gerne würden wir hier erklären, wie das Fermatproblem gelöst wurde. Doch leider passt die Lösung nicht an den Rand dieses Buches.

Andrew Wiles brauchte zum Lösen seines Problems kein Reagenzglas, kein Elektronenmikroskop und auch kein Weltraumteleskop. Ihm genügte ein Blatt Papier. Für Mathematiker ist das normal: Sie können überall auf der Welt arbeiten, brauchen nur ihren Kopf und vielleicht noch einen Laptop mit Internetzugang. Das reicht. Oft entscheiden sich deshalb Studenten aus armen Ländern für die Mathematik. Sie ist eine der wenigen modernen Wissenschaften, die nicht so viel kosten.

Dank ihrer Zeichensprachen können sich Mathematiker aus der ganzen Welt miteinander verständigen. Im Prinzip jedenfalls. Jemand, der sich in Deutschland auf den Bereich Funktionalanalysis spezialisiert hat, versteht sich auf Anhieb mit einem Mathematiker, der das gleiche Arbeitsgebiet in Peking oder Los Angeles betreibt. Es kann allerdings sein, dass der deutsche Wissenschaftler in der Vorlesung seines Kollegen, der im Institut drei Zimmer weiter sitzt, nur noch Bahnhof versteht, mit dessen Gleichungen überhaupt nichts mehr anfangen kann. Das liegt daran, dass sich auch die Mathematik in den vergangenen Jahrzehnten sehr stark spezialisiert hat. Der letzte große Mathematiker, der das gesamte Fach überschaute, war vermutlich der Deutsche David Hilbert. Er starb 1943.

Wir wissen jetzt erheblich mehr über die Mathematik, haben uns vielleicht sogar schon ein wenig damit angefreundet. Wir können es deshalb wagen, weiter zu gehen und zwei Fragen zu stellen, die im Mathe-Unterricht so gut wie nie beantwortet werden: Warum gilt die Mathematik eigentlich? Und wurde sie erfunden oder entdeckt?

Wurde die Mathematik erfunden oder entdeckt?

Beginnen wir mit der letzten Frage. Sie klingt komisch, ist aber völlig berechtigt, schließlich tauchen die Gegenstände dieser Wissenschaft in der Welt nirgends auf. Astronomen erforschen die Sterne. Mediziner erforschen den menschlichen Körper. Und Biologen erforschen Tiere und Pflanzen. Von all diesen Dingen ist die Natur randvoll, doch wo bitte schön befinden sich eigentlich die Zahlen? Oder die rechtwinkligen Dreiecke? Und die Kreise? Wie kamen die Menschen auf die Idee, sich damit zu beschäftigen?

Tatsächlich gibt es Menschen auf der Welt, die ohne Zahlen auskommen. Das kleine Volk der Piraha zählt dazu. Dieser Stamm, der am Amazonas lebt und nur zweihundert Mitglieder hat, besitzt in seiner Sprache ein Wort für »eine kleine Menge«, ein weiteres Wort für »eine irgendwie größere Menge« und ein Wort für »viele«. Doch für einzelne Zahlen haben die Piraha keine Wörter. Immerhin können sie noch zwei oder drei Gegenstände voneinander unterscheiden, doch sobald sie vier Gegenstände vor sich hinlegen sollen, sind sie, dies fand der englische Sprachforscher Daniel Everett heraus, überfordert.

Auch andere Völker am Amazonas haben Probleme, höhere Zahlen zu benennen. In der indianischen Sprache Awetí gibt es zwar eigene Wörter für die Zahlen eins bis drei, und es gibt die Möglichkeit, die Zahl vier (»zwei plus zwei«) und die Zahl fünf (»unsere Hand ist zu Ende«) auszudrücken. Doch dann ist Schluss, höhere Zahlen lassen sich in Awetí nur mit größter Mühe ausdrücken. Leider hat das für die Indianer ein paar unangenehme Folgen. Beim Handeln mit Paranüssen zum Beispiel werden sie immer übers Ohr gehauen. »Gib mir doch für meine irgendwie größere Menge von Nüssen eine irgendwie größere Menge von deinen Bananen«, das funktioniert nicht gut.

Mathematik ist also nicht so etwas wie Atmen und Essen, eine Fähigkeit, die jeder von Geburt an beherrscht. Es ist eine Kunst, die im Laufe von vielen tausend Jahren erst entwickelt wurde. Man könnte sagen: Erfunden wurde. Die Neandertaler, die vor mehr als fünfzigtausend Jahren lebten, konnten mit großer Sicherheit noch nicht zählen oder gar addieren. Sie waren die meiste Zeit des Tages damit beschäftigt, Nahrung aufzutreiben und durch ihr Revier zu ziehen. Erst vor sechstausend Jahren wurde

DIE ERSTEN ZAHLEN

Möglicherweise wurden die ersten Zahlen der Welt schon vor mehr als zehntausend Jahren auf Mammutknochen geritzt. Jedenfalls gibt es Forscher, die eine Reihe seltsam angeordneter Kerben auf ausgegrabenen Mammutknochen für Zahlen halten. Ein paar tausend Jahre jünger sind die kleinen Kugeln, Zylinder und Scheiben, die im Orient in verschlossenen Tongefäßen gesammelt wurden. Sie könnten nach Ansicht von Wissenschaftlern dazu gedient haben, dem Empfänger einer Warenlieferung mitzuteilen, wie viele Kühe, Schafe oder Vasen transportiert wurden.

den Menschen bewusst, was sie mit Hilfe von Zahlen alles machen konnten. Damals kam es in Mesopotamien, dem Land zwischen den Flüssen Euphrat und Tigris zu einem großen kulturellen Sprung.

Die Bewohner dieses Landes, das heute zum Irak gehört, zogen nicht mehr herum wie ihre Vorfahren. Sie errichteten feste Häuser und wohnten in Städten, sie bauten Getreide und Gemüse an, hüteten ihre Kühe und Ziegen, legten Vorräte beiseite und trieben Handel. Sie hatten Besitz, den sie vermehren, eintauschen oder aufteilen wollten, und dazu mussten sie ihn wiegen und messen. »Ich gebe dir zwei Kühe, dafür gibst du mir zwölf Tongefäße und drei dicke fette Hühner.« »Und wenn ich dir drei Kühe gebe? Wie viele dicke fette Hühner bekomme ich dann von dir?« So sahen vermutlich die ersten mathematischen Aufgaben aus.

Wer auf dem Markt etwas kaufen oder verkaufen wollte, Gewürze oder Mehl, musste wissen, wie viel Ware er anzubieten hatte. Die Händler nutzten dafür kleine Steine als Gewichte oder sie füllten die Steine in einen leeren Tonkrug, um herauszufinden, wie viel hineinpasste. So lernten sie das Rechnen. Wenn jemand sein Feld vergrößern oder eintauschen wollte, gingen Käufer und Verkäufer zuvor die Seiten ab, um Fuß für Fuß ihre Längen zu bestimmen. Durch Multiplikation konnten sie anschließend die Fläche ausrechnen. Architekten, die einen Palast oder einen Tempel bauen wollten, mussten sich mit Geometrie auskennen. Sie zeichneten genaue Drei- und Rechtecke, damit hinterher die Wände nicht schief und krumm gerieten. Besonders gute Rechner waren auch die Astronomen. Sie verfolgten den Lauf der Sterne, legten die besten Zeiten für Aussaat, Ernte und die Huldigung der Götter fest.

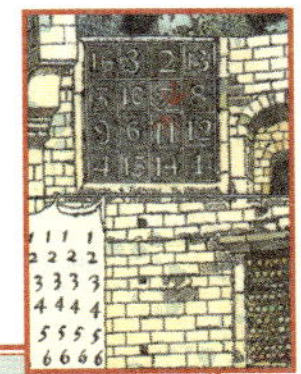

MATHEMATISCHE BURG

Der deutsche Kaiser Friedrich II. ließ im 13. Jahrhundert ein Gebäude errichten, das vollkommen symmetrisch war. Das »Castel del Monte« in der Nähe der süditalienischen Stadt Bari hat einen achteckigen Grundriss und ist von acht achteckigen Türmen umgeben. Auch im Inneren stehen alle Seiten miteinander in mathematischer Beziehung. Bis heute rätseln die Historiker, warum Friedrich II. sich eine mathematisch so genau geplante Burg bauen ließ.

Die ersten bedeutenden Mathematiker, von denen wir wissen, lebten vor sechstausend Jahren bei den Sumerern, einem äußerst einfallsreichen Volk in Mesopotamien, das unter anderem die Keilschrift und das Rad erfand. Die Sumerer gelten als die ersten Menschen, die nachweislich Mathematik betrieben. Aber auch in Ägypten gab es schon vor mehr als fünftausend Jahren Menschen, die rechnen konnten und ihr Wissen an andere weitergaben. Sumerer und Ägypter hatten nicht nur Worte für die natürlichen Zahlen, sie konnten die Zahlen auch als Zeichen auf Tafeln und Papyrus schreiben. Eine Kaulquappe stand in der frühen ägyptischen Schrift für die Zahl 100000, ein Finger bedeutete 10000 und ein Lotosstängel entsprach der Zahl 1000. Sechs Lotosstängel bedeuteten 6000.

DIE SONDERBARE NULL

Mit etwas zu rechnen, das es überhaupt nicht gibt, damit taten sich die frühen Mathematiker schwer. Die Null wurde aus diesem Grund erst gegen Ende des Mittelalters in das europäische Zahlensystem eingeführt, wahrscheinlich kamen indische Mathematiker auf die Idee. Heute hat die Null im Zahlensystem einen sehr wichtigen Platz, obwohl sie manchen noch etwas sonderbar vorkommt. Zum Beispiel lässt sich keine Zahl durch null teilen.

Die Ägypter waren in der Lage, komplizierte Berechnungen anzustellen. In einer berühmten Papyrusrolle, die vor 4500 Jahren von einem Schreiber namens Ahmes verfasst wurde, waren Aufgaben zu lösen wie diese: »Verteile einhundert Brote so unter zehn Männern, dass drei von ihnen eine doppelte Portion erhalten.« Das könnte auch in einem heutigen Schulbuch stehen. Sumerer und Ägypter sortierten die Zahlen auch schon ungefähr so wie wir heute, in Zehnergruppen.

Warum müsste die Hundert eigentlich Zehnzig heißen?

Dass die unendlich vielen Zahlen im Reich der Mathematik irgendwie sortiert werden müssen, erkannten die Menschen schon früh. Ohne ein vernünftiges Ordnungssystem müsste man für jede

Zahl ein eigenes Wort und ein eigenes Zeichen finden. Kein Mensch könnte sich all die vielen Worte und Zeichen merken, die dann nötig wären. So bildete sich die Angewohnheit, nur ein paar Zahlen mit eigenen Namen und Zeichen auszustatten und den Rest durch Kombinationen der vorhandenen Namen zu bilden. Wir können deshalb den Namen irgendeiner beliebigen Zahl bilden, ohne jemals vorher von ihr gehört zu haben.

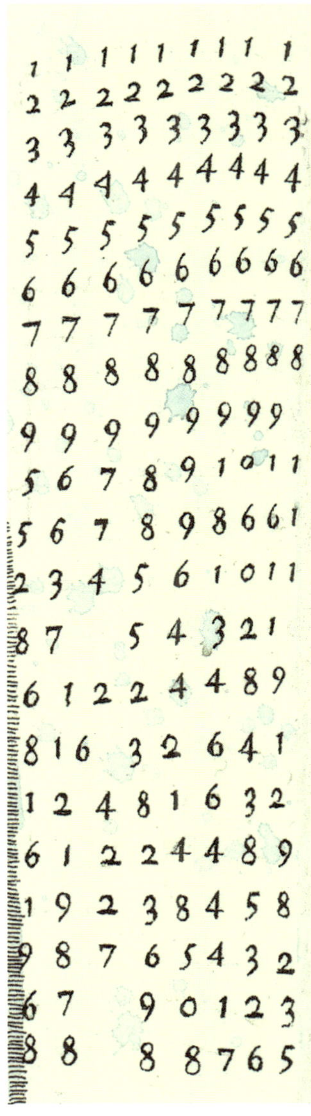

Leider wurde im Lauf der Jahrhunderte bei der Namensvergabe ziemlich geschludert. So ist zwar das Zeichen für »100« eine Kombination alter Bekannter (nämlich 1 und 0), doch das Wort für diese Zahl, die »Hundert« ist eine neue Erfindung. Eigentlich müssten wir statt »Hundert« das Wort »Zehnzig« verwenden, doch diese Änderung würden wohl nicht einmal die mutigsten Rechtschreibreformer wagen. Wir müssen also damit leben, dass die Worte und die Zeichen für unsere Zahlen logisch nicht zueinander passen.

Dass die Zehn in der Zahlenordnung eine so große Rolle spielt, ist kein Wunder. Schließlich lernt jeder Mensch mit seinen Fingern das Zählen und probiert auch seine ersten Rechnungen mit den Fingern aus: Drei Finger und vier Finger sind sieben Finger. Drei Finger und fünf Finger sind acht Finger. Die kleine, nur zehn Mitglieder zählende Gemeinschaft der Finger ist allen vertraut, und so erhielten die ersten zehn Zahlen in den meisten Sprachen der Welt eigene Namen und Zeichen. Der Rest wurde dann, mehr oder weniger originell, dazu kombiniert.

Praktischerweise sortierte man die Zahlen meistens in Zehnergruppen, weshalb auf der Welt heute hauptsächlich im Dezimalsystem gerechnet wird.

Zehn Zehner ergeben hundert, zehn Hunderter tausend und so fort. Eine Zahl wie 3428 setzt sich im Dezimalsystem deshalb so zusammen: 3 Tausender (oder 3×10^3), 4 Hunderter (oder 4×10^2), 2 Zehner (oder 2×10^1) und 8 Einer (oder 8×10^0). Trotzdem gibt es neben dem Dezimalsystem auch

ADAM RIES
ANNO 1550

andere Zahlenordnungen wie zum Beispiel das Sechziger-System, das wir von der Uhr kennen, und das Zwölfer-System, mit dem in einigen Ländern Gewichte angegeben werden und die Stunden des Tages. Es gibt sogar ein System, das mit zwei Zeichen auskommt: das Dualsystem, mit dem alle Computer rechnen.

Das Zeichensystem, das wir heute in der Schule lernen, hat genau zehn verschiedene Zeichen:

0,1,2,3,4,5,6,7,8,9. Alle anderen Zeichen werden aus diesen 10 Zeichen zusammengesetzt. Ursprünglich stammt dieses System aus Indien, in den Westen brachte es im neunten Jahrhundert der persische Mathematiker Mohammed Ibn Musa Al-Chwarisni. Die islamische Kultur war der europäischen Kultur im Mittelalter damals weit überlegen, die europäischen Mathematiker haben deshalb viele Erkenntnisse von den arabischen Gelehrten übernommen. So finden wir heute in Marokko und Ägypten zwar eine ganz andere Schrift als bei uns, die Zahlen aber sehen gleich aus, weil sie vom zehnten Jahrhundert an in Europa nach und nach eingeführt wurden. In Deutschland spielte dabei der Rechenmeister Adam Ries (der fälschlicherweise oft Adam Riese genannt wird) eine wichtige Rolle. Er erklärte das Zahlensystem 1550 in seinem berühmten Lehrbuch »Rechnung nach der lenge / auff den Linien und Feder« so anschaulich, dass auch Schüler es begreifen konnten. Bis heute sagen deshalb viele Leute: »Das macht nach Adam Riese zwei Euro fuffzig.«

Der kleine Streifzug in die Anfänge der Mathematik hat uns gezeigt, dass sich diese Wissenschaft auf ziemlich krummen Wegen entwickelt hat. Viele verschiedene Völker haben ihren Teil dazu beigetragen, auch die Natur und der Zufall spielten eine Rolle. Hätten wir elf statt zehn Finger, würden wir heute vielleicht anders rechnen. Wir haben auch erfahren, dass die Mathematik sich dort am schnellsten entwickelte, wo man sie brauchte: in den hoch entwickelten Kulturen Mesopotamiens und Ägyptens.

Die Mathematik ist also eine Schöpfung der Menschen, eine Erfindung. Meerschweinchen können nicht zählen, und man hat bislang auch noch keinen

Schimpansen getroffen, der in der Lage ist, 4 mit 3 zu multiplizieren. Heißt das aber, dass die Mathematik nur für Menschen gilt? Dass sie auf einem fernen Planeten vielleicht ganz anders aussähe? Dass 2+2 auf einem Planeten im Sonnensystem Beteigeuze überhaupt nicht 4, sondern vielleicht gr?j& ergibt? Wir sind damit bei der Frage angekommen, warum die Mathematik überhaupt gilt. Anders gefragt:

Funktioniert die Mathematik auch auf einem Planeten in einem anderen Sonnensystem?

DER SATZ DES PYTHAGORAS

Wie es sich mit den Quadraten über den Seiten eines rechtwinkligen Dreiecks verhält, wussten schon die Babylonier tausend Jahre vor Pythagoras. Trotzdem wird der berühmte Satz $a^2+b^2=c^2$ immer mit Pythagoras verbunden. Es gibt über zweihundert Beweise für den Satz.

Das Merkwürdige an der Mathematik ist, dass sie zwar von Menschen entwickelt wurde und ganz unterschiedlich aussehen kann, dass sie uns aber trotzdem das Gefühl einflößt, sie sei etwas Besseres als eine bloß menschliche Wissenschaft. Die Mathematik kommt uns vor wie ein majestätisch hinter dem ganzen Weltall schwebendes System ewiger Wahrheit. Beim besten Willen können wir uns nicht vorstellen, dass 2+2 auf anderen Planeten etwas anderes sein könnte als 4. Dass 7×8 irgendwo oder irgendwann nicht mehr 56 ergeben könnten. Oder dass die kleinste Seite eines Dreiecks irgendwo nicht gegenüber dem kleinsten Winkel liegen könnte.

Die Gesetze der Mathematik erscheinen uns, anders als die Erkenntnisse der Biologie oder der Chemie, unveränderbar. Merkwürdig ist auch, dass sich fast alles auf der Erde in Zahlen beschreiben lässt. Wir können die Temperatur eines späten Sommerabends messen, das Gewicht einer Rose ermitteln und sogar den Salzgehalt der Tränen eines Kindes. Trotzdem scheint das Reich der Zahlen von all diesen Dingen ganz unberührt und unendlich weit entfernt.

Die Pythagoreer, eine verschworene Gemeinschaft von Mathematikern, haben über diese Frage viel nachgedacht. Sie lebten unter Führung des Pythagoras, eines Mathematikers, den sie wie einen Gott

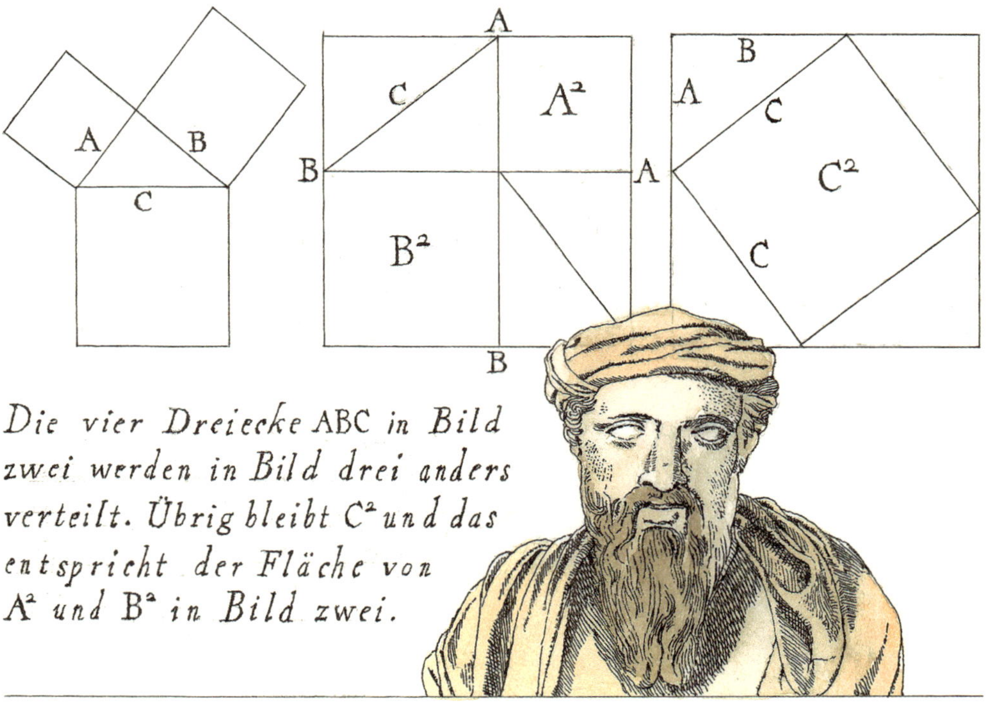

Die vier Dreiecke ABC in Bild zwei werden in Bild drei anders verteilt. Übrig bleibt C^2 und das entspricht der Fläche von A^2 und B^2 in Bild zwei.

verehrten. Im sechsten Jahrhundert vor Christus setzten sich die griechischen Philosophen intensiv mit der Vergänglichkeit des Lebens auseinander. Wenn alles sich verändert, so fragten sie sich, wenn alle Dinge auf der Welt eines Tages wieder verschwinden, wenn alle Menschen und Tiere, alle Pflanzen vergehen, was bleibt denn eigentlich? Die Pythagoreer waren überzeugt, dass es die Mathematik ist, die bleibt und Bestand hat. Ihre Gesetze waren für die Ewigkeit gemacht. Sie erschienen, genau wie der berühmte Satz des Pythagoras, unmittelbar einleuchtend, unwiderlegbar und vollkommen. Bei ihren Mitbürgern machten sich die Pythagoreer mit dieser Ansicht nicht sehr beliebt. Sie galten als arrogant und Anhänger einer obskuren Geheimlehre, die niemand verstand.

Die heutigen Mathematiker teilen mit den Pythagoreern das Schicksal, dass niemand sie versteht. Als Anhänger einer Geheimlehre aber werden sie nicht mehr verdächtigt. Trotzdem sind die meisten immer noch davon überzeugt, dass die Mathematik vollkommen ist und in allen Sternensystemen gilt. Der Mathematiker David Hilbert hat sogar behauptet, dass die Mathematiker in Wahrheit keine Erfinder, keine Schöpfer von Lösungen und Gesetzen sind, sondern nur Entdecker. Sie entdecken Gesetze, die seit ewigen Zeiten festliegen. Ob das stimmt, weiß niemand, es ist auch gar nicht wichtig. Die Vorstellung, dass es ein eigenes unendlich großes Reich der Mathematik gibt, das sich mit Hilfe des eigenen Kopfes erkunden lässt, ist aber sehr aufregend. Denn sie bedeutet, dass es für jedes Problem der Mathematik auch eine Lösung gibt, man muss sie nur finden.

Ungelöste Probleme sind deshalb riesige Herausforderungen für die Mathematiker. Viele von ihnen würden alles geben, um eines der großen Rätsel zu lösen. Ein Rätsel wie das mit den Primzahlpaaren. Primzahlen sind Zahlen, die nur durch sich selbst teilbar sind. Manchmal bilden sie Paare, das heißt:

Sie sind nur durch eine einzige gerade Zahl getrennt. Die 11 und die 13 bilden so ein Paar oder die 17 und die 19. Am Beginn der Zahlenreihe gibt es ziemlich viele dieser Paare, je weiter man kommt, desto weniger werden es. Doch immer wieder findet sich

eines. Im unendlichen Meer der Zahlen wirken sie wie kleine Schlauchboote im Pazifik. Bislang ist die Regel, nach der sie sich bilden, nicht gefunden worden. Wer sie eines Tages findet, wird sich fühlen wie Andrew Wiles, als er nach dreihundert Jahren das Fermatproblem löste.

Warum erzählen wir Geschichten?

Na, wie war's heute in der Schule? Erzähl doch mal! Was soll man darauf sagen – außer: Normal. Normal ist die Kurzformel für: Nix los und lass mich in Ruhe! Erzählen kann man nur dann etwas, wenn man was erlebt hat, etwas Lustiges, Spannendes, vielleicht auch Schreckliches. Wenn einer eine Reise tut – ja, dann kann er was erzählen! Auch wenn einer alt ist, kann er das. Erst recht, wenn einer ein guter Ausschmücker und Erfinder ist. Aber Schule ist Alltag und darüber gibt es doch nichts zu sagen, oder? Was wäre, wenn man einmal eine ganze Schulstunde wortwörtlich wiedergeben würde? Aber ist das dann Erzählen? Wäre das überhaupt eine Geschichte? Und warum werden eigentlich dauernd Geschichten erzählt?

Über das Erzählen von Geschichten unterhielt sich Hans-Georg Kemper in seiner Kinder-Uni-Vorlesung an der Tübinger Universität mit einem berühmten Deutschen, dem Dichter Johann Wolfgang von Goethe. Aber Goethe ist schon lange tot! Der Germanistikprofessor, ein Professor also, der sich mit der deutschen Sprache und Literatur befasst, kennt Goethe so gut, dass er ihn »Johnny« nennt. Oder vielmehr nannte er die Goethe-Kasperlepuppe so, die er sich auf den Finger steckte. Hans-Georg Kemper unterstützte uns beim Verfassen dieses Kapitels.

Als ich heute Morgen aufstand, überlegte ich mir, ob ich das braune Kleid oder die graue Cordhose anziehen sollte. Und was dazu? Die Jacke mit den ausgebeulten Taschen oder den roten Pulli? Für Hose und Pulli sprach, dass der Tag kühl werden sollte. Für das Kleid sprach, dass es ziemlich schick und ziemlich neu war. Ich entschied mich für die Hose, denn ich würde erst am späten Nachmittag nach Hause kommen. Nachmittags hatte ich nämlich Englisch. Davor musste ich zwei Stunden in der Stadt totschlagen. Ich steckte fünf Euro ein, denn ich wollte mittags zur Döner-Bude, dort »Döner mit Scharf« essen und dazu ein Mineralwasser trinken. Ich zog also die Hose an und den roten Pulli. Den Rucksack musste ich auch noch packen. Ich nahm die Bücher und Hefte vom Schreibtisch: Deutsch, Erdkunde, Englisch, Musik und Geschichte. Oder etwa nicht Geschichte? Doch, auf dem Stundenplan stand »4. Stunde Geschichte«. Ich legte die Sachen erst auf einen Haufen und stopfte sie dann in den Rucksack. Dann fiel mir ein, dass in meinem Füller keine Tinte mehr war…

Hilfe! Halt! Stopp!!! Wen bitte soll das interessieren? Wen interessiert schon, was einer oder einem da morgens alles durch den Kopf schießt. So genau will es niemand wissen. Man muss sich nur vorstellen, jeder würde alle alltäglichen Überlegungen und Handlungen so ausführlich wiedergeben. Irgendwann säße man nur noch da und erzählte, dass man dasitzt und erzählt. Wer würde da noch zuhören? Allenfalls die Wand, denn die kann nicht abhauen.

So also geht das Geschichtenerzählen gewiss nicht. Da drehen sich alle großen Erzähler der Menschheit im Grab herum, und davon gibt es wirklich viele, denn die Menschen erzählen sich schon sehr lange Geschichten. Solange es Menschen gibt… heißt es an solchen Stellen immer. Und wenn sie nicht gestorben sind, dann erzählen sie noch heute. Die noch lebenden guten Erzähler würden sich vermutlich auch lieber ins Grab legen – mit oder ohne Rumdrehen –, als in einer Welt zu leben, in der es nur noch langweilige Wirklichkeitswiederholer gibt.

Wie rettete Scheherazade ihr Leben?

Geschichten sollen kein Abklatsch des Alltags sein. Sie geben etwas Besonderes wieder. Und dieses Besondere wiederholen sie auch nicht unbedingt in der Reihenfolge, in der es erlebt wurde. Ein guter Erzähler erzählt nicht nach dem Und-dann-und-dann-und-dann-Schema, das hat mehr mit einfacher Mathematik als mit spannendem Erzählen zu tun. Ein guter Erzähler steigert die Spannung und stört den Gang der Geschichte nicht durch lange Erklärungen. Er verdichtet seine Erlebnisse, das heißt, er lässt Unnötiges weg, lässt sein Publikum aber manchmal auch zappeln, er übertreibt und untertreibt dann wieder, er poliert Glanzloses auf, er hält die Aufmerksamkeit eben am Kochen.

Geschichten vertreiben die Langeweile. Sie unterhalten einen, wie Fernsehen, Radio und Malefiz. – So, da haben wir es schon! Das ist doch allemal

MINI-ERZÄHLUNGEN

Witze sind beispielsweise Mini-Erzählungen. Kinder trainieren ihr Erzähltalent gerne mit Witzen. Weil sie so kurz sind, kann man sie sich gut auswendig merken. Das gibt beim Erzählen Sicherheit.

Grund genug für die ganze Geschichtenerzählerei. Die Frage können wir also abhaken, sie ist beantwortet: Wir erzählen uns Geschichten, damit wir uns nicht langweilen. Geschichten erzählen ist ein

Freizeitspaß. Man kann es tun, aber man kann es grad so gut lassen und stattdessen Schach spielen oder um die Wette spucken.

Oder steckt im Erzählen und in Geschichten doch mehr als nur ein Langeweile-Vertreibungsmittel?

Schauen wir uns einmal die schöne Scheherazade an. Sie wurde als großartige Erzählerin berühmt. Jedes Kind kennt sie, obwohl ihre Geschichte schon vor über tausend Jahren aufgeschrieben wurde. Scheherazade erzählte tausendundeine Nacht lang. Damit überzog sie ihre Erzählzeit um genau tausend Nächte. Denn eigentlich wollte der Sultan sie, wie die anderen Frauen vor ihr, nach nur einer Nacht umbringen. Aus Rache an seiner Ehefrau, die den Sultan betrogen hatte, sollten nun auch alle anderen Frauen sterben.

Stress! Man stelle sich das einmal vor: Du sitzt da, bist dem Tod geweiht und sollst zu allem Überfluss auch noch eine lustige oder spannende, eben eine unterhaltsame Geschichte erzählen! Scheherazade war klug, und sie fasste einen listigen Plan: Sie erzählte ihre erste Geschichte in der ersten Nacht einfach nicht zu Ende, und so konnte sie ihren Kopf bis zur nächsten Nacht retten. Als diese zu Ende ging, blieb wieder eine Geschichte offen. Und so trickste Scheherazade den Sultan fast drei Jahre lang aus, am Ende heirateten die beiden und lebten glücklich und zufrieden – oder so ähnlich.

Das Scheherazade-Beispiel zeigt, dass Geschichten viel mehr sein können als nur Unterhaltung, sie können lebenswichtig sein, sie können Leben retten. Na ja, werdet ihr vielleicht einwenden, das ist doch nur ein Märchen, das hat wenig mit der Wirklichkeit zu tun. Wenn in der bitteren Wirklichkeit die Erdkundelehrerin vor einem steht und das Heft angucken will, das eigentlich die Hausaufgaben ent-

REINEKE FUCHS

Der schlaue Fuchs hat eine gewisse Ähnlichkeit mit der schönen Scheherazade. Reineke wird vorm großen Tiergericht Verrat und Betrug vorgeworfen. Der Fuchs schildert die Ereignisse jedoch so fesselnd und schlüssig, dass er vom verachteten Angeklagten zum ehrenwerten Mann aufsteigt. Die alte Fabel von diesem ausgefuchsten Schlaumeier wurde vom berühmten Schriftsteller Johann Wolfgang von Goethe in Versen aufgeschrieben.

halten sollte, dann helfen einem auch keine Geschichten weiter. Oder glaubt dir deine Erdkundelehrerin, wenn du ihr erzählst, dein Vater hätte dich gezwungen, den ganzen Tag mit ihm Fußball zu spielen?

In höchster Not kann einen Scheherazade nicht retten. Was soll die Geschichte dann? Nun, es ist eine Geschichte, und man muss sie nicht ganz wörtlich nehmen. Aber durch die Blume sagt sie etwas sehr Wichtiges: Scheherazade kennt spannende Geschichten, und sie erzählt sie gut. Aber noch entscheidender ist, dass ihr mit diesen Fähigkeiten etwas Unglaubliches gelingt – sie verwandelt die Mordlust des Sultans in Liebe. Ihre Worte rühren ihn so, dass er sie nicht nur nicht mehr töten will, er verliebt sich sogar in sie. Geschichten und Erzählen, Worte und Sprache können also Wunder wirken, sie bilden eine Brücke von Mensch zu Mensch, sie können allergrößte Innigkeit und intimste Nähe schaffen.

WOLFSKINDER

Die beiden Gründer Roms, Romulus und Remus, sind von einer Wölfin aufgezogen worden. So jedenfalls will es die Legende. Und immer wieder tauchen Geschichten von Wolfskindern auf. Das sind nicht unbedingt Kinder, die unter Wölfen lebten. Wolfskinder entwickelte sich als Bezeichnung für Kinder, die in der Wildnis ausgesetzt wurden. Ein berühmtes Wolfskind war Kaspar Hauser, er lebte vor knapp zweihundert Jahren in Nürnberg. Er war aber die große Wolfskind-Ausnahme, denn er erlernte die Sprache nachträglich. Meist können Wolfskinder das in den ersten Jahren der Sprachentwicklung Versäumte nicht nachholen.

Wie hört sich die menschliche Ursprache an?

Das Geschichtenerzählen oder generell den Einsatz von Sprache und Wörtern beherrscht nur der Mensch, er unterscheidet sich darin vom Tier. Sprache muss demnach mehr sein als ein Mittel zur Unterhaltung und zum Zeitvertreib. Sprache zeichnet den Menschen aus, und ohne sie wäre er sogar schlechter dran als ein Tier. Denn der Mensch findet sich mit seinen Sinnen und Instinkten in der Umwelt nicht so gut zurecht wie das Tier. Sein Trumpf ist der Verstand und sein Ausdrucksmittel die Sprache, sie ist für ihn lebens- und sogar überlebenswichtig.

Ihr glaubt das nicht? Schließlich habt ihr es schon fertig gebracht, einen ganzen Tag lang zu schweigen, weil alle so doof zu euch waren! Und ihr habt diese stummen Tage trotzdem überlebt! Also geht es doch auch ohne Sprache!

Vielleicht hört ihr euch erst einmal folgende Geschichte an: Vor fast dreitausend Jahren wollte ein ägyptischer Herrscher wissen, was passiert, wenn man Babys keine Wörter zu hören gibt. Vielleicht, so dachte er, fangen sie dann an, in einer menschlichen Ursprache zu sprechen, denn er wollte diese menschliche Ursprache kennen lernen. Er nahm sich zwei Babys, entfernte sie aus ihren Familien und übergab sie der Obhut eines stummen Hirten. Sie wuchsen nun bei ihm und unter Ziegen auf und vernahmen kein einziges menschliches Wort. Als der Pharao sich nach einer Weile sein Menschenexperiment anschaute, hörte er die Kinder »Bekbek« sagen. Er war der Meinung, es handle sich hier um ein erstes Wort der menschlichen Ursprache. Dabei war es nur die Sprache der Ziegen. Hätten die Kinder unter Fröschen gelebt, hätten sie »Quakquak« gesagt, hätten sie unter Katzen gelebt, hätten sie miaut und gefaucht. Und unter welchen Tieren hätten sie wohl gelebt, wenn sie den Pharao angeheult hätten?

Wenn man eine kleine Katze unter Vögeln aufwachsen ließe, würde sie gewiss nicht zwitschern, sie würde miauen und sich womöglich bald zum Dank für die freundliche Aufzucht einen Vogel schnappen und verspeisen. Die Laute, die Tiere

SPRACHEN ZÄHLEN

Weiß man eigentlich, wie viele Sprachen auf der ganzen Welt gesprochen werden? Man kann es nur schätzen, denn Sprachen kann man nicht einfach zählen wie Äpfel und Birnen. Schon die Unterscheidung zwischen Dialekt und Sprache ist schwierig. Dann ist auch die Frage, ob man die toten Sprachen, die nicht mehr gesprochenen, dazuzählen soll. Manche Sprachen werden auch unter verschiedenen Namen gesprochen, und manche Sprachen sind womöglich noch unentdeckt wie ihre Sprecher, die tief im Amazonasgebiet leben. Wenn man das alles bedenkt, kommt man auf einen Schätzwert von mehr als sechstausend Sprachen.

ausstoßen, sind ihnen angeboren, auch wenn es da gewisse Spielräume gibt. So haben Forscher entdeckt, dass Vögel sprachlich sehr anpassungsfähig sind. Anscheinend betrachten manche schon Handys als ihresgleichen, sie imitieren deren verschiedene Pieptöne. Vögel sprechen oder singen auch in verschiedenen Dialekten. Ein bayerischer und ein kölscher Buchfink dürften sich deshalb nur schwer verständigen können, denn die Endschnörkel ihrer Gesangsstrophen hören sich anders an.

Der ägyptische Pharao irrte also gewaltig, als er »Bekbek« zu einem menschlichen Urwort erklärte. Vor achthundert und vor fünfhundert Jahren haben zwei andere Herrscher, es waren der deutsche Kaiser Friedrich II. und König Jakob IV. aus Schottland, sein Experiment fortgesetzt. Sie griffen sich ebenfalls Babys und steckten sie in Einzelzellen. Sie gaben ihnen zu essen und zu trinken, doch die Kinder starben am Ende dieses Versuchs. Eine Ursprache hatten auch sie nicht zu bieten. Die Herren der Experimente waren immerhin um eine Erfahrung reicher: Menschenkinder verkümmern, wenn sie ohne jede Beziehung zu anderen menschlichen Wesen aufwachsen.

Was aber machen dann Kinder, die taubstumm auf die Welt kommen? Bleibt ihnen nichts anderes als ein schneller Tod? So ist es zum Glück nicht. Denn Taubstumme lernen ebenfalls eine Sprache, die Gehörlosensprache. Sie lernen eine lautlose Sprache, eine Sprache ohne Worte, mit der sie sich über Zeichen und Gesten verständigen. Diese Sprache ist allerdings oft an der Sprechsprache orientiert, und das macht ihr Erlernen so schwierig.

DIE SPRACHLICHE HEIMAT

Bis zum Alter von fünf Jahren soll die Fähigkeit zum Erlernen einer Sprache am größten sein. Denn bis zu diesem Alter legt man die für Sprache nötigen Verbindungen zwischen den Gehirnzellen an. Das erklärt, dass Kinder, die zweisprachig aufwachsen, in beiden Sprachen zu Hause sind und beide Sprachen akzentfrei sprechen. Außerdem ist das doch auch eine gute Erklärung für schlechte Noten in Englisch oder Französisch.

Es gibt eine englische Gebärdensprache, eine deutsche Gebärdensprache und eben eine nicaraguanische. Nur auf den ersten Blick kommt es einem komisch vor, dass es diese stumme Sprache in verschiedenen Sprachen gibt. Jeder Mensch lernt die Sprache schließlich über andere und bezogen auf seine nähere Umgebung. Aber der Mensch bringt anders als die Tiere die Fähigkeit zum komplizierten sprachlichen Ausdruck mit und den Drang zum Austausch mit anderen. Dennoch ist auch dreitausend Jahre nach dem ägyptischen Herrscher die Frage immer noch nicht ganz geklärt, wie viel Sprache oder Grammatik dem Menschen angeboren und wie viel angelernt ist.

STUMME GRAMMATIK

In Nicaragua, das gehört zu Mittelamerika, beobachtete man vor Jahren eine Gruppe taubstummer Kinder, die in einem Heim darin unterrichtet wurden, Wörter von den Lippen abzulesen und mit den Händen zu buchstabieren. Sie machten keine Lernfortschritte. Bis die Sprachforscher, man nennt sie auch Linguisten (nach lateinisch »lingua«, was Zunge und Sprache heißt), erstaunt bemerkten, dass die Kinder sich während des erfolglosen Unterrichts längst ihre eigene Gruppensprache entwickelt hatten – sogar mit einer Grammatik.

Und wann kommen die Geschichten?

Man weiß mittlerweile, dass die Sprache im menschlichen Gehirn nicht nur von einem Ort gesteuert wird. Und man weiß, dass schon das Kind im Mutterbauch Sprachmelodien wahrnimmt. Es lernt hier zwar noch keine Vokabeln, aber schon die ersten Lektionen in seiner Muttersprache. Im Alter von acht Monaten versteht das Baby schon sechzig und mit einem Jahr schon mehrere tausend Wörter. Es dauert dennoch eine ganze Weile, bis das Kind eine richtige Geschichte erzählen kann.

Im Kindergartenalter geht es dann mit dem Erzählen von Geschichten los, allerdings noch nach dem Und-dann-und-dann-und-dann-Schema. Mit sieben Jahren kann ein Kind eine Erzählung schon aufbauen: mit Einleitung, Höhepunkt und Schluss. Es kann Ereignisse miteinander verknüpfen und sie voneinander absetzen. Bei Neunjährigen ist die Erzählkunst zwar

STILLE POST

Als es kaum Bücher gab und weder Filme noch Fernsehen, war das mündliche Erzählen viel wichtiger als heute. In eingeschränkter Weise eignete es sich sogar zur Weitergabe von Informationen. Jeder, der schon mal stille Post gespielt hat, weiß jedoch, dass mündliche Wiederholungen anfällig sind für vielerlei Einflüsse. Geschichten können sich von Erzähler zu Erzähler verändern.

noch längst nicht voll entwickelt, aber die Ansätze sind da. In diesem Alter können die meisten schon spannende Geschichten erzählen. Sie beherrschen es sogar, den Zuhörer mitbangen und mitfiebern zu lassen oder zum Lachen zu bringen. Das kleine Scheherazade-Examen haben sie damit bestanden.

Wozu braucht man all die alten Geschichten?

Sprache und Wörter, also die Bausteine von Geschichten, sind für die Menschen lebenswichtig. Wie diese Steine vom Erzähler übereinander geschichtet werden, darin zeigt sich sein Talent, und das macht auch die Spannung und Unterhaltung der Zuhörer aus. Das Publikum muss das Gefühl haben, es wäre dabei gewesen. Mehr muss eine Geschichte nicht bringen, oder?

Ihr kennt zwei Brüder, die dieser Meinung sicher heftig widersprochen hätten. Die Gebrüder Grimm sammelten Geschichten – aber nicht deshalb, weil sie sie unterhaltsam fanden, nein, sie wollten, dass Kinder aus ihnen lernen. Bis dahin waren diese Geschichten nur mündlich erzählt worden, die Gebrüder Grimm aber schrieben sie auf. »Aschenputtel«, »Schneewittchen«, »Froschkönig«, »Rapunzel«, »Rumpelstilzchen«, »Rotkäppchen«, das sind Märchen, die heute jedes Kind kennt. Die Grimms machten diese Figuren berühmter, als Anastacia, Eminem und Ronaldo es je sein werden.

ZWEI BERÜHMTE BRÜDER

Jacob war der Ältere der beiden Grimm-Brüder, er wurde 1785 geboren, Wilhelm war ein Jahr jünger. Beide waren die Ältesten von neun Kindern. In ihrer Kindheit hatten sie schon viele Märchen zu hören bekommen, doch dass sie einmal Märchensammler würden, das ahnten sie damals nicht. Sie studierten erst Rechtswissenschaft, doch zu den Paragraphen und Gesetzestexten zog es sie nicht hin. Jacob war leidenschaftlicher Forscher, und er war nicht nur fleißiger Sammler, sondern auch der Begründer der Erzählforschung im deutschsprachigen Raum.

Eigentlich denkt man ja immer, dass Märchen nicht von dieser Welt sind. Komisch, wenn nun ausgerechnet sie den Kindern sagen sollen, was zu tun und zu lassen ist! Doch wenn man hinter ihre Lebkuchen-Fassaden sieht, merkt man, dass diese Geschichten voller Warnungen und Ermahnungen stecken, dass sie ihren Zuhörern sagen, was gut und was böse ist. Wenn sie jedoch keine Märchen wären und nur voller Tu-dies-nicht und Tu-das-nicht steckten, fände man sie so langweilig wie eine strenge Schulordnung, die auch niemand freiwillig liest oder sich anhört. Die Warnungen der Märchen kamen deshalb bei den Zuhörern an, weil sie so schön verpackt waren in Träume von Glück und Phantasien um schöne Prinzessinnen und Prinzen, weil sie einen zwar in dunkle Angstwälder jagten, aber in der Ferne schon die wunderbarsten Märchenschlösser funkeln ließen.

»Es war einmal«, so lautet der typische Märchenanfang. Da weiß man gleich, dass das nun Folgende in einer unbestimmten Vergangenheit spielt – vor zehn, hundert oder auch vor tausend Jahren. Auch über den Ort, an dem sich diese Sache zugetragen hat, erfährt man in der Regel nicht viel. Außer dass es sich um ein Schloss handelt oder um einen tiefen Wald oder ein Land hinter den sieben Bergen. Niemand soll auf die Idee kommen, nach Zeugen der Geschichte zu suchen. Märchen spielen im Nirgendwo und Nirgendwann oder andersherum gesagt im Überall und Immer. Märchen sind nicht nur für einen Wald oder ein Schloss gültig, sie wollen die Wahrheit über alle Wälder und alle Schlösser mitteilen, über alle Prinzessinnen und alle Holzhacker, alle Bauersleut, alle bösen und alle guten Menschen. All diese Figuren gibt es allerdings in Wirk-

DAS SAMMELN

Die Gebrüder Grimm hörten sich viele Geschichten an und unternahmen lange Reisen, um gute Erzähler zu treffen. Für ihren ersten Märchenband brauchten sie 13 Jahre, ihr zweiter folgte zwei Jahre später schon. Insgesamt schrieben sie 240 Märchen auf, 40 Mitarbeiter halfen ihnen bei diesem Großprojekt.

»ES WAR EINMAL …«,

stellten die Grimms mancher Geschichte voran, aber nicht sie hatten diese wirklich durchschlagende Erfindung im Bereich der Märchenschreibung gemacht. Den Beginn, der später für den Märchenanfang schlechthin stehen sollte, hatten sie von einem Kollegen übernommen, dem Maler und Schriftsteller Philipp Otto Runge. Der hatte allerdings im Märchen vom »Fischer und seiner Frau« eine plattdeutsche Form gewählt: »Dar wöör maal eens«. Die Übersetzung fällt nicht schwer: »Da war einmal« oder »es war einmal«.

lichkeit gar nicht, jedenfalls nicht in ihrer krass gezeichneten Märchenform. Die Märchen sagen damit, dass ein bisschen Prinzessin oder ein bisschen Holzhacker in jedem von uns steckt.

VORLAGE FÜR DISNEY

Der berühmte Trickfilm-Produzent Walt Disney hat sich später viel vom Märchen abgeguckt. In seinen Filmen passieren die merkwürdigsten und unwahrscheinlichsten Dinge, aber keiner wundert sich darüber. Jedenfalls nicht so wie unsereins, wenn er lebende Zwerge trifft und dreimal vom Tode zum Leben zurückgeholt wird. Für Märchen sind das normale Verhältnisse, so normal wie ein stinknormaler Schultag. Märchen haben sich nun mal große Aufgaben gestellt, sie suchen nach Erklärungen der Welt und beschwören dabei geheimnisvolle Kräfte.

Ist Schneewittchen eine gute Lehrerin?

Was sollten nun die Kinder aus diesen Texten lernen? Zum Beispiel, dass Selbstlosigkeit, Güte, Ordnung, Fleiß, Gehorsamkeit und Frömmigkeit belohnt werden. Gegenüber solchen Tugenden ist Klugheit im Märchen erstaunlich wenig gefragt. Oft bekommt ja gerade der dritte und tölpelhafte Sohn die Prinzessin, das Königreich und die ewige Glücksgarantie. Oft endet ja gerade derjenige, der als gutmütiges Dummchen startet, als ein Und-wenn-er-nicht-gestorben-ist,-dann-lebt-er-immer-noch-glücklich-und-zufrieden.

Die Gebrüder Grimm gingen beim Aufschreiben manchmal recht locker mit dem mündlichen Erzählstoff um. Aus Erziehungsgründen besetzten sie manche Rollen neu. So wurde Schneewittchens leibliche Mutter, die in der Erstfassung noch vorkam, von den Grimms gefeuert und machte Platz für eine böse Stiefmutter. Denn was, so fanden die Märchenbrüder, sollen sich die Kinder denken, wenn eine leibhaftige Mutter ihre eigene Tochter umbringen lassen will und eine solche Mordtat nur deshalb plant, weil Schneewittchen ihr den Rang der Schönheitskönigin streitig macht! Die Botschaft des Märchens sollte nicht sein: Hüte dich vor deiner Mutter! Eher sollte sie sein: Sei selbst hinter den sieben Bergen noch auf der Hut vor Neid und Eifersucht!

DIE BÖSE STIEFMUTTER

Nachdem die Grimms Schneewittchens leibliche Mutter aus der Erstfassung des Märchens durch eine Stiefmutter ersetzt hatten, konnten sie den bösartigen Charakter dieser Person viel besser ausbauen, denn im Märchen gibt es immer nur die eindeutig Guten und die eindeutig Bösen. Die Stiefmutter lässt sich nun sogar Lunge und Leber des Mädchens braten und isst sie auf, um sicher zu sein, dass Schneewittchen wirklich tot ist. Eine ziemlich ekelige Geschichte.

Warum sind auch Bio-Stunden manchmal erzählenswert?

Was haben wir bis jetzt übers Erzählen herausgefunden? Wir wissen, dass Menschen sich mitteilen müssen und dass sie dazu eine Sprache brauchen. Wir wissen auch, dass Menschen sich schon sehr lange Geschichten erzählen und dass diese Geschichten möglichst unterhaltsam sein sollen und manchmal auch lehrreich sind. So wurden Märchen nicht nur um des schönen Märchens willen erzählt, sie enthalten eingebaute Warnungen. Und weil diese Warnungen so schön verpackt sind, bleiben sie länger in Erinnerung. Man drückt also nicht gleich wieder auf die Löschtaste im Kopf, wie man es bei schmucklosen Lektionen gerne macht.

Bei Märchen gibt es also eine tolle Geschichte und eine Botschaft dahinter. Wie sieht es bei anderen Geschichten aus, die keine Märchen sind, werden da ebenfalls Botschaften mitgeliefert? Können Geschichten am Ende gar nicht ohne einen belehrend erhobenen Zeigefinger auskommen, eine Anleitung fürs Leben?

Schauen wir uns doch mal eine Geschichte an, wie sie jeder kennt und jeder erzählt, eine Geschichte aus dem Alltag – beispielsweise dem Schulalltag.

»Heute war Bio vielleicht schrecklich!«, erzählt ein Junge zu Hause. »Wir sollten Fische aufschneiden und ansehen, es hat ganz fürchterlich gestunken. Diese Dinger fühlten sich so eklig an. Ich merkte plötzlich, wie sich mir der Magen umdrehte, dann kam alles hoch. Und bald hat die

ganze Klasse gekotzt.« Das wäre eine erste Version der Ereignisse. Man kann die Geschichte jedoch auch anders erzählen.

Nehmen wir noch einmal die Biostunde. »Heute war Bio klasse«, erzählt ein Junge. Die Mutter freut sich über die ungewohnte Begeisterung ihres Sohnes und erwartet ein Loblied auf einen spannenden Unterrichtsstoff. Der Junge erzählt weiter: »Schon beim Reinkommen roch es im Bioraum so merkwürdig. Wie im Hafen. Herr Fried-Wenzel teilte Mikroskope aus und dann tote Fische. Die Fische fühlten sich kalt und glitschig an. Lena, Lisa und Friedrich schrieen ›Iiiih‹. Wir fingen an, die Fische aufzuschneiden, da japste Katharina nach Luft, und schon kam das Frühstück wieder aus ihr raus. Jetzt stank nicht nur der Fisch, man roch auch noch Katharinas Kotze. Neben Katharina sitzt Julia, die würgte als Nächste. Dann sprang Lena auf und wollte schnell aufs Klo rennen. Kurz vor der Tür hielt sie an, griff sich den Papierkorb und kotzte hinein. Alex, Dirk und Felix jubelten. In der letzten Reihe kotzten Friedrich und Lukas einträchtig nebeneinander. Herr Fried-Wenzel stand sprachlos und ziemlich blass da. Dann begann er panisch die Fenster aufzureißen und sammelte die Fische wieder ein. Die Bio-Stunde war nach zehn Minuten rum, der Rest war Putzen.«

DIE EWIGEN HELDEN

Jeder neigt mal zum Angeben, aber denjenigen, die immer nur die tollsten Erlebnisse mit sich selber in der Heldenrolle zum Besten geben, sollte man lieber aus dem Weg gehen. Andere erleben die spannendsten Abenteuer, aber können sie nicht erzählen, das ist dann auch wieder langweilig.

Zunächst macht es einen Unterschied, ob die Geschichte in Lang- oder Kurzversion erzählt wird. Ganz wichtig für sie ist jedoch, zu welcher Gruppe der Erzähler gehört. Der Junge in der ersten Version zählt zur Gruppe der armen Spucker, während der Junge in der zweiten Version eben nicht spucken musste. Der Nicht-Spucker hat zwar keine Heldenge-

schichte daraus gemacht, nach dem Motto: Seht her, ich bin ein toller Hecht, ich musste nicht spucken! Aber es ist klar, dass er die Sache aus der Perspektive desjenigen erzählt, dem es nicht schlecht erging. Dem Spucker ist die Sache eher peinlich, er übertreibt zu seinen Gunsten, »die ganze Klasse« hat bei ihm gespuckt, und er erhofft sich das Mitgefühl seiner Zuhörer. Der Nicht-Spucker schildert die Stunde ausführlicher und hat eher ein Auge für die komische Kettenreaktion bei der Spuckerei.

Wann tun Geschichten gut?

Ob Spucker oder Nicht-Spucker, wenn man etwas wiedergibt, was man selber erlebt hat, erzählt man immer etwas über sich. Auch das ist ein Zweck von Geschichten. Durch Erzählungen lernt man jemanden besser kennen, man erfährt etwas über ihn.

Im Laufe eines menschlichen Lebens häufen sich die Geschichten, die bis ans Lebensende erzählt werden. Dabei gilt meist die Faustregel, dass die Erinnerung manches toller und gefährlicher macht: Die Kindheit wird härter, die Schulnoten besser und die eigene Rolle immer strahlender. Jeder kennt dieses Käpt'n-Blaubär-Prinzip.

Dennoch erfährt man durch diese Geschichten nicht nur etwas über ihren Erzähler, man gewinnt auch einen Eindruck vom Leben in früheren Zeiten. Er ist oft lebendiger als das, was in den Geschichtsbüchern steht. Denn man hat den Menschen zum Erlebnis ja vor sich und kann sich so besser in seine Rolle versetzen. Man bekommt eher eine Vorstellung von Hunger und Armut in früheren Zeiten oder davon, wie schrecklich ein Leben im Krieg ist. Manch-

DAS EPOS

ist griechisch für: das Berichtete, das Wort. Das Epos ist die älteste der großen Erzählformen. In der Antike wurde das Epos von einem Sänger vorgetragen. Es handelte von Vergangenem, von Heldentaten, es besang auch eine feste Ordnung der Welt. Es war eine Mischung aus ereigneter Geschichte und Erfindung wie zum Beispiel den Göttersagen. Das älteste schriftlich überlieferte Epos in Europa handelt vom Trojanischen Krieg und den anschließenden Irrfahrten des Odysseus, es heißt »Ilias« und »Odyssee« Die heutige Fassung wurde etwa achthundert Jahre vor Christi Geburt aufgeschrieben.

DIE IDENTITÄT

(identitas, lateinisch für Wesenseinheit) ist das, was die Persönlichkeit eines Menschen ausmacht, was ihn von allen anderen unterscheidet. Die Identität ist jedoch nichts Unveränderliches. Jeder Mensch passt sich seiner Umgebung an und wird sich mit ihr verändern. Man kann sich auch mit einem anderen Menschen identifizieren, sich in ihn hineinversetzen und sich ihm sogar angleichen. Auch Geschichten verhelfen zu einer Identität. Das ist wieder einmal »typisch Ich« sagen die meisten Geschichten, die man erzählt.

mal lernt man etwas daraus. Im besten Fall können Erzählungen sogar verhindern, dass die Fehler aus der Vergangenheit noch einmal gemacht werden. Erzählungen könnten damit sogar Kriege, Morde oder Ungerechtigkeiten verhindern helfen. Denn auch die große Geschichte setzt sich schließlich aus vielen kleinen Geschichten zusammen.

Die Geschichten, die man aus eigenen Erfahrungen und eigenem Erleben schöpft, heißen übrigens Identitätsbildungsgeschichten, ein schwieriges Wort und eine wichtige Sache. Zwischen dem Erzähler und seinen Geschichten herrscht eigentlich ein ständiges Geben und Nehmen, einerseits hebt er bestimmte Geschichten aus der Fülle seiner Erlebnisse hervor, andererseits bildet sich sein Ich oder seine Identität über diese Geschichten.

Man kann sich aber auch über Geschichten gut mit anderen zusammentun – etwa zum gemeinsamen »Iiiiih! Ich kann mir denken, wie eklig das mit den Fischen war!« Oder zur gemeinsamen Empörung über den Lehrer, der seinen Schülern Fische-Aufschneiden zumutet. Oder auch zum gemeinsamen Auslachen der Spucker. Oder zum Schimpfen über die Angeber, denen nicht schlecht wurde. Dann bestätigen Geschichten ein gemeinsames Wir. Geschichten können so Konflikte schüren, Vorurteile erneuern, aber auch Freundschaft stiften.

Den erhobenen Märchen-Zeigefinger finden wir in den persönlichen Erlebnissen nicht unbedingt, aber auch in den Alltagsgeschichten steckt mehr als die reine Handlung. In ihnen schwingt vieles mit: Der Erzähler stellt sich dar, es kann sich ein Wir-Gefühl bilden, und die Vergangenheit wird wach gehalten.

Und als ob das noch nicht genug wäre und inzwischen wohl niemand mehr Zweifel an der Wichtigkeit von Erzählen und Geschichten hat, sprechen immer noch weitere Gründe dafür. Ein bisschen ist es schon angeklungen, als wir über die Erinnerung an Vergangenes sprachen: Es passiert ja nicht nur Schönes, mitunter ereignet sich auch Schreckliches. Furchtbare Dinge, an die man sich gar nicht erinnern will, die man am liebsten ein für allemal aus dem Gedächtnis verbannen würde. Schwamm drüber, nicht dran denken! Das fängt mit der kleinsten Peinlichkeit an und geht bis zu Katastrophen, Verbrechen und Grausamkeiten, die man erlebt hat. Manchmal reicht es schon, bei einer Lüge ertappt worden zu sein. Das treibt einem die Schamesröte ins Gesicht, und man verbietet sich, daran zu denken oder darüber zu reden. Um wie vieles schlimmer sind erst Erlebnisse im Krieg, die Ermordung oder der Tod von Angehörigen, ein Flugzeugabsturz, Erdbeben oder Hochwasser. Wer so etwas erlebt und überlebt hat, leidet lebenslang an den Folgen dieser Ereignisse und an den Wunden in seinem Herzen. Auch hier hilft am ehesten das Darübersprechen. Es ist oft die einzige Möglichkeit, nicht an den schrecklichen Erlebnissen zu ersticken. Erzählen kann dem verwundeten Herz helfen, Narben zu bilden, und es kann das wichtigste Mittel bei der Suche nach Trost sein.

Warum mag man Helden?

Eine sehr verbreitete Art von Geschichten haben wir bis jetzt noch wenig gewürdigt. Dabei seid ihr Kinder gerade über sie ungewöhnlich gut informiert. Ihr seid doch Experten in den größten Merkwürdigkeiten, die auf der Erde herumgeistern. Wie viele von euch wissen über die phantastischsten Abenteuer so gut Bescheid, als wären sie selber dabei gewesen. Wie viele kennen die Namen von Harry Potters Lehrern und Mitschülern besser als die ihrer eigenen Klassenkameraden. Wie viele können besser einen Kriminalfall lösen als in der eigenen Stadt den Weg vom Kino ins Museum finden.

Alle Kinder lieben es, in fremde Welten abzutauchen. In Welten, in denen Kinder Großes leisten, den Erwachsenen immer einen Schritt voraus sind, in denen sie die furchtbarsten Ungeheuer dressieren und sich nicht einschüchtern lassen von Leuten, die zwei Köpfe größer sind und viermal so stark wie sie. Solche Heldinnen und Helden trifft man nicht in der Wirklichkeit, man trifft sie in Geschichten.

Warum mögen Kinder diese unmöglichen Wesen? Na, weil sie so sind, wie sie selber gerne wären: stark, klug, witzig, unerschrocken, schön, bewundert und immer auf dem neuesten Stand der Technik. Aber das kann auch verdammt langweilig sein. Wenn jemand immer nur alles kann und immer nur Glück hat, fiebert bald niemand mehr mit ihm, und die Spannung sinkt auf null. Helden müssen immer erst zu solchen werden; sie müssen Ängste oder Macken haben, die sie überwinden, sie müssen Bewährungsproben bestehen und sich entwickeln. Ihre Schwächen rücken die Helden näher an einen selber heran. Man versetzt sich leichter in ihre Haut hinein, man empfindet Angst mit ihnen, man lacht mit ihnen, man kann jemand anderen genauso sehr oder wenig leiden, wie sie das tun. Wenn eine Geschichte dich packt und so tief in sich hineinzieht, dass dir egal ist, ob die Simpsons gleich im Fernsehen kommen oder dein Freund dich zum Spielen abholen will, dann ist es eine starke Geschichte.

FERNSEHEN UND LESEN

Im Schnitt schauen Kinder in Deutschland pro Tag anderthalb Stunden fern. Wenn so im Jahr um die fünfhundert Stunden zusammenkommen, haben Kinder zwischen 4 und 13 Jahren locker ihre fünftausend Stunden vor dem Fernsehapparat abgesessen. Nur ein Drittel dieser Zeit konzentrieren sich Kinder im Lesealter auf das Lesen.

GROSSE ERZÄHLER

Jeder kennt viele Namen toller Geschichtenerzähler. Wollt ihr noch ein paar wissen? Ein paar Alte beispielsweise, die zwar für Erwachsene schrieben, aber auch für Kinder verständlich sind? Vielleicht Wilhelm Hauff mit seinen schönen arabischen Märchen oder Edgar Allan Poe mit seinen schaurigen Geschichten oder Karl May, der etwas weitschweifig nur mit seiner Phantasie auf Reisen ging, oder Agatha Christie, die schöne Krimis für Einsteiger schrieb, oder Alexandre Dumas, der sich die drei Musketiere ausdachte.

Eine erfundene Geschichte, eine Geschichte, die du in Büchern findest.

Wie lassen sich Geschichten lagern?

Wo steht eigentlich geschrieben, dass Geschichten immer mündlich erzählt werden müssen. Geschichten gibt es auf verschiedene Weisen. Zunächst denkt man immer an die Großmutter oder den Großvater. Der Ofen bollert, man rollt sich zusammen, und die Geschichte von früher beginnt. Das ist sehr gemütlich. Aber Erzählen geht auch anders. Bücher und Filme können nämlich auch erzählen. Bücher sind sogar die praktischste Verpackung für Geschichten. Sie sind gut halt- und stapelbar, man kann die Geschichten jederzeit zwischen den Buchdeckeln hervorlocken, und wenn man sie zugeklappt lässt, halten sie den Mund und stören nicht weiter. Man stelle sich vor, jedes Buch im Schrank würde dauernd auf einen einquatschen und wollte unbedingt seine Geschichte loswerden. Zum Glück sind Bücher nicht so.

Sie haben auch noch andere Vorteile, man braucht keine Hilfsmittel, um sie zum Leben zu erwecken. Man braucht keinen Videorekorder oder DVD-Player. Gut, man braucht eine Ahnung von Buchstaben oder zumindest eine Mutter, einen Vater oder sonst jemanden, der die Ahnung hat. Bücher sind auch nicht voller vorgefertigter Bilder, die in den eigenen Kopf hineinfunken. Man klappt ein Buch auf und fängt einfach an zu lesen. Ohne einen Koffer packen zu müssen, kann man mit ihnen auf Reisen gehen, ohne sich kostümieren zu müssen, kann man ein anderer sein, man kann kämpfen wie ein Ritter oder fliegen wie eine Biene, gefährlich sein wie ein Vampir, frech wie ein Sams. Man kann alles tun, ohne dafür bestraft zu werden – und das Schönste, man muss die Eltern nicht lange anquengeln, um all das zu dürfen. Die eher seltene Frage: »Darf ich lesen?« kommt bei Eltern sehr viel besser an als die Frage: »Darf ich fernsehen?« Okay, werdet ihr sagen, dass wir da noch nicht selber draufgekommen sind! In Zukunft werden wir nur noch lesen!

AUTOBIOGRAFIEN

Nicht jeder, der seine Lebensgeschichte aufschreibt, hat wirklich etwas zu sagen. Dennoch sind viele Leser neugierig, wie das nun wirklich war, als der bekannte Tennisspieler sich von seiner Frau trennte oder die bekannte Schauspielerin von ihrem Mann verlassen wurde oder der bekannte Fußballspieler zum wiederholten Mal mit seiner Frau aneinander geriet. Leute interessieren sich nämlich sehr für andere Leute und deren Geschichten.

Geschichten sind also auch in Büchern gut aufgehoben. Dort warten sie auf euch, ihr könnt mit ihnen ganz neue Rollen ausprobieren, euch selber neu erfinden.

Vielleicht findet ihr es am Ende fast ein bisschen erschreckend, wie voll die Welt von Geschichten ist – nicht nur den Geschichten der Lebenden, sondern auch denen der Toten. Aber es hat nichts Schreckliches, im Gegenteil, es ist ein Glück. Zum Glück interessieren Menschen sich für andere Menschen. Ohne dieses Grundinteresse wären nicht so viele Geschichten auf der Welt, weder die wunderbaren literarischen noch die Geschichten, über die alle erst die Nase rümpfen, dann aber begierig in sich einsaugen, die Klatschgeschichten. Also liegt selbst im Klatsch noch ein guter Kern, wenn auch oft tief verborgen: ein grundsätzliches Interesse an anderen Menschen.

Dieses Interesse würde ohne die menschliche Fähigkeit zur Sprache vertrocknen wie eine nicht gegossene Zimmerpflanze. Die Sprache ist das wichtigste Mittel zum Austausch, zu Diskussionen, Streit, aber auch für Geschichten und Erzählungen. Und übers Erzählen lassen sich schwierige Erlebnisse und schöne Erfahrungen teilen. Erzählen kann Trost bringen, Freundschaften stiften und das eigene Ich stärken. Darum ist das Erzählen von Mensch zu Mensch auch so wichtig. Und irgendwie fügen sich all die berühmten und unscheinbaren, die erfundenen und erlebten Geschichten aufs Wundersamste zu einer großen Menschheitsgeschichte zusammen. Auch dafür ist das Erzählen gut, ohne Erzählen gäbe es auch sie nicht. Aber man sollte bei allem Erzählen eines nicht vergessen, dass der Erzähler immer auch einen guten Zuhörer braucht. Ohne gute Zuhörer gäbe es nämlich auch keine guten Erzähler.

DAS BUCH DER BÜCHER

Die Bibel mit ihrem Alten und Neuen Testament, mit der Geschichte des Volkes Israel und der Geschichte des Lebens Jesu, ist das Grundlagenwerk der jüdischen und christlichen Religion. Und auch die Bibel ist eine Sammlung von Geschichten und Abenteuern, die erst mündlich erzählt und dann in verschiedene schriftliche Fassungen gebracht wurden. Die Bibel ist der größte Bestseller aller Zeiten, das meistverkaufte Buch also. Es wurde in 2287 Sprachen übersetzt.

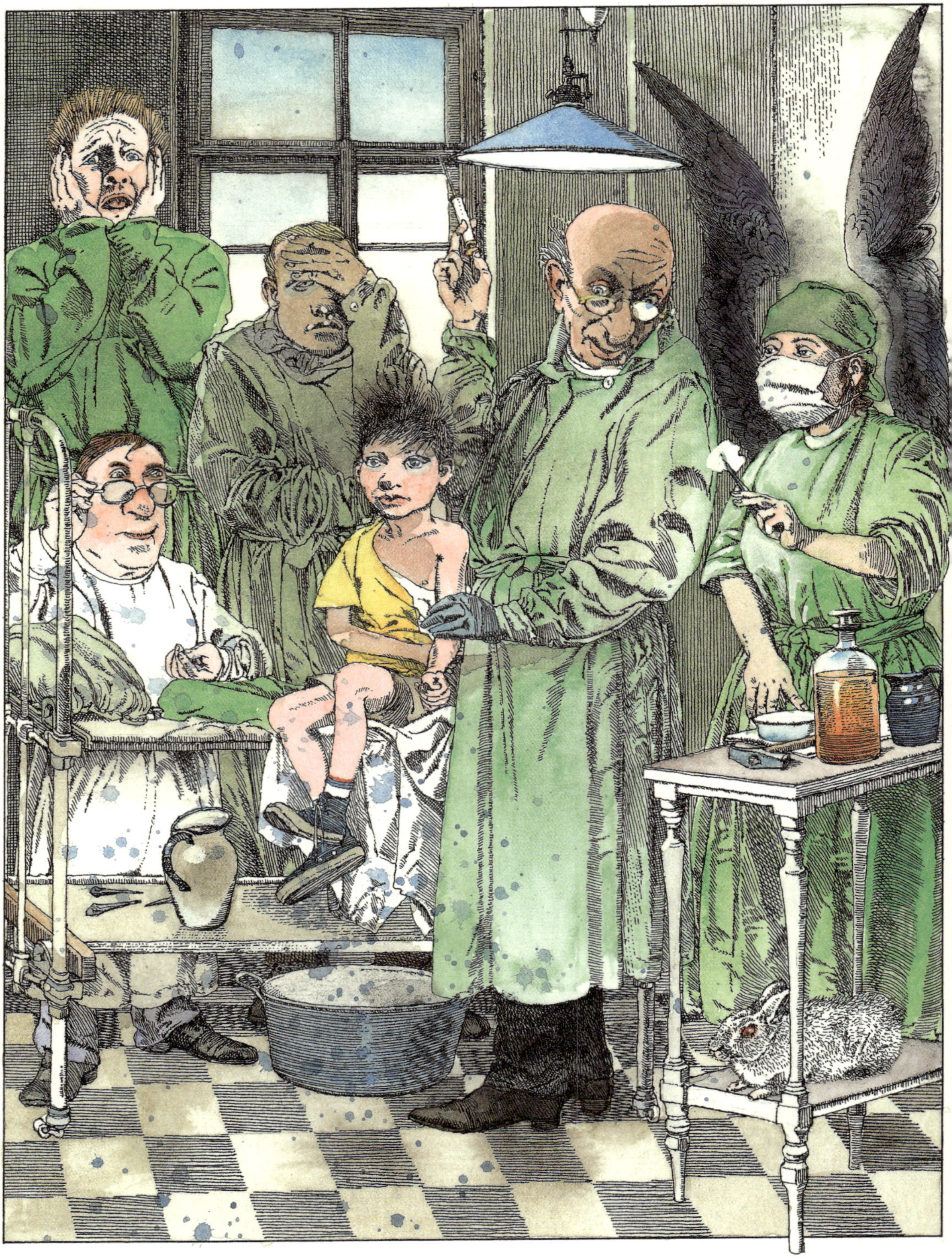

Warum können Ärzte heilen?

»Du spürst jetzt gleich einen kleinen Pieks«, sagt der Doktor, während er die Flüssigkeit in die Spritze zieht. Und tatsächlich spürst du nun den kleinen Pieks. Nicht hingucken, denn sonst siehst du die Nadel in der Haut stecken! Wenn der Arzt die Spritze rauszieht, bleibt ein Blutstropfen auf deinem Arm zurück. »Hat es wehgetan?«, fragt er. Du schüttelst tapfer den Kopf und denkst heimlich, wie furchtbar es doch war. Indianer kennen nämlich durchaus Schmerz, sie bekennen sich nur nicht dazu. Was hat dir der Arzt eben noch erzählt? Dass dieser kleine Pieks eine der ganz großen Erfindungen der modernen Medizin ist! Aber musste diese Erfindung ausgerechnet in deinem Arm stecken?

Über den Arztberuf, seine Veränderung und Entwicklung im Laufe von Jahrhunderten sprach Dietrich Niethammer in seiner Kinder-Uni-Vorlesung. Der Medizinprofessor und Direktor der Tübinger Kinderklinik weiß viel darüber. Aber er kennt auch die Grenzen der ärztlichen Kunst. Ärzte können zwar vieles heilen, doch manchmal sind sie einfach machtlos. Dann versucht der Arzt seinen Patienten zu trösten, und manchmal tröstet der Patient dann auch den Arzt. Uns half der Mediziner mit Rat und Anregungen bei diesem Kapitel.

Der Arzt hat gesagt, diese Spritze schützt vor Wundstarrkrampf, und Wundstarrkrampf sei eine gefährliche Sache. Da bekommt man furchtbare Kopfschmerzen und Muskelkrämpfe, man kann möglicherweise nicht mehr sprechen und dann auch nicht mehr atmen. Fast die Hälfte der Erkrankten stirbt daran. Und weil man nie weiß, zu welcher Hälfte man gehört, ist es besser, man schützt sich vorher und bekommt die Krankheit gar nicht erst. Schon die Babys werden heute gegen Tetanus geimpft, und danach wird die Impfung immer wieder aufgefrischt. Das eben war der Pieks in deinem Arm.

Wie man dem Wundstarrkrampf vorbeugen kann, das weiß man erst seit ungefähr hundert Jahren. Den Wundstarrkrampf selbst gibt es viel länger. Man kannte ihn schon in der Antike, damals gab man ihm den Namen Tetanus. Beschreiben konnte man die Krankheit auch schon sehr genau, aber mehr konnte man nicht gegen sie tun. Das kam erst vor hundert Jahren, damals fand man heraus, dass Tetanus von winzigen Bakterien hervorgerufen wird – von Erregern, die in der Erde vorkommen.

Wenn man sich also bei der Gartenarbeit in die Hand schneidet und das Erregergift gerade in der Nähe ist, dringt es in den Körper ein und macht sich auf den Weg in die Nervenzentrale, das Rückenmark, das in der Wirbelsäule sitzt. Um den Bakterien diesen Weg zu versperren, musste man erst einmal eine wichtige Sache herausfinden: dass man den Körper nämlich vor einem Gift schützen kann, indem man ihm den Krankmacher in einer abgeschwächten und für den Körper ungefährlichen Form spritzt. Mit dem Pieks und der Flüssigkeit, die durch die dünne Nadel in den Körper dringt, werden seine Abwehrkräfte alarmiert. Falls die Bakterien in den Körper eindringen, arbeiten sie wie Rausschmeißer in der Disco.

Auf so eine Idee muss man erst einmal kommen: Man schützt den Körper, indem man seine Abwehrkräfte austrickst. Diese Kräfte können nämlich nicht zwischen einem bösen Erreger und seinen schwächeren Verwandten unterscheiden. Schickt man die Verwandten los, bildet der Körper genau die gleichen Rausschmeißer oder Antikörper, die er auch gegen den gefährlichen Erreger aufmarschieren lässt. Für diese Rausschmeißer sehen die Übeltäter genauso aus wie ihre etwas freundlichere Verwandtschaft. Die Abwehrkräfte sind also ein bisschen dumm, und sie sind sehr haltbar. Wenn sie erst einmal da sind, bleiben sie auch eine Weile. Ziehen sie sich langsam zurück, braucht man die nächste Auffrischungsimpfung.

Diese Überlistung richtig hinzukriegen ist schon eine großartige Leistung, und die Mediziner haben dafür recht lange gebraucht. In der Antike hatte man die Sache zwar schon im Ansatz durchschaut, man beobachtete nämlich, dass Pestkranke, die die Krankheit überlebt hatten, nicht wieder angesteckt wurden. Ihre Körper hatten ebenjene Antikörper gebildet, somit war selbst eine so heimtückische Seuche wie die Pest machtlos. Allerdings waren die Ärzte längst nicht so weit, dass sie mit einer Spritze Krankheiten ausstechen konnten.

Impfen ist jedoch kein Heilen. Impfen ist schneller als Heilen, es beugt der Krankheit vor. Manchen Krankheiten kann man aber auch vorbeugen, indem man gesunde Sachen isst, Sport macht und die natürlichen Abwehrkräfte des Körpers stärkt. Mit einer Spritze geht es dagegen ganz gezielt gegen be-

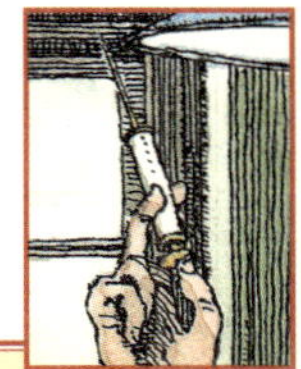

AKTIVE UND PASSIVE IMPFUNG

Aktive Impfung könnte es ja wohl aus der Sicht des Doktors, des Pieksgebers, heißen und passive aus der Sicht des Patienten, des Pieksempfängers. Ist aber nicht so. Eine aktive Impfung bedeutet, dass die Spritze einen Stoff enthält, der dafür sorgt, dass im Blut Antikörper gebildet werden. Bei der passiven Impfung werden die Antikörper direkt gespritzt. Die Passivimpfung ist nur kurzfristig wirksam.

ANTIKÖRPER

Antikörper bestehen aus Eiweißstoffen. Der Körper bildet sie, wenn er von Krankheitserregern oder körperfremden biologischen Stoffen angegriffen wird. Die Antikörper, die das Blut und die Gewebeflüssigkeit als Transportmittel benutzen, sind die wichtigsten Abwehrkräfte des Körpers. Sie können die fremden Eindringlinge unschädlich machen und zerstören.

stimmte Krankheiten; dazu muss man dann mehr wissen als nur ihren Namen, man muss den Erreger kennen und wissen, wie, wo und warum jemand erkranken könnte.

Wie kam ein entzündeter Blinddarm durch die Jahrhunderte?

Mit den Krankheiten ist das gar nicht so einfach. Man kann nämlich nicht sagen: Ich habe Fieber, also bin ich an Fieber erkrankt. Fieber ist eine Begleiterscheinung vieler völlig unterschiedlicher Erkrankungen. Oft ist nur sehr schwer herauszufinden, was hinter dem Fieber steckt oder hinter Kopfschmerzen und warum zum Beispiel ein Bauch wehtut. Schauen wir uns den Bauch mal näher an. Er kann wehtun, weil zuviel Pommes und Cola in ihn hineingestopft wurden, er kann auch wehtun, weil er erst ganz viele Kirschen und dann noch ein paar Tüten Brausepulver obendrauf bekam, auch wegen eines verdorbenen Essens kann er wehtun. Er kann wehtun, weil sein Besitzer nicht in die Schule gehen will oder etwas ausgefressen und nun furchtbare Angst vor Strafe hat. Manchmal ist es aber auch ganz anderes. Der Bauch kann leider nicht sagen, was mit ihm ist. Beim Hineinhorchen gibt er vielleicht ein lautes Grummeln oder Rum-

peln und Pumpeln von sich, aber noch nie hat ein Bauch zu seinem Besitzer gesagt: »Aua, mein Blinddarm ist entzündet, und wenn er nicht bald entfernt wird, wird er platzen, und das wird dir gar nicht gefallen.«

Der Bauch also schweigt und schmerzt und ist darauf angewiesen, dass jemand die Zeichen oder Symptome, die er aussendet, versteht. Wir haben es in diesem Fall leichter, wir haben nämlich von vorneherein einen entzündeten Blinddarm zum Übeltäter erklärt. Die Warnsignale, die er ausschickt, sind Schmerzen irgendwo im Bauch, sowohl oberhalb als auch unterhalb des Bauchnabels, dazu Übelkeit von leicht bis schwer, mit oder ohne Erbrechen und vielleicht noch eine erhöhte Körpertemperatur oder ein leichtes Fieber.

Viele Jahrhunderte tappten die Ärzte bei einer solchen Entzündung völlig im Dunkeln. Sie hatten noch keine Ahnung, was die Ursache dieser Art von Bauchschmerzen, Übelkeit und Fieber sein konnte. Allerdings taten sie oft so, als wüssten sie Bescheid. Je nachdem in welchem Jahrhundert der entzündete Blinddarm sein Unwesen trieb, wurde ihm diese oder jene Behandlung zuteil. Vor vielen tausend Jahren hätte man sicher nicht an einen entzündeten Blinddarm als Ursache der Schmerzen gedacht, näher lagen böse Dämonen, die vom Kranken Besitz ergriffen. Man verstand damals von Dämonen mehr als von entzündeten Blinddärmen. Medizinmänner versuchten diese bösen Kräfte zu beschwören und abzuwehren. Nur konnten sie das nicht so gut wie die erst sehr viel später entdeckten Antikörper. Die Dämonen-Abwehr der Medizinmänner bestand aus Tänzen, Tieropfern und Talismanen, also Glücksbringern für den Kranken.

FIEBER

Wenn die Körpertemperatur bei 36 oder 37 Grad liegt, hat man kein Fieber. Wenn sie steigt, spricht man von erhöhter Temperatur und ab 38 Grad von Fieber. Wenn man Fieber hat, kämpft der Körper mit Krankheitserregern. Mit welchen, weiß man dann noch nicht. Das Fieber zeigt nur an, dass der Körper sich wehrt. Mit dem Temperaturanstieg beschleunigt er das Tempo seiner Abwehrkräfte.

ASKLEPIOS UND ÄSKULAP

Aus dem griechischen Gott der Heilung, Asklepios, wurde bei den Römern Äskulap. In den Darstellungen wird er mit einem Stab gezeigt, um den sich eine Schlange ringelt. Kein gutes Haustier für einen Heiler? Die Schlange hatte keineswegs einen so schlechten Ruf wie heute. Sie stand für Klugheit und Vorhersagung. Der Stab mit der Schlange ist noch heute das Zeichen der Ärzte.

Später dann, als die Menschen in einigen Gegenden der Welt sesshaft geworden waren, wurden auch mehr Krankheiten in ihnen sesshaft. Das kam daher, dass es noch keine Toiletten gab, in denen die Ausscheidungen auf Knopfdruck verschwanden, und auch daher, dass die Menschen nun auf engem Raum mit Tieren zusammenlebten.

Sowohl im alten Irak, die Region hieß damals Mesopotamien, als auch im alten Ägypten gab es ein Dreierteam aus Hellsehern, Priestern und Ärzten, das für die Heilung Kranker zuständig war. Es setzte alle Mittel ein: Magie, Religion und Heilkräuter. Im antiken Griechenland mit seinen vielen Göttern, die ja, wie wir wissen, so viele Aufgabengebiete hatten wie Sachbearbeiter in einer Stadtverwaltung, war vor allem Asklepios, Sohn des Apollons, fürs Medizinische da. Seine Tempel waren eine Art Hospital. Von überall her pilgerten Kranke dorthin und schlugen hier ihre Krankenlager auf. Sie hofften, nachts im Traum einen Wink von Asklepios zu bekommen und zu erfahren, wie es mit ihnen wieder aufwärts gehen könnte.

Besonders gute Heilungsaussichten für entzündete Blinddärme gab es in all diesen Zeiten gewiss nicht. Schwer vorstellbar ist auch, dass heutige Krankenkassen die Kosten solcher Behandlungen übernommen hätten. Nichts als Gesundbeterei, würde man verächtlich dazu sagen. Vielleicht hätte die reine Vorstellungskraft unserem Kranken ja wieder zu neuer Gesundheit verholfen, aber wahrscheinlicher ist, dass der Blinddarm gereizt geblieben und die Sache nicht gut ausgegangen wäre für seinen Besitzer oder seine Besitzerin.

Wie ging es in späteren Zeiten mit dem Blinddarm weiter? Mal verabreichte man ihm verschiedene

Kräuter wie Wermut und Salbei, deren Einnahme den Blinddarm aber nicht von seiner Entzündung heilte, mal riet man, den Körper warm oder kalt zu halten. Man gab ihm Wein, Abführmittel, Olivenöl oder Quecksilber. Ein andermal war man der Meinung, die Ursache allen Bauchschmerzes sei, dass der Körper zuviel Blut enthalte, also zapfte man ihm einiges davon ab. Aderlass nannte man das, und man konnte viel falsch machen dabei. Im 16. Jahrhundert diskutierte man ausgiebig, auf welcher Seite des Körpers dieser Aderlass vorzunehmen sei. Am besten auf der Seite, auf der auch der Schmerz saß. Oder nicht doch auf der gegenüberliegenden? Eine andere Methode, das Blut zu verringern, war eine Blutegel-Behandlung. Noch so ein Allheilmittel war der Einlauf, eine Darmspülung mit Klistier, das war so eine Art Supersoaker oder Wasserspritze, die am Po angesetzt wurde.

BLUTEGEL

Besonders zu Beginn des 19. Jahrhunderts wurde die Blutegel-Behandlung große Mode. Allein im Jahr 1837 sollen 33 Millionen Blutegel nach Frankreich eingeführt worden sein. Der Blutegel ist ein blutsaugender Wurm, der sich von vier auf 15 Zentimeter aufpumpen kann, wenn er vom Körper anständig ernährt wird. Kranke bekamen bis zu fünfzig Blutegel auf den Leib gesetzt, womit sie dann aussahen wie von einer roten Beulenseuche befallen.

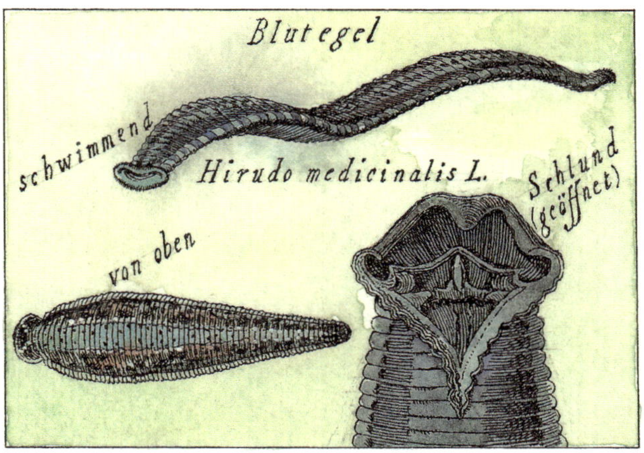

Erstmals im 16. Jahrhundert wurde der Auslöser unserer Schmerzen, die Blinddarmentzündung, an einem Toten entdeckt. Aber noch einmal zweihundert Jahre vergingen, bis sie von einem Arzt am lebenden Patienten wahrgenommen wurde. Im Jahr

1880 war es dann so weit: Endlich rückte man dem Entzündungsherd zu Leibe. Es kam zur ersten Blinddarm-Operation in England. Sieben Jahre später gab es auch in den USA schon regelmäßige Operationen. In den zwanziger und dreißiger Jahren des 20. Jahrhunderts kamen die Blinddärme zuhauf unters Messer. Schon beim kleinsten Entzündungszeichen wurde operiert. Das hat sich mittlerweile wieder geändert, die Untersuchungsmethoden sind deutlich besser geworden. Ob eine Operation nötig ist oder nicht, lässt sich aber immer noch nicht mit letzter Sicherheit vorhersagen. Wird ein entzündeter Blinddarm zu spät erkannt, kann er für den Patienten zwar gefährlich werden, aber tödlich endet er nur selten.

Was erwarteten die Patienten und was erwartete sie?

Wie sagte der Doktor noch gleich? »Du spürst jetzt einen kleinen Pieks!«, und dann setzte er die Spritze an. Was hätten die Ärzte früher nicht alles ihren Patienten zu sagen gehabt? »Vorsicht, gleich werden die Schmerzen noch viel, viel schlimmer. Ich werde dir nämlich heißes Öl in die Wunde gießen.« Oder: »Bitte halte mal deinen Kopf ruhig, ich muss ihn dir jetzt aufmeißeln.« Und wie wäre es mit dieser Folter: Zange ansetzen und einen entzündeten Zahn aus dem Kiefer ziehen. Es gibt schaurige Berichte von Operationen, die Patienten am lebendigen Leib, bei wachem Bewusstsein und vollem Schmerzempfinden durchmachten. In früheren Zeiten mussten Kranke, jedenfalls wenn sie sich unters Messer begaben, wahre Höllenqualen aushalten. Denn Betäubungsmittel gab es noch keine.

Moment mal, wir kennen aber doch diese Operationen im Western-Look! Auf der Stirn des Cowboys perlt der kalte Schweiß. Seine Augen sind zu schmalen Sicheln zusammengekniffen. In seinem Oberarm steckt eine 45er-Kugel. Der Cowboy greift mit letzter Kraft zur Flasche, entkorkt sie mit den Zähnen, spuckt den Korken in weitem Bogen aus, knurrt noch ein »An die Arbeit, Doc!« und schüttet den Whisky in sich hinein. Nun nimmt der Doc das Messer, hält es kurz über die Flamme und schneidet die Kugel aus dem Arm des Cowboys. Dabei hören wir den Patienten laut oder unterdrückt stöhnen. Wir ahnen also, dass Alkohol sich für Operationen nur bedingt eignet. Er benebelt zwar den Kopf, betäubt aber nicht die Nerven. Auch wenn man es immer wieder versuchte: Alkohol war kein geeignetes Mittel zur Betäubung von Schmerzen.

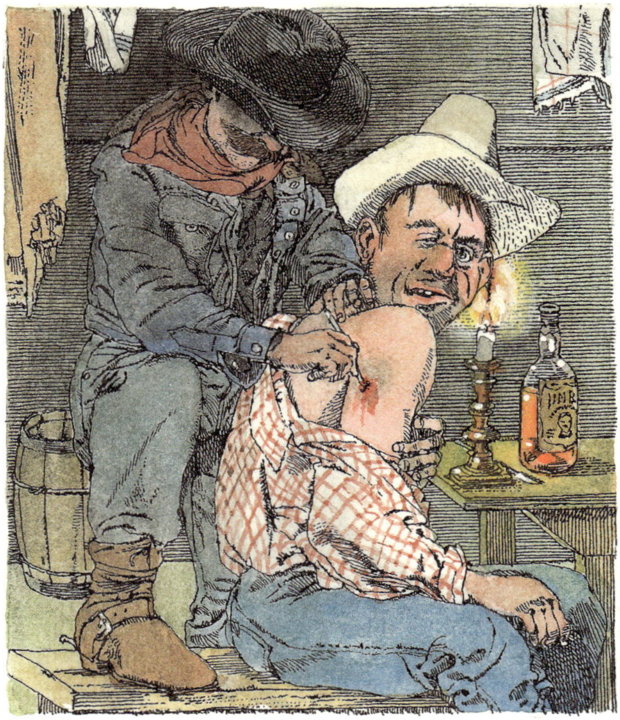

In der ersten Hälfte des 19. Jahrhunderts gelang es den Ärzten endlich, brauchbare Betäubungsmittel zu finden und sie auch in der richtigen Dosis einzusetzen. Nicht selten probierten sie es zunächst an sich selber aus, ließen sich von Assistenten gesunde Zähne ziehen oder während der Betäubung oder Narkose mit Nadeln pieksen, um zu prüfen, ob ein Mittel auch wirklich schmerzfrei machte. Zwei amerikanische Zahnärzte brachten den Durchbruch für die Anästhesie, also für das medizinische Fachgebiet, das sich speziell mit Narkose beschäftigt. Der eine, Horace Wells, bekam seine Anregung an einem Ort, an dem heute für einen Wissenschaftler kaum etwas zu holen ist: dem Zirkus. Im 19. Jahrhundert vertrugen sich jedoch wissenschaftliche Neuheiten, Sensationen aus dem Reich der Natur noch mit dem Jahrmarkt- und Zirkusrummel. So hatte der Zahnarzt Wells einen Lachgaszirkus besucht. Dort beobachtete er, wie einer der Mitwirkenden im ausgelassenen Treiben sich verletzte, aber unter dem Gaseinfluss offensichtlich keinen Schmerz empfand.

Nach dem Lachgas kam die Äthernarkose, ihr Entdecker, ein anderer Zahnarzt, William Thomas Green Morton, baute auch gleich einen Inhalationsapparat dazu. Von nun an wurden die Narkosemittel immer besser und immer gezielter zur lokalen Betäubung angewandt.

LACHGASPARTYS

Dass Erwachsene bei Partys Bier oder Wein oder Sekt trinken, um sich in ausgelassene Stimmung zu versetzen, ist nichts Neues. Aber dass sie auch eine Weile lang Lachgas aufs Buffet stellten, kann man nur schwer verstehen. Das süßlich riechende Stickoxydul war in der ersten Hälfte des 19. Jahrhunderts ein Partyhit. Man atmete es ein, dann wurde einem schwindlig, man war wie stockbetrunken und spürte keinen Schmerz. Auch herumfahrende Schausteller nutzten das neue Zaubermittel für ungewöhnliche Nummern.

Was waren das früher nur für komische Ärzte?

Dass die Patienten keinen Schmerz mehr spürten, brachte vor allem die Chirurgie nach vorne. Die war bis dahin von den Ärzten nie richtig anerkannt worden. Die Chirurgen waren fürs Praktisch-Handgreifliche zuständig, die Ärzte sahen sich dagegen als Gelehrte oder Wissenschaftler. Die Chirurgen waren wahre Tausendsassas, sie behandelten nämlich nicht nur Wunden, ließen zur Ader, renkten Glieder wieder ein oder schnitten sie ab, sie schnitten obendrein noch Bärte oder Haare. Operationssaal und Haarsalon waren in einer Stube. Da wird man heute allein schon bei dem Gedanken krank. Selten dürfte jedoch einem Patienten neben dem eingeseiften Barbier-Kunden der Bauch aufgeschnitten worden sein.

Operationen im Körperinneren waren die große Ausnahme. Die Ärzte und Chirurgen wussten deshalb erstaunlich wenig darüber, wie es im Inneren eines Menschen aussah. Sie konnten sich die Kenntnisse nicht beim Aufschneiden von Leichen erwerben. Die Kirche verbot Leichensektionen wie eine Gotteslästerung. Im 16. Jahrhundert begann jedoch die wissenschaftliche Neugier über das religiöse Verbot zu siegen. An den italienischen Universitäten entstanden die ersten anatomischen Theater. Das waren Hörsäle, in denen die Professoren den Bau des menschlichen Körpers, also die Anatomie, vorführten, indem sie Leichen zerteilten.

Mediziner kamen nur schwer an tote Körper heran. Die Nachfrage war so groß, dass sich Verbrecher auf Grabraub spezialisierten, also die Leichen heimlich aus ihren Gräbern holten. Die Wüstesten unter ihnen kürzten das Verfahren ab und besorgten sich ihre Leichen im Lebendzustand, um sie sodann in den Leichenzustand zu versetzen. Im 19. Jahrhundert wurden der Wissenschaft gesetzlich die Leichen von Straftätern, Häftlingen und Waisenkindern garantiert, eben all jenen, um deren Beerdigung sich niemand kümmerte.

GEBURTSHILFE

Jedenfalls kamen die Kinder nicht im chirurgischen Friseursalon auf die Welt. Die Geburtshilfe war lange Zeit den Hebammen vorbehalten, und die kamen zu den Gebärenden nach Hause.

ANATOMISCHES THEATER

1594 wurde das erste Anatomische Theater in Padua nach dem Vorbild der römischen Amphitheater gebaut. Das Publikum saß auf kreisförmig angeordneten, aufsteigenden Rängen. Im Zentrum stand der Sektionstisch mit der Leiche. Die Sektionen, also Schnitte, waren nicht nur für das Fachpublikum, Ärzte, Chirurgen und Medizinstudenten, gedacht. Wer zugucken wollte, musste allerdings wie im Kino Eintrittsgeld bezahlen.

Hatten die Ärzte überhaupt einen Doktor?

Heute gibt es eine Menge Lehrbücher für Mediziner. Darin können sie nachschlagen, was es bedeutet, wenn es einen dauernd juckt, und was, wenn

DER DOKTOR

Einen Doktortitel kann man an der Universität in vielen Fächern bekommen, aber mit keinem Fach ist der Doktor so eng verbunden wie mit der Medizin. Man sagt ganz selbstverständlich »Frau Doktor« oder »Herr Doktor« zu Ärztin oder Arzt. Ursprünglich war der Doktortitel die Erlaubnis, an der Universität zu lehren, doch bei den Medizinern wurde er sehr bald zur Voraussetzung für die praktische Arbeit als Arzt. Der Doktortitel sollte anzeigen, dass der Arzt kein Quacksalber war, sondern studiert hatte. Die Quacksalber reagierten darauf, indem sie sich ebenfalls Doktortitel verliehen. Eigenmächtig, versteht sich.

jemand dunkelgelben Urin pinkelt. In Anatomiebüchern lassen sich naturgetreue Darstellungen des Knochenbaus und des Blutkreislaufs, der Nervenbahnen und der Atmungsorgane finden, und man weiß inzwischen nicht nur, dass der Mensch keine Pflanze ist, sondern auch sehr genau, worin er sich von ihr unterscheidet. Man kann auch sagen, ohne dass irgendjemand beleidigt sein muss, dass der Mensch große Ähnlichkeit mit der Ratte und noch mehr Ähnlichkeit mit dem Schwein hat. Beide Tiere würde man nicht unbedingt äußerlich mit unsereins verwechseln, aber deren Krankheiten und Reaktionen auf Heilmittel ähneln den unsrigen sehr wohl.

Man weiß heute soviel über den menschlichen Körper und seine Krankheiten, dass es sehr lange dauert, bis aus einem Medizinstudenten ein fertiger Arzt geworden ist. Zumal der Arzt auch noch eine Ausbildung als Spezialarzt oder Facharzt machen kann, es also noch mal mehr Zeit braucht, bis jemand am Auge operieren oder als Herzspezialist eine Praxis aufmachen darf. Um die zehn Jahre und länger kann das dauern. Ein Arzt muss heute sehr viel wissen, weil seine Wissenschaft, die Medizin, eben auch sehr viel weiß. Es gab zwar schon in früheren Zeiten dicke Arznei-Bücher zur Behandlung von Krankheiten, aber es gab keine Regel, die besagte, jeder Arzt muss diese Bücher gelesen haben und bestimmte Dinge wissen, bevor er sich einem Patienten nähern darf.

Das medizinische Wissen, die Behandlungsmethoden und das Verhalten am Krankenbett guckte man sich von einem Lehrer ab, und der hatte es wiederum von seinem Lehrer. Dabei gab es ein paar große und berühmte Lehrer, deren Wissen lange Zeit die Medizin bestimmte, weil sie es in Büchern aufgeschrieben hatten. Einer davon war der Grieche Hippokrates, der auch für heutige Ärzte noch eine Rolle spielt. Das Gelöbnis, das jeder Arzt ablegt, bevor er zu praktizieren beginnt, erinnert immer noch stark an den Eid des Hippokrates.

In anderer Beziehung orientieren sich die modernen Mediziner jedoch nicht mehr an Hippokrates. Seine Körpersäfte-Lehre ist nicht auf dem neuesten Stand der Wissenschaft. Nach Hippokrates gab es vier Arten von Säften im menschlichen Körper. Das Blut, die gelbe und die schwarze Galle und der Schleim. Diese Säfte hielten sich in gesundem Zustand in einem natürlichen Gleichgewicht, wenn aber eine der Flüssigkeiten überhand nahm, dann wurde der Mensch krank. Da lange Zeit das liebste Heilmittel der Ärzte war, Patienten zur Ader zu lassen, also Blut abzuzapfen, kann man sich denken, welche Flüssigkeit nach Meinung der Ärzte oft zu reichlich vorhanden war.

Die 4-Säfte-Lehre des Hippokrates war natürlich eine abenteuerliche Idee, und – auch wenn die Aderlass-Behandlung manchmal kurzfristig Erleichterung verschaffte – sie war nicht zum Vorteil der Patienten. Trotzdem enthielt die Saft-Medizin auch etwas Modernes, denn nach ihrem Verständnis war nicht ein Dämon an der Krankheit Schuld, die Krankheit hatte ihre Ursache im Körper selber. Allerdings war es den Ärzten damals fast unmöglich, den Krankheitsherd zu bestimmen. Die ärztliche Kunst bestand vor allem darin, einzuschätzen, wie schlimm eine Krankheit war und ob sie voraussichtlich zum Tode führen werde. Ein guter Arzt war also einer, dessen Vorhersagen eintrafen, egal wie viele seiner Patienten starben. Man stelle sich diese Auffassung vom Arztberuf auf einer Krebsstation von heute vor!

HIPPOKRATES

HIPPOKRATES

lebte 460 bis 377 v. Chr. auf der griechischen Insel Kos. Er hinterließ mehr als siebzig dicke Medizinbücher, die er vermutlich nicht alle selber geschrieben hat. Sie wurden wohl noch nach seinem Tod in seinem Sinne weitergeführt und von seinen Schülern ergänzt. Hippokrates hatte schon eine moderne Auffassung von Krankheiten: Er sah die Krankheit als eine gestörte Harmonie des Körpers. Am besten, so fand er, beugte man ihr vor mit richtiger Ernährung, Bädern und anderen wohltuenden Anwendungen.

EID DES HIPPOKRATES

Dieser Schwur enthält einige bemerkenswerte Sätze. Schon der antike Arzt gelobte sein Wissen nur zum Wohle und nicht zum Schaden des kranken Menschen einzusetzen – offensichtlich war das keine Selbstverständlichkeit. Ebenso hatte der Arzt der Verlockung, jemanden zu operieren, abzuschwören. Das eben sollte er den Chirurgen überlassen. Auch das Arztgeheimnis ist in diesem Schwur enthalten und das Versprechen, für den eigenen Lehrmeister zu sorgen, wenn er alt ist oder Not leidet.

In Zeiten, in denen Ärzte jedoch nur wenige Krankheiten besiegen konnten, zeigten sie damit ihr Wissen und ihre Erfahrung im Umgang mit Kranken. Wichtig war allerdings, dass sie dieses Wissen gegenüber dem Patienten nicht ausnutzten. Der Mediziner war zu menschlichem und ehrbarem Verhalten verpflichtet. Er war ein besonderer Ehrenmann.

Viele Jahrhunderte lang lag das Wissen, das die Ärzte im Altertum zusammengetragen hatten, aber brach, denn der christliche Glaube lehrte die Menschen, die Krankheiten als Strafe oder als Prüfung Gottes anzusehen. Der Tod war nur für diejenigen schrecklich, die sich auf Erden mies und schweinisch verhalten hatten. Alle anderen hatten ja nichts zu befürchten. Sie konnten sich aufs Himmelreich freuen. Schlechte Zeiten also für die Medizin, sie fand bei Juden und Muslimen Zuflucht und entwickelte sich hier weiter.

Von den Besichtigungen, zu denen einen die Eltern in den Ferien verdonnern, hat mancher vielleicht eine Ahnung davon mitgebracht, dass an mittelalterliche Klöster oft Hospitäler angeschlossen waren. Wozu waren die denn gut, wenn nicht zur Heilung von Kranken? Womöglich arbeitete man hier klammheimlich gegen den Willen Gottes an? Nein, man konnte hier sogar mit allerhöchster Erlaubnis Kranke pflegen. Jeder Christ war schließlich zu mildtätigem Verhalten gegenüber Armen, Kranken und Notleidenden verpflichtet, schon um des eigenen Seelenheils willen. Und so hielten die Klöster Notbetten für Notfälle vor, manche hatten sogar schon etwas komfortablere Krankenstuben. Behandelt und gepflegt wurden die Kranken dort von den Mönchen und Nonnen mit Heilmitteln aus den Kräutergärten.

Gegen Ende des Mittelalters erlebte die Medizin wie viele andere Wissenschaften einen kräftigen Aufschwung. In einigen Städten hatten sich Universitäten gebildet. Und bald musste, wer als Arzt praktizieren wollte, ein Medizinstudium absolvieren. Dabei las man wieder die antiken Schriften und bekam vom Universitätslehrer, einem Mediziner mit Doktortitel, die praktischen Erläuterungen dazu in den Rängen der Anatomischen Theater. Diese Vorlesungen wurden nicht nur von Studenten, sondern auch von städtischen Honoratioren besucht. Nach vier, fünf Jahren des Studiums konnten die Studenten den Doktortitel erwerben. Sie mussten vor einer Reihe von Doktoren einen Vortrag halten und auch in der Diskussion eine gute Figur abgeben. Nach den Prüfungen bekam man einen Hut, einen speziellen Ring und ein Buch überreicht.

Noch im 16. und 17. Jahrhundert hatten die Ärzte sehr wenig gegen Krankheiten in der Hand. Zwar knüpften sie wieder an die anatomischen Studien der Antike an, aber wie die einzelnen Organe zusammenwirken, darüber wussten sie noch wenig. Alles, was der Körper ohne Aufschneiden hergab, wurde auf Teufel komm raus untersucht. Eine Flüssigkeit war dafür besonders geeignet: der Urin. Das Uringlas wurde zum Aushängeschild und Erkennungszeichen der Ärzte. In den Praxen philosophierte man viel über Farbe und Beschaffenheit der Ausscheidungen. Alles, was man finden wollte, fand und hatte man im Urin. Selbst über das Temperament eines Menschen konnte er Auskunft geben.

Man kann sich vorstellen, dass bei so vielen Deutungsmöglichkeiten manche der damaligen Ärzte die hilflose Situation ihrer Patienten ausnutzten. Man nennt solche Ärzte noch heute Quacksalber.

DIE MITTELALTERLICHEN KLOSTER-HOSPITÄLER

waren keine Orte für Wohlhabende oder für Patienten im heutigen Sinne. Es waren Zufluchtsstätten für die Armen. Bis ins 19. Jahrhundert hinein ging niemand mit ausreichendem Vermögen in ein Krankenhaus. Die reicheren Kranken wurden zu Hause gepflegt, denn in den Krankenhäusern gab es nicht die Fachärzte, die es heute dort gibt.

QUACKSALBER

kommt von »quaken«, also schnattern wie die Enten, und »zalver«, das heißt Salbenverkäufer. Man sieht also gleich, worauf es in diesem Job ankommt. Man sollte sich aufs Reden und aufs Verkaufen verstehen.

Der Quacksalber ist nicht gerade ein Ausbildungsberuf.

Dieser Beruf wurde meist von Personen gewählt, die noch nie eine Universität von innen gesehen hatten. Dafür konnten sie ihren Kunden jedoch tief in die Seelen schauen. Sie waren gewiss nicht dumm, sondern im Gegenteil hochbegabte Leute-Bescheißer. Da gab es Herren wie den Doktor Eisenbart, der die Leut', wie wir aus dem Lied wissen, auf seine Art kuriert. Oder es gab eine Gestalt mit dem klangvollen Namen Graf Alexandro von Cagliostro, der in Wirklichkeit ein einfacher Guiseppe Balsamo war und so erfolgreich durch die Gegend tingelte und betrügerte, dass sich sogar mehrere Dichter für ihn interessierten.

Gerade das 18. Jahrhundert war eine großartige Zeit für Quacksalber und Scharlatane. Es war eine Zeit der ungebremsten Wirkung von Spezialeffekten. Wenn es bei einer Vorführung piff und puff machte und qualmte und rauchte, ahnte das Publikum nicht, dass es dabei mit rechten, also naturwissenschaftlichen Dingen zuging. Die Menschen damals hatten eben noch keinen Blick in die Chemie- und Physik-Experimentierkoffer von heute werfen können. Sie konnten auch noch keine Vulkane basteln, hatten wenig Ahnung von bengalischen Feuern und glaubten an ein Wunder, wenn sich jemand erst in Brand setzte und gleich hinterher die Verbrennungen mit einer Zaubersalbe heilte. Die

selbsternannten Doktoren konnten hervorragend auf die Wunder- und Gutgläubigkeit ihres Publikums setzen. Und da nichts die Menschen so anfällig für Wunder macht wie ein Leiden, das sie täglich aushalten müssen, war für Scharlatane die Verkleidung als Arzt geradezu geschaffen.

Je mehr ein Publikum weiß, desto geringer sind die Chancen für solche medizinischen Gaukler. Ganz ausgestorben sind sie aber auch heute noch nicht. Man findet sie immer da, wo die ärztliche Kunst versagt, aber der Patient nach Lichtblicken und Hoffnungen sucht. Unheilbare Krankheiten sind auch heute noch ein gutes Feld für Wunderheiler.

Gab es früher die gleichen Krankheiten wie heute?

Bei Krebs denkt man immer, es handle sich um eine moderne Krankheit. Es gibt jedoch schon sehr frühe Hinweise auf Krebserkrankungen, zum Beispiel fand man in ägyptischen Mumien Krebsgeschwüre. Da die Menschen jedoch noch nicht so lange lebten und so viel rauchten, trat diese Krankheit längst nicht so häufig auf wie heute.

Andere Krankheiten, die in früheren Jahrhunderten fürchterlichen Schaden anrichteten, sind dagegen heute kaum noch verbreitet. Die Pest, eine der unheimlichsten Seuchen der Geschichte, ist nahezu ausgestorben. Im Spätmittelalter, in den Jahren zwischen 1347 und 1350 raffte sie jedoch, wie man schätzt, ein Drittel der gesamten europäischen Bevölkerung hinweg. Jeder versuchte, den Peststädten oder verseuchten Gegenden zu entfliehen, denn als

SCHÜSSE GEGEN PEST

Da ja, wie man glaubte, die Pest in der Luft lag, hielt man sich in der Bekämpfung dieser Krankheit vor allem an duftende Kräuter und das Ausräuchern von Kammern, in denen Pestkranke gelegen hatten. Man schoss sogar gegen die Seuche an. Kurz nachdem das Schwarzpulver erfunden worden war, glaubte man nämlich, mit seinem Rauch die Pestluft entgiften zu können.

Ursache der Seuche betrachtete man die Luft. Sie sei verpestet, und beim bloßen Einatmen stecke man sich schon an. Die Ärzte sahen bei ihren Krankenbesuchen aus wie schwarze Vögel. Sie trugen dunkle Ledergewänder und Masken mit dünnem Schnabel vor dem Gesicht. In dem Schnabel befand sich ein Duftfilter. So schützten sie sich vor der Pestluft.

Immer wieder wüteten neue Pestepidemien durch Europa. Ärzte, Priester, auch die mächtigsten Könige konnten nichts dagegen tun. Vor zirka dreihundert Jahren brach sie dann zum bisher letzten Male aus. Man hatte die Kranken immer strenger eingesperrt und von den Gesunden ferngehalten, das hatte weitere Ansteckungen verhindern helfen. Pestverhindernd wirkte wohl auch das Verschwinden der Hausratte. Ihre Flöhe hatten nämlich die Krankheit zum Menschen gebracht – aber das bekamen die Forscher erst sehr viel später mit, nämlich Ende des 19. Jahrhunderts. Die Ärzte haben zum Aussterben der Pest gar nicht so viel beigetragen können. Die veränderten hygienischen Verhältnisse, also die größere Sauberkeit in den Städten, sind eher dafür verantwortlich.

Es gab früher viele schaurige Krankheiten, von denen man sich heute nur deshalb ein Bild macht, weil man darüber in Büchern gelesen oder gruselige Filme gesehen hat. Lepra ist so eine Krankheit, die die Menschen nicht nur komplett verunstaltet, sondern zugleich einem langen Siechtum aussetzt. Das Einzige, was man mit Lepra-Kranken anzufangen wusste, war, sie wegzuschließen. Sie wurden aus den Städten verbannt und mußten mit Rasseln und Rätschen Lärm machen, um die Gesunden vor ihrem Erscheinen zu warnen. Was sollte man auch anderes

DIE MÖRDERGRIPPE

Die schlimmste Epidemie der Geschichte war eine Grippewelle, die nach dem Ersten Weltkrieg ausbrach und sich über die ganze Welt verbreitete. In nur zwei Jahren starben 60 Millionen Menschen daran. Auch heute noch gehört die Grippe zu den gefährlichsten Krankheiten, weil ihre Erreger, die Grippeviren, sich ständig wandeln können. Die Viren sind der Forschung damit oft einen Schritt voraus.

machen zu Zeiten, als schon die pure Nähe zum Kranken als ansteckend galt? Man ging eben von einer allgegenwärtigen Gefahr aus.

Pest und Lepra sind Seuchen, die für uns ihre Schrecken verloren haben. Andere Krankheiten, die die Menschen schon lange plagen, sind vielleicht geblieben, aber sie müssten heute nicht mehr lebensbedrohlich sein. In den reichen Ländern stirbt kein Kind mehr an Masern, Diphtherie oder Scharlach, in den armen Ländern leider immer noch. Mit Impfungen und Vorsorge kann man mittlerweile viele Krankheiten wirkungsvoll bekämpfen, andererseits sieht auch die Gegenseite, das Heer der Krankheitserreger, nicht tatenlos zu. Auch heute noch entstehen immer neue Krankheiten: Aids, Ebola und das Lassa-Fieber kannte man vor einigen Jahrzehnten noch nicht, und bislang fehlen wirkungsvolle Medikamente gegen sie.

Wie macht man den Körper durchsichtig?

Wir haben jetzt viel darüber gehört, warum die Ärzte machtlos waren und Krankheiten nicht heilen konnten. Andererseits ist die moderne Medizin aber auch sehr erfolgreich. Schließlich trägt sie zu einem erheblichen Teil dazu bei, dass die Menschen immer älter und gesünder werden, weniger Schmerzen haben und bessere Heilungschancen als in jeder anderen Zeit. Die alten Zustände zeigen jedoch, dass Heilung keine selbstverständliche Sache ist, auf die man jederzeit Anspruch hat. Denn nicht immer können Ärzte einen wieder gesund machen. Manchmal wäre es gut, man könnte am Datum drehen und zu einem Arzt der Zukunft gehen, der schon mehr weiß über eine heute noch nicht heilbare Krankheit. Doch solange es noch keine Überweisung zu solchen Zukunftsärzten gibt, muss man sich mit den heutigen begnügen.

Die Ärzte kennen heute viele Heil- und Diagnosemittel, von denen man vor hundert Jahren nur träumte. Wichtig für den Fortschritt der Medizin war vor allem, dass sie sich ein besseres Bild vom Körper, seinen Organen und deren Funktionen machen konnten. Dabei half die genaue Beobachtung und ein neues naturwissenschaftliches Denken und Experimentieren. William Harvey, Leibarzt des englischen Königs, experimentierte zu Beginn des 17. Jahrhunderts mit Tieren, bevor er ein Buch über die »Bewegung des Herzens« veröffentlichte. Harvey hatte etwas Unglaubliches herausgefunden: den Kreislauf des Blutes. Er rechnete aus, dass das Blut im Kreis herum durch den Körper fließen musste, weil der Blutausstoß des Herzens ansonsten in nur einer Stunde das dreifache Körpergewicht ausmachen würde. Wo bitte sollte das ganze Blut bleiben, wenn es sich nicht ständig im Kreis bewegte? Der Glaube an das Wundermittel Aderlass musste unter Harveys Entdeckungen leiden. Denn die Menge des Blutes – etwa fünf Liter sind im menschlichen Körper unterwegs – war als Krankheitsursache überschätzt worden.

Die Möglichkeit, in den menschlichen Körper hineinzugucken, schließlich auch innere Organe zu operieren, gab der Medizin viele neue Schübe und Ideen. Die Ärzte waren nicht mehr allein auf die Anschauung toter Tiere, die äußere Hülle und die Ausscheidungen des Menschen angewiesen. Auch dass der Arzt dabei nicht nur auf das bloße Auge vertrauen musste, sondern immer neue Hilfsmittel erfunden und entwickelt wurden, machte die Diagnose, also die Bestimmung der Krankheit, einfacher. Mit dem Mikroskop kann man heute die winzigsten Teilchen bis zu 100 000-fach vergrößern; aus einer kleinen Ameise könnte so, wenn man sie in dieser vergrößerten Form Teilchen für Teilchen zusammenfügte, ein tausend Meter großes Riesenmonster werden. Mit dem Mikroskop war überhaupt erstmals der Ausflug in die unbekannte Welt der Materie, des Mikrokosmos, möglich. Auch den Bausteinen sämtlicher Lebewesen, den Zellen, konnten sich Forscher nur mit Mikroskopen nähern. Mikroskope sind für viele Menschen lebenswichtig, mit ihnen kann man gutartige von bösartigen Gewebewucherungen unterscheiden.

Auch wenn die Ausstattung der Mediziner immer besser wurde, manchmal ist eine Entdeckung dennoch dem Zufall oder einer Pause zur rechten Zeit zu verdanken. So war es bei Alexander Fleming, dem Entdecker des Penicillins. Fleming hatte vor seinem Urlaub eine Bakterien-Probe im Labor stehen gelassen. Er hatte schlicht vergessen, die Versuchsschale zu reinigen. Als er zurückkehrte, sah er, dass sich in ihr Schimmelpilze gebildet hatten, die wiederum die Bakterien zerstörten. Das war 1928, das erste Antibiotikum war entdeckt und damit der Kampf gegen vielerlei Entzündungen gewonnen, an denen die Menschen früher gestorben waren.

Es ist kaum möglich, all die Wundermittel, über die die Medizin heute verfügt, aufzuzählen. Und jeden Tag liest man in der Zeitung von neuen, aufsehenerregenden Operationen. Kaum ein Organ, das nicht transplantiert, kaum ein Gewebe, das nicht durch künstliche Züchtung ersetzt werden kann.

MERKSATZ GEGEN ORDNUNGSHÜTER:

Ohne Unordnung und Schusseligkeit hätte Alexander Fleming nicht das Penicillin entdeckt! Also könnten doch auch unaufgeräumte Kinderzimmer für große Entdeckungen gut sein!

DIE DURCHBLICKER

Kaum waren die Röntgenstrahlen entdeckt, entzündete sich die Phantasie vieler Menschen an dieser Möglichkeit, durch Gewebe hindurchzugucken. Eine clevere Firma brachte Unterhosen auf den Markt, die garantiert keine Röntgenstrahlen durchließen. Die Unterwäsche, die vor den Blicken von Knochen-Liebhabern schützen sollte, müsste demnach aus Blei gewesen sein.

Ein wichtiger Weg zur Heilung ist die genaue Diagnose. Es wäre mühsam und gefährlich, wenn man einen Körper immer erst aufschneiden müsste, wollte man etwas über seine Leiden erfahren. Für das 19. Jahrhundert mit seinen vielen Lungentuberkulose-Kranken oder Schwindsüchtigen war das Stethoskop der große Wurf. Ein Arzt hatte bei der Untersuchung eines fettleibigen Patienten herausgefunden, dass sich sein Herz besser abhören ließ, wenn er eine Papierrolle zwischen Herz und Ohr hielt. Auch die Atmung und Fremdgeräusche im Brustkorb ließen sich so viel besser abhören. Aus den ersten starren Stethoskopen mit ihren zwei Trichtern wurde Mitte des 19. Jahrhunderts das Abhörgerät mit seinen zwei beweglichen Gummischläuchen und den Minitrichtern für jedes Ohr, wie wir es auch heute noch kennen.

Im 20. Jahrhundert setzte dann ein Physikprofessor namens Wilhelm Conrad Röntgen ein weiteres medizinisches Wunder in die Welt. Auch ihm half der Zufall. Als er eine Spezialleuchtröhre auf eine fotografische Platte richtete, durchleuchtete sie dabei die Hand seiner Frau, die die Platte hielt. Damit war der erste Schritt zur Erfindung des Röntgenapparates getan, der weiches Gewebe durchsichtig macht und hartes Gewebe, wie Knochen, sichtbar werden lässt.

Haut und Gewebe können den Ärzten den Blick ins Körperinnere nicht mehr verstellen. Mittlerweile können sie mit Ultraschall die Strampelbewegungen der Babys im Bauch der Mutter beobachten, mit der Kernspin- und Computertomografie den Körper Schicht für Schicht abbilden und Schäden an der Wirbelsäule so gut wie Erkrankungen des Gehirns oder des Nervensystems feststellen. Das Elektroenzephalogramm (EEG) misst die elektri-

BLEI GEGEN RÖNTGEN

Lange Zeit wurden die Röntgenstrahlen völlig unbekümmert eingesetzt. Noch in den fünfziger und sechziger Jahren durchleuchteten Schuhverkäufer die Füße von Kindern, um die richtige Größe festzustellen. Mittlerweile jedoch weiß man über die Risiken der Röntgenstrahlen Bescheid. Zu hohe Dosen der radioaktiven Strahlen können Krebs auslösen. Deshalb werden den Patienten schützende Bleischürzen über die Organe gelegt, die keine Strahlen abbekommen sollen. Über die Häufigkeit der Untersuchungen wird Buch geführt, es werden Röntgenpässe ausgegeben.

schen Ströme im Gehirn, das Elektrokardiogramm (EKG) misst die Herzbewegungen. In beiden Fällen bekommt der Arzt lange Papierbögen mit darauf aufgezeichneten krummen Linien in die Hand. Wer diese Sprache aus Kurven und Zacken gelernt hat, kann vieles daraus ablesen und eine genaue Diagnose stellen.

Warum ist das Händewaschen so wichtig?

Es gibt so viele Neuerungen in der Medizin des 19. und 20. Jahrhunderts, dass es beim besten Willen nicht gelingen kann, sie alle aufzuzählen. Wie wir schon gesehen haben, haben nicht nur Mediziner daran gearbeitet, auch viele andere Naturwissenschaftler leisteten wertvolle Hinweise bei der Fahndung nach Krankheitserregern und ihren erkennungsdienstlichen Verfahren. Dennoch war der medizinische Erfolg auch ganz entscheidend an eine heute in den reichen Ländern selbstverständliche Sache geknüpft: die Hygiene in den Krankenhäusern. Auch als die Chirurgen nicht mehr nebenbei Bärte rasierten und Haare schnitten, war die Bedeutung von Sauberkeit und Sterilität in den Krankenhäusern noch lange nicht klar. Ein junger Assistenzarzt, er hieß Ignaz Semmelweis, beobachtete in den vierziger Jahren des 19. Jahrhunderts in der größten Geburtsklinik der Welt, die damals in Wien stand, dass

SAUBER ODER REIN?

Aus der Werbung kennt man die Sprüche: Da ist etwas »sauber«, aber nicht »porentief rein«. Was sauber aussieht, muss nicht unbedingt sauber sein. In einer blitzeblanken Küche kann es nur so von winzig kleinen Krankheitserregern wimmeln. Erst wenn man etwas sterilisiert, also eine gewisse Zeit erhitzt oder unter Wasserdampf gesetzt hat, sind die Mikroorganismen abgetötet. Deshalb werden medizinische Instrumente oder auch Kittel sterilisiert. Die Hände kann man dagegen nur, zum Beispiel mit Alkohol, chemisch desinfizieren.

in der Entbindungsabteilung des Krankenhauses die Säuglingssterblichkeit bei drei Prozent lag. In einer anderen Abteilung, in der die Ärzte sowohl mit Leichensektionen als auch mit Entbindungen zu tun hatten, lag die Sterblichkeit dagegen bei dreißig Prozent.

Der Grund dafür war Semmelweis bald klar: Es war damals noch nicht üblich, sich zwischen zwei Behandlungen die Hände zu waschen, geschweige denn sie zu desinfizieren. Und so übertrugen die Ärzte, ohne es zu wissen, schlimme Erreger von einem Patienten zum nächsten. Semmelweis machte sich mit dieser Beobachtung und der Kritik an den Ärzten keine Freunde. Erst nach seinem Tod verbesserte man in den Krankenhäusern die Abwehr von Keimen. Heute würde es keinem Arzt einfallen, in gewöhnlicher Kleidung und mit Straßenschuhen in den Operationssaal zu gehen. Chirurgen wechseln ihre Kleidung – eigentlich ist das mehr eine Ganzkörperverpackung – von Operation zu Operation. Sie tun das nicht aus Eitelkeit, sondern um keinen Patienten durch Keime zu gefährden, die unter anderem durch Kleidung eingeschleppt werden.

Warum muss ich überhaupt noch krank werden?

Krank zu sein ist nie angenehm. Doch wenn schon krank, dann lieber heute als beispielsweise im Zeitalter der Ritter. Denken wir doch nur an den entzündeten Blinddarm. Im Mittelalter führte er in den meisten Fällen zum Tod. Mittlerweile kann man ihn so operieren, dass nicht einmal eine große Narbe zurückbleibt. Man nennt das minimal invasiv, also mit kleinem Eingriff. Da werden durch kleine Schnitte winzige Instrumente und Mini-Kamera in den Bauch eingeführt. Der Arzt schaut sich dann das Innere des Bauchs wie eine Live-Übertragung aus dem Fußballstadion auf dem Bildschirm an. Mit dem Unterschied allerdings, dass er anders als der normale Fernsehzuschauer direkt mitspielt, also operiert.

Die Mediziner von heute können unglaublich viel, sie können kranke Organe gegen gesunde austauschen. Transplantation nennt man das. Sie wissen, wie man mit Pillen und Tropfen den Körper wieder gesund machen kann. Sie wissen, wie man die Abwehrkräfte des Körpers stärkt, und sie wissen, wie man sie, wenn nötig, auch mal ausschaltet. Die Ärzte von heute können noch mehr, sie können sogar hellsehen. Nein, das hat nichts mit Hokuspokus zu tun, sondern funktioniert nach modernsten wissenschaftlichen Erkenntnissen. Die Anlage zu bestimmten Krankheiten lässt sich mittlerweile viele Jahre vor ihrem Ausbruch durch die Analyse menschlicher Zellen feststellen, und im günstigsten Fall lässt sich so die Erkrankung vermeiden.

Die ärztliche Heilkunst hat sich sicher im Laufe der letzten Jahrhunderte unglaublich gemacht, aber die Menschen sind auch insgesamt gesünder geworden, weil sich ihre Lebensbedingungen verbesserten.

Die Ärzte können viel, aber sie können nicht jede Krankheit vermeiden helfen oder heilen. Gegen manche gibt es immer noch keine Pille, kein Pflaster und keine Spritze. In solchen Fällen kann auch der Arzt von heute nicht mehr tun als Hippokrates vor über 2000 Jahren: sich menschlich verhalten und den Patienten und seine Familie versuchen zu trösten.

ARM UND KRANK

Leider gibt es immer noch große Unterschiede in der Behandlung von Kranken. Die Menschen in armen Ländern werden nicht auf die gleiche Weise versorgt wie die Menschen in den reichen. Es fehlt in den armen Ländern an Ärzten, an Medikamenten und an modernen Krankenhäusern. Arm zu sein bedeutet also, dass man auch medizinisch schlechter versorgt wird.

24
2312

Warum werden Sportler immer besser?

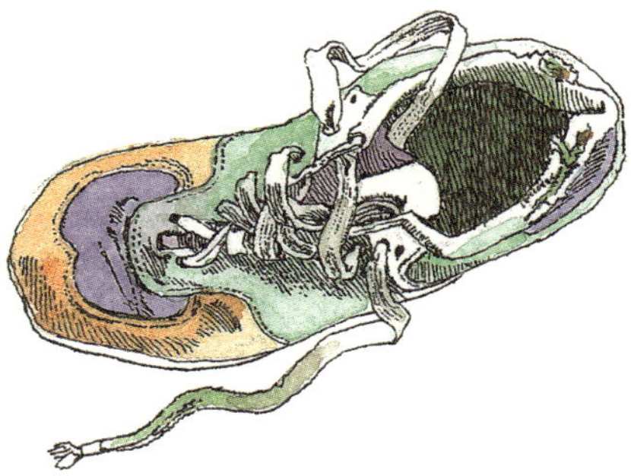

Mittlerweile schaffst du die Fünfzigmeterstrecke in einer viel besseren Zeit als noch vor zwei Jahren – und zwar ohne ein spezielles Training. Das ist die bequemste Art, zu sportlichen Besserleistungen zu kommen: Man ist ein Kind und wird einfach größer, kräftiger, schneller. So wächst man in neue Rekorde hinein. Aber man kann auch schnell wieder herauswachsen. Wenn man nichts tut, fällt man hinter die persönlichen Bestzeiten zurück. Die Frage, warum ein Kind seine sportlichen Leistungen verbessert, lässt sich also schneller beantworten, als ein Fünfzigmeterlauf dauert. Aber unsere Frage holt viel weiter aus, sie umfasst die gesamte Geschichte der sportlichen Menschheit. Wir wollen nämlich wissen, ob und warum die Menschen heute schneller laufen, weiter und höher springen als in früheren Zeiten.

Der ganze Hörsaal war voller Rekorde, als Professor Helmut Digel seine Vorlesung in der Tübinger Kinder-Uni hielt. An den Wänden klebten Farbstreifen, die alte und neue Hochsprunghöhen markierten, am Boden konnte man staunend die Entwicklung des Weitsprungs nachvollziehen, auch Schuhe, Bälle und Hochsprungstangen hatte der Sportwissenschaftler mitgebracht – und ganz viele Fahrräder. Helmut Digel gab uns Tipps und Anregungen zu diesem Kapitel.

Ohne Sport würden die Leute nur arbeiten oder herumsitzen, ohne Sport wären alle dick und unbeweglich, die Schule wäre langweiliger, man wüsste nichts mit den Bergen anzufangen und nichts mit dem Wasser – außer es zu trinken. Es gäbe keinen Fußball, keine anderen Bälle, keine Schläger, keine Boxhandschuhe und keine schnellen, sondern nur langsame Schuhe. Ohne Sport bräuchte das Fernsehen ein anderes Füllmaterial für seine Sendezeiten. Eine Welt ohne Sport kann sich kaum jemand vorstellen.

Man kann den Satz von oben aber auch ganz gut umdrehen: Ohne Sport würden die Leute nicht so viel auf der Couch sitzen. Sport erscheint dann wie eine Erfindung des Fernsehzeitalters. Viele kennen ihn nur als Zuschauer vorm Fernseher. Und für sie ist Sport vor allem Faulsein, bei ihnen bewegt er höchstens die Gefühle. Ihr Lieblingssport ist An-

feuern oder Aufregen. In jedem Fußballzuschauer steckt ein Nationaltrainer, in jedem Schumi-Bewunderer ein Formel-1-Pilot, und in allen Olympia-Fans stecken Marathon-Männer und -Frauen, jedenfalls im Fernsehgucken.

Ein richtiger Sportersatz ist das Rekordesammeln vorm Fernseher jedoch nicht. Und eigentlich kommt heute niemand mehr um den aktiven Sport herum. Nur wenige trauen sich, so offen unsportlich zu sein wie jener dicke britische Staatsmann und Zigarrenraucher, der trotz seines Bekenntnisses: »No sports«, also »Niemals Sport«, sehr alt wurde.

Wer heute unsportlich ist, macht sich schon irgendwie verdächtig, zum Beispiel, dass er mutwillig seine Gesundheit zerstört, dass er faul ist oder ungesellig. Sportlich zu sein, etwas für seinen Körper zu tun, gehört heute einfach dazu. Bei den Erwachsenen jedenfalls, bei Kindern ist es ein wenig anders. Ihnen ist egal, ob sich jemand fit hält, sie interessieren sich mehr für die nackten Fakten. Sie wetteifern gern mit anderen und wollen wissen, ob jemand besser tauchen kann als sie selber oder schneller rennen oder ob jemand ein guter Torschütze ist. Gute Torschützen werden schnell in Mannschaften hineingewählt, schlechte Fußballspieler bleiben bis zum Ende stehen. Das ist bitter. Das muss man erst einmal verkraften.

Die meisten Kinder bemerken gar nicht groß, wenn sie sich sportlich bewegen, denn das fällt ihnen viel leichter, als still zu sitzen und Klassenarbeiten zu schreiben. Ist also Klassenarbeiten schreiben gegen die menschliche Natur, während Sport treiben ihr entspricht? Es ist immer schwierig, etwas über die menschliche Natur zu sagen, denn sie ist nicht gleich geblieben über die Jahrtausende. Aber sicher ist, dass

DAS HOCHLEISTUNGSBABY

Wenn sie nicht schlafen, bewegen sich Babys ständig, Arme und Beine sind dabei gleichzeitig im Einsatz. Auch ein sieben- bis achtmonatiges Kleinkind liegt nie länger als zweieinhalb Minuten still. Lässt man die Bewegungen der Kleinen durch Erwachsene nachstellen, ist sogar ein Hochleistungssportler schnell überfordert.

REKORDE

Auch der Sport vorm Fernseher hat etwas Gutes: Man lernt so viele Rekorde. Manche können die Bundesliga-Torschützen-Könige der letzten dreißig Jahre runterbeten. Sie wissen genau, an welchem Tag der Hundertmetersprinter Armin Hary zum ersten Mal die Strecke in zehn Sekunden lief, dass Steffi Graf in Brühl und Boris Becker in Leimen geboren ist, wer sich hinter dem Spitznamen »Rasende Leberwurst" und wer sich hinter „Herminator" verbirgt.

der Mensch nicht fürs reine Rumsitzen, also nicht nur für Klassenarbeiten, gebaut ist. Insofern passt er eigentlich besser in Gesellschaften, in denen nicht der Großteil des Tages auf Bürostühlen gesessen oder hinter Verkaufstheken gestanden wird. Doch Arbeiten, die einen vielseitig in Bewegung halten und alle Muskeln zum Einsatz bringen, sind so gut wie ausgestorben. Früher, als die Leute noch keine Autos hatten, viel auf den Beinen waren und körperlich hart arbeiten mussten, gab es sie noch eher als heute.

Wer seinen Tag im Auto oder im Büro verbringt, der braucht zumindest vorher oder nachher einen Ausgleich. Der packt dann das Baby samt Kinderwagen und rast mit ihm im gestreckten Galopp durch den Wald. Morgens und abends sind die Wälder, Parks und Gehwege voll von Joggern und Walkern. Hätte der Büromensch dagegen den ganzen Tag gejagt oder geackert, käme er nicht auf die Idee, hinterher noch eine Stunde ziellos durch die Gegend zu streifen oder nur dem einen Ziel zu folgen, sich fit zu halten.

»No sports« in der Steinzeit?

Der Steinzeitmensch war vom Joggen genauso weit entfernt wie von der Erfindung des Fernsehens. Er hatte eher das Bedürfnis, sich mal auszuruhen, denn wilde Tiere und Unwetter hielten sich nicht an Ruhezeiten. In der Steinzeit trieb man wohl eher keinen Sport, sicher gab es damals besonders geschickte Jäger, doch man sah sie als tüchtige Nahrungsbeschaffer und nicht als Sportler. In der Regel fängt Sport da an, wo die rein nützliche Tätigkeit aufhört. Vielleicht haben Kinder in der Steinzeit ja schon Baseball gespielt und mit Knochen auf Früchte, Nüsse oder Steine eingeschlagen, um sich die Zeit zu vertreiben. Aber hatten Kinder damals überhaupt so viel Zeit?

Sport könnte aus Spiel entstanden sein. Er könnte sich aber auch als Unterhaltungsbetrieb für höhere Mächte, also die Götter, entwickelt haben.

In Olympia jedenfalls war es so. Das ist ein Ort auf dem Peloponnes, der Hand mit vier Fingern, die im Süden Griechenlands ins Mittelmeer hineinragt. Olympia war keine Stadt, sondern eine Ansammlung von Heiligtümern und liegt im Nordwesten dieser Insel. Hier fühlte man sich dem höchsten Gott der Griechen, dem Gott Zeus, besonders nah. In späterer Zeit wurden in Olympia riesige Zeus-Tempel erbaut. Die ersten Olympischen Spiele fallen ins Jahr 776 vor Christi Geburt. Vielleicht gab es auch schon früher welche, aber schriftlich festgehalten wurden sie erstmals für dieses Jahr.

Das Jahr 776 v. Chr. ist also ein ganz wichtiges Jahr für alle Franziska van Almsicks und Emil Zatopeks, für alle Ian Thorpes und Jan Ullrichs, für alle Olympioniken und alle anderen Spitzensportler, für

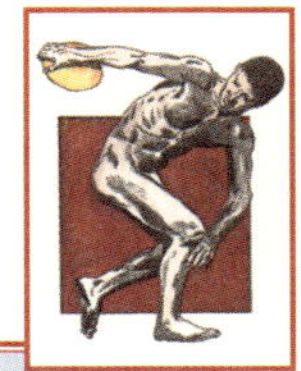

OLYMPIADE

Selbst Sportreporter sprechen manchmal von Olympiade. Wenn sie die Zeit zwischen zwei Olympischen Spielen meinen, dann zu Recht. Für die Spiele selbst ist es jedoch der falsche Begriff. Olympiade ist die Bezeichnung für einen Zeitraum von vier Jahren.

DIE MODERNEN SPIELE

Im Jahr 2004 müssten in Athen eigentlich die 695. Spiele stattgefunden haben. Komisch, dass niemand diese Zahl ins Spiel brachte. Nun, das liegt wohl daran, dass die Olympischen Spiele nach ihren ersten tausend Jahren erst einmal etwa 1500 Jahre auf Eis gelegt wurden. Der römische Kaiser Theodosius der Große soll sie wegen ihres heidnischen Charakters im Jahr 393 n. Chr. verboten haben. In Athen gab es 2004 die 28. Spiele in der modernen Geschichte Olympias. 1896 war hier der Anfang zu ihrer modernen Geschichte gelegt worden.

LEICHT- UND SCHWER-ATHLETEN

Welche Sportarten gehören eigentlich zur antiken Leichtathletik? Es sind der Wettlauf, der Weitsprung, der Ringkampf, der Diskus- und der Speerwurf, die Disziplinen also, die auch den Fünfkampf bildeten. Zur Schwerathletik gehörte der Faustkampf (Boxen), das Pankration (eine Mischung aus Boxen und Ringen), das Pferderennen, das Wagenrennen und der Waffenlauf.

STADION

Stadion war im alten Griechenland ein Längenmaß. Sechshundert Fuß sind ein Stadion.

die Schumachers und Laudas, die Zidanes und Beckhams, Mohammed Alis und Klitschkos – und nicht nur für die Sportler, sondern auch für ihre Fans. In früheren Zeiten gab es zwar schon Sport, Wettkämpfe im olympischen Stil jedoch eher nicht. Mit dem Sport fängt auch Griechenlands Geschichte erst richtig an. Jedenfalls ist das Jahr 776 v. Chr. das frühest überlieferte Datum, denn die ältesten Schriften kommen aus dieser Zeit.

Olympia kann uns bei unserer Frage, ob Sportler immer besser werden, hoffentlich weiterhelfen. Man muss ja nur die Ergebnisse der Sportler von vor fast dreitausend Jahren nehmen und sie mit den heutigen vergleichen. Schon wird man wissen, wer schneller rannte, höher und weiter sprang oder schwerere Gewichte stemmte.

Am besten schauen wir uns einmal an, welche Sportarten es bei den antiken Wettkämpfen gab. Dass weder das Synchronschwimmen noch das Geräteturnen dabei ist, wundert nicht. Wie eintönig das Programm zu Beginn der sportlichen Wettkämpfe in Olympia jedoch ausfiel, das überrascht doch. Wenigstens mit ein paar leichtathletischen Disziplinen hätte man gerechnet. Aber die Sportler traten nur in genau einer Disziplin an: dem Stadionlauf. Und kaum hatte das ganze Spektakel begonnen, da war es auch schon wieder vorbei: Olympia dauerte anfangs gerade mal einen Tag.

Wie schnell waren die antiken Läufer?

Sogar vom Stadionlauf macht man sich heute falsche Vorstellungen, denn das Rundendrehen war damals noch gar nicht erfunden. Man lief eine schnurgerade Strecke von der Länge des olympischen Stadions, die Bahn war genau 192,3 Meter lang. Die ersten 13 Spiele bestanden aus nichts weiter als aus dem Stadionlauf. Bei den 14. (724) wurde der Doppellauf eingeführt, also die gleiche Strecke hin und zurück.

Hören wir doch einmal, wie ein antiker Sportreporter den Doppellauf möglicherweise kommentiert hätte: »Timotheos und Diodoros rasen Kopf an Kopf auf das Ende der ersten Geraden zu. Sie umrunden den Pfosten, Timotheos gelingt die Wende schneller als seinem Gegner. Diodoros geht ein wenig in die Knie, er scheint sich am Fuß verletzt zu haben. Jetzt baut Timotheos seinen Vorsprung gnadenlos aus. Er ist schon zehn Fuß vor Diodoros. Diodoros gibt alles, er holt heraus, was noch herauszuholen ist, aber er hat keine Chance. Timotheos läuft als Erster durchs Ziel. Der Mann aus Athen ist der Sieger beim 385-Meter-Lauf.« Ja, und wie war nun seine Zeit? Besser als beim letzten Mal? Schauen wir auf die Uhr: Die Sonnenuhr zeigt weniger als eine Stunde, und das in einer Disziplin, in der es heute um Hundertstelsekunden geht.

Die antiken Zeitmessverfahren konnten wirklich nicht mit den Sportlern mithalten, doch das ist nicht der einzige Grund, warum es kaum Daten aus der Antike gibt, die man mit heutigen Sportergebnissen vergleichen könnte. Die Längen von Weitsprüngen hätte man ja notieren können, aber man tat es nicht, weil man einfach kein Interesse daran hatte. Im antiken Sport ging es weder um Zeiten noch um Weiten oder Rekorde, und es ging schon gar nicht darum, dabei gewesen zu sein: Allein der Sieg war entscheidend. Alles andere war unwichtig.

Selbst wenn wir die exakten Zeitwerte der Läufer von damals wüssten, würde uns das bei unserer Frage immer noch nicht viel weiterhelfen. Ein Läufer, der auf halber Strecke wenden und allen Schwung abbremsen muss, ist deutlich im Nachteil gegenüber einem, der nicht umzudrehen braucht, weil er eben im Kreis läuft. Nicht nur die ungenauen Messgeräte von damals würden heutigen Sportlern gegenüber ihren Vorläufern einen satten Vorsprung verschaffen, auch die Sportstätten sind heute besser.

Eigentlich könnten wir also die gesamte Antike gleich fallen lassen wie einen Sandsack, denn sie scheint uns bei unserer Frage nach der Leistungsverbesserung im Sport nicht recht weiterzuhelfen. Aber bessere Zeiten für einen Vergleich zwischen Sport früher und Sport heute finden wir auch nicht. Die Römer überboten sich bei ihren Gladiatorenkämpfen vor allem an Grausamkeit, das hat noch weniger mit dem heutigen Sport zu tun. Bei den Rittern gab es zwar Turniere, aber brauchbare Informationen über deren Sport-Asse haben wir nicht. Die griechische Antike dagegen lässt Sportwissenschaftler und Sportler immer noch nicht ruhen. Immer wieder versuchen sie Übungen von damals nachzustellen, um etwas über die Leistungsfähigkeit der damaligen Sportler und ihr Leben herauszufinden.

SCHWIMMEN

Gab es bei den frühen Olympischen Spielen auch schon Schwimmer oder konnten die Menschen damals noch gar nicht schwimmen? Schwimmen konnten sie schon, jedenfalls diejenigen, die an Gewässern lebten. Aber erst 1896 wurde diese Sportart in den Kreis der olympischen Disziplinen aufgenommen. Die ersten Schwimmwettkämpfe sollen 36 v. Chr. in Japan stattgefunden haben.

War Sport schon immer ein friedlicher Wettkampf?

Und was passiert, wenn man einen durchtrainierten Athleten von heute, einen Meister im Hammerwurf, den Fünfsprung von damals nachmachen lässt? Sportwissenschaftler probierten auch das aus. Wieso einen Hammerwerfer? Sein Training baut auf Übungen auf, die dem Fünfsprung ähnlich sind. Der Fünfsprung ist ein enormer Kraftakt. Man sprang ihn mit geschlossenen Beinen, ohne Anlauf, aus dem Stand und hatte dabei auch noch Gewichte in der Hand. Wie bitte, man machte sich auch noch freiwillig schwerer? Ja, denn man brauchte die Gewichte zum Schwungholen. Ohne Hanteln erreichte der Hammerwerfer von heute die Sprungweite von damals nicht. Mit zwei Hanteln von je zwei Kilo in der Hand übersprang der Spitzensportler von heute knapp das einzige aus der Antike überlieferte Wettkampfergebnis von 16 Metern. Ob die nun im antiken Guinness-Buch der Rekorde den letzten Stand beschreiben würden, weiß man nicht, vielleicht sprang man damals ja auch schon viel weiter. Der Nachstellversuch erhöht jedenfalls den Respekt vor den antiken Sportlern. Sie müssen ebenfalls schon sehr hart trainiert haben.

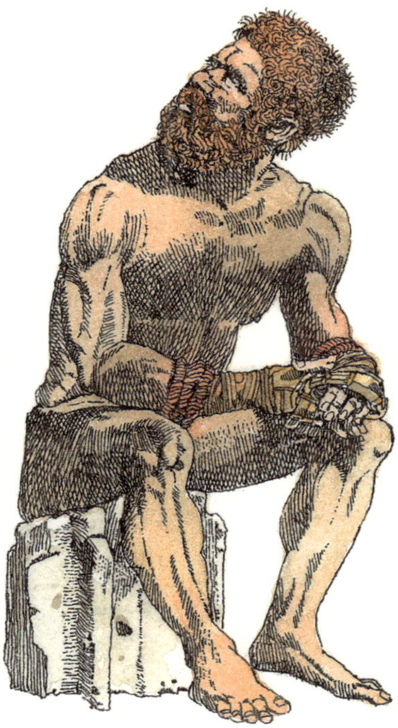

An Kraft und Einsatz mangelte es den Athleten damals so wenig wie heute. Wer heute einem Rennradler wie Jan Ullrich vorwirft, es fehle ihm der Killerinstinkt, der hätte an den antiken Boxern seine helle Freude gehabt. Ein Faustkampf war eine sehr gefährliche Sache. Die Boxer trugen nämlich noch keine gepolsterten Handschuhe, das hätten sie wahrscheinlich als

GYMNASION

Sport und Musik waren die wichtigsten Unterrichtsfächer bei den Griechen. Man trainierte nackt und mit eingeöltem Körper im Gymnasion, dem Platz für Läufer und Werfer. In der Palästra übten die Springer und Ringer. Nach dem Sport kratzte man sich Öl und Staub mit einer Strigilis, einem Schaber, ab. Mädchen gingen nicht ins Gymnasion. Es war nur für Knaben und Männer.

Weichei-Sport empfunden. Die Handschuhe schützen ja nicht nur die eigenen Hände, sondern auch den Gegner. Die Boxer damals banden sich scharfkantige Lederriemen um die Fäuste, die sie noch gefährlicher machten. Mit diesen Riemen konnten sie aus jedem Gesicht Hackfleisch machen. Zielscheibe für Schläge waren Kopf und Hals des Gegners. Die Helden der Faust erkannte man an zertrümmerten Nasen, Schnitten im Gesicht und an ihren Blumenkohlohren. Eine antike Statue mit derart zugerichteten Ohren stellt ziemlich sicher einen Boxer dar.

Einer anderen Sportart, die 520 v. Chr. frisch eingeführt wurde, muss man heute auch nicht gerade nachtrauern: dem Waffenlauf. Der Läufer schleppte eine zehn Kilogramm schwere Rüstung mit sich herum. In der Antike trat man in dieser Disziplin mit Helm, Schild und Beinschienen über zwei Stadion-Längen, also knapp vierhundert Meter, an. Der Waffenlauf war die beste Grundausbildung für Soldaten. Die Perser bekamen das zu spüren: 480 v. Chr. wurden sie bei ihrem Eroberungszug durch Griechenland zurückgedrängt. Die Griechen waren zwar zahlenmäßig in der Minderheit, aber in allerbester Kriegsform. Wie gut das Zusammenspiel zwischen Sport und Krieg funktioniert, hatten schon die Spartaner vorgemacht. Die brachten in der Antike die meisten Sport-Champions hervor und hielten sich so ebenfalls fit für den Krieg. Während der Olympischen Spiele waren Kriege zwischen den beteiligten Staaten jedoch verboten, an diesen Tagen sollte Waffenruhe herrschen. Erst danach konnte man wieder in Rüstung aufeinander losgehen.

Diese Vermischung von Sport und Krieg passt nicht gut zur »schönsten Nebensache der Welt«, wie man den Sport mittlerweile gerne nennt. Heute betont man den friedlichen und völkerverbindenden Charakter des Sports. Doch das liegt nicht nur am Sport, sondern auch am Krieg, denn der hat längst nichts mehr mit körperlichem Kräftemessen zu tun. Heute werden Kriege aus Flugzeugen geführt und durch die Zahl der Waffen entschieden. Man muss keine besondere Kraft haben, um einen Marschflugkörper abzufeuern oder einen Lenkwaffenzerstörer zu bedienen.

Manche Sportarten haben sich ja direkt aus dem Kriegshandwerk entwickelt wie der Waffenlauf und das Schießen. Aber glücklicherweise hat man das Sportprogramm dann nicht mehr durch die neueren Techniken erweitert. Man stelle sich vor, es gäbe heute Handgranatenweitwurf, Panzer- oder U-Boot-Rennen. Sport hat heute genau die gegenteilige Funktion. Er soll von den Problemen des Alltags und den düsteren Nachrichten aus aller Welt ablenken, Erfreuliches dagegensetzen und Hoffnung geben.

KRIEGSSTOPP

Leider wird die olympische Idee, während der Spiele alle Waffenkämpfe zu stoppen, heute nicht mehr umgesetzt. Zwischen 1945 und 1997 zählten Kriegsforscher weltweit 201 Kriege. Pro Jahr, so sagen sie, komme im Durchschnitt ein weiterer dazu. Auch wenn wir die Frage, ob nun die Sportler besser geworden sind, noch nicht beantwortet haben, so können wir doch schon mal sagen, dass die Welt nicht besser geworden ist.

Macht Geld wirklich besser?

1954 war so ein Jahr, in dem man in Deutschland geradezu auf Erfolge wartete. Der Zweite Weltkrieg, für den die Deutschen verantwortlich waren, war gerade neun Jahr vorbei. Manche Deutschen trugen schwer an dieser Schuld, andere wollten nichts davon wissen. Für beide Seiten kam der Sieg der deutschen Fußballmannschaft gegen die ungarische Mannschaft wie gerufen. Jeder kennt heute den Jubelschrei des Sportreporters Herbert Zimmermann, das vierfache »Toooor«, als Helmut Rahn das 3:2 gegen die ungarische Mannschaft schoss. Und dann der anschließende Ausbruch: »Deutschland ist Weltmeisteeeeerrrr!« Das ganze Land befand sich für kurze Zeit in einem Glückstaumel: Deutschland war ein friedlicher Wettkampfpartner, und es war auch wieder »Wer« in der Welt. Die deutschen Nationalspieler wurden als Helden von Bern gefeiert. Sie wurden mit Glückwünschen und Sympathie überschüttet, sie waren Nationalhelden.

Nun war Heldentum im Sport nichts Neues! Schon im alten Griechenland wurden Sportler behandelt wie Götter oder Halbgötter. Man fertigte Standbilder von ihnen an, und die Sieger unter ihnen hatten für ihr Leben ausgesorgt. Sie bekamen zwar keine Medaillen, aber dafür Geldgeschenke und große Vergünstigungen in ihren Stadtstaaten. Man kann also durchaus sagen, dass die antiken Sportler vom Sport lebten.

Später wurde das anders. Die Olympioniken mussten allesamt Amateure sein, also Leute, die nicht vom Sport, sondern von einem anderen Beruf lebten. Dieser Amateurstatus wurde überhaupt erst bei der Wiedereinführung der Olympischen Spiele im Jahr 1896 wichtig.

Was war so toll daran, wenn man doch als Profi bessere Ergebnisse erzielen konnte? Einmal steckte die Idee einer Rundum-Ausbildung von Körper und Geist dahinter, wie sie vor allem in England gefördert wurde. Zum anderen hielt man sich so auch die weniger Begüterten vom Leibe, die sich keinen Freizeitsport leisten konnten. Die besseren Kreise blieben also unter sich. Baron Pierre de Coubertin, der die Olympischen Spiele wiederbelebt hat, berief sich dabei auf die angeblichen Amateure der An-

DER ANTIKE VOLLPROFI

Antike Stars, wie etwa der Schwerathlet Theogenes von Thasos, der bei den Olympischen Spielen von 480 und 476 in Faustkampf und Pankration (dem Allkampf) gewann, waren sicher sehr reich. Theogenes soll in insgesamt 1300 Kämpfen gesiegt haben. Um das zu schaffen, musste er von Wettkampf zu Wettkampf reisen. Er war ein astreiner Vollprofi. Das Wort Athlet leitet sich vom griechischen athlon ab, und das bedeutet sowohl Kampfpreis als auch Belohnung. Passt also gar nicht so gut zum Amateurstatus, der den Sportler zwei Jahrtausende später auferlegt wurde.

tike. Doch die Sportler der Neuzeit waren oft genauso weit vom Amateurstatus weg wie ihre antiken Vorbilder. Viele der sogenannten Amateure studierten Sport, kamen von Militärakademien oder hatten jede Menge Sponsoren-Verträge. Erst 1981 fiel offiziell die Amateurregel als Voraussetzung für die Teilnahme an den Olympischen Spielen.

In den meisten Sportarten hat man die Amateur-Idee mittlerweile begraben. Oder sagen wir lieber: Von einer bestimmten Leistungsklasse an werden die Sportler zu Profis, dann verdienen sie so viel Geld, dass sie keine Post mehr austragen oder in einer Behörde sitzen müssen. Ein Paradebeispiel für Profisport ist der Fußball. In Deutschland fiel der Amateurstatus erst 1963 und auf äußeren Druck hin, denn ausländische Profi-Angebote lockten die besten Spieler weg. Die Helden von Bern hatten so gesehen Pech, sie waren noch astreine Amateure. Keiner von ihnen wurde durch das »Wunder« reich. Zu ihrer Zeit galt noch die Regel, dass man nicht mehr als vierhundert Mark auf dem Fußballplatz bekommen durfte. Mannschaftskapitän Fritz Walter betrieb im Brotberuf eine Wäscherei, der geniale Torschütze Helmut Rahn arbeitete als Chauffeur. Fritz Walter wechselte nach seiner Fußballer-Karriere zu einem Sportartikelhersteller, Rahn wurde Autohändler, auch ihre Teamkollegen wurden mit Lotto-Toto-Annahmestellen und Kneipen keineswegs reich.

Helden der späteren Jahre, wie etwa Franz Beckenbauer und Rudi Völler, stehen dagegen millionenschwer da. Seit Mitte der neunziger Jahre liegen die Bundesliga-Durchschnittsgehälter bei fünfhunderttausend Euro im Jahr. Die Spitzengehälter erreichen ungefähr die zehnfache Summe. Spieler wie Frankreichs Mannschaftskapitän Zinedine Zidane und der

WINTER-OLYMPIA

Nicht schon zu Olympias Wiedergeburt dachte man daran, auch die Sportarten ins Wettkampfprogramm aufzunehmen, die mit Schnee und Eis zu tun haben. Erst von 1924 an gab es im Beipack zu den Olympischen Sommerspielen auch die Winterspiele. Seit 1994 sind die Winter- gegenüber den Sommerspielen um zwei Jahre versetzt.

TEURER SPORT

Den bisher bestbezahlten Vertrag in der Geschichte des Sports erzielte der Baseball-Spieler Alex Rodriguez in den USA, dem Land der unbegrenzten Stundenlöhne. Er heuerte bei den Texas Rangers für 20 Millionen Dollar pro Jahr an. Diese Summe ist ihm jedes Jahr garantiert, und zwar über zehn Jahre hinweg. Am Ende summiert sich so fast eine Viertelmilliarde Dollar. Dann ist er 35 Jahre alt und wird sich nicht mehr mit dem Baseball, sondern nur noch mit seinem Vermögen herumschlagen.

brasilianische Star Ronaldo erzielen mittlerweile auf dem Spielfeld Minutenpreise von fast fünftausend Euro. Erst ein paar aktive Jahre auf dem Fußballplatz und dann noch viele lange Jahre als Werbeträger auf dem Bildschirm, so kann der Starfußballer von heute für alle Zeiten aussorgen. Ein Star wie David Beckham bekommt ja nicht nur Millionen von seinem Arbeitgeber, er schließt auch Millionenverträge mit Schuhherstellern, Rasierklingen-Produzenten oder Getränkefirmen ab.

An den Fußballergebnissen, also an der Zahl der Tore, lässt sich nun nicht ablesen, ob der heutige Fußball im Vergleich zu dem von Bern 1954 besser geworden ist. Doch die Fußballkenner sagen, die Spiele seien schneller geworden und die Spieler bessere Ballartisten als früher. Aber sie sagen auch, Fouls und Brutalität hätten zugenommen. Keiner der Spieler von heute muss ein Training absagen, weil die Wäscherei sonst den Großauftrag nicht stemmen kann oder der Chef nach Pirmasens gefahren werden muss, wie es Fritz Walter oder Helmut Rahn einst ergangen sein mag. Die heutigen Aussichten auf höchsten Ruhm und immensen Reichtum sind 1a-Antriebskräfte für jeden begabten Sportler. Sicher kann das die Leistungen stärker beflügeln als der reine Edelmut des Amateurs. Geld scheint – bezogen auf sportliche Leistung – durchaus besser zu machen. Selbst für Wunder gibt es da noch Steigerungen.

Wer ist der Goldenste der Goldenen?

»Verehrtestes Publikum, treten Sie näher, treten Sie ein! Sie betreten nun das hochgelobte Land der unglaublichen Rekorde!« So würde ein Jahrmarktschreier jetzt ausrufen. »Wir zeigen Ihnen, wie ein eiserner Wille sich den Körper untertan macht. Wir zeigen Ihnen die unwahrscheinlichen Leistungen des menschlichen Körpers, wenn seine Muskeln richtig gefüttert und von den größten Experten der Welt dressiert werden.«

Vor etwa hundert Jahren begann das goldene Zeitalter der Rekorde. Alles wurde vermessen und gestoppt, für die Nachwelt festgehalten und gleich wieder getoppt. In der Antike war der Sport stark vom Krieg geprägt, mit dem Körper wurde die Wehrtüchtigkeit trainiert. In der Neuzeit der Olympischen Spiele hatte sich daran einiges geändert. Viele Menschen arbeiteten jetzt in Fabriken, eine Arbeit im ständigen Kampf gegen die Zeit. Die Maschinen bestimmten, wie schnell die Arbeiter schrauben, löten, packen mussten, die Stempeluhr kontrollierte ihre Arbeitszeiten. Schneller, höher, weiter – die Menschen sollten schneller werden, damit die Zahl der Waren höher steige und der Fortschritt weiter gehe. Der ständige Zeitdruck ist eine Erfindung des Industriezeitalters. Die Freizeit und das Bedürfnis, etwas für die eigene Gesundheit zu tun, sind es aber auch.

Schauen wir doch mal gleich nach dem Tüchtigsten der tüchtigen Sportler. Wer steht ganz oben auf dem Siegertreppchen der Olympischen Spiele, wer hat gewonnen wie im Akkord? Seine Ära ist seit fast hundert Jahren vergangen, aber er ist immer noch höchst bemerkenswert. Komischerweise kennt ihn heute kaum jemand. Oder wer hat schon einmal etwas von Ray Ewry gehört? Na bitte! Dabei ist dieser Hoch-, Weit- und Dreispringer der bisher erfolgreichste Olympionike der modernen Spiele. Er gewann zehn Goldmedaillen, das sind mehr, als jeder andere Teilnehmer bisher nach

DIE BESTEN DER BESTEN

Dass Ray Ewry den Platz 1 in der Goldliste behalten wird, ist eher unwahrscheinlich, denn die sogenannte »Ewige Bestenliste« wird ständig erweitert und aktualisiert. Denn ewig, so der Eindruck, währt im Sport gewiss nichts. Als Olympioniken mit jeweils neun Goldmedaillen folgen Ewry in der Bestenliste der finnische Langläufer Paavo Nurmi (1920–1928), die russische Turnerin Larissa Latynina (1956–1964), der US-amerikanische Schwimmer Mark Spitz (1968–1972) und sein Landsmann, der Sprinter Carl Lewis (1984–1992).

Hause brachte, 1900 in Paris bekam er sogar drei an einem Tag. Aber das Erstaunlichste an ihm: Im Alter von fünf Jahren war er an Kinderlähmung erkrankt, und die Ärzte rechneten ihm keine große Chance aus, jemals wieder gehen zu können. Er schaffte es und noch viel mehr als das, denn er war ein Wunder an Sprungkraft, er hielt sogar den Weltrekord im Rückwärtsspringen aus dem Stand. Aber vor allen Dingen war er ein Wunder an Willenskraft und Trainingsdisziplin. Ein paar Jahrzehnte später wäre er mit dieser Geschichte und diesen Leistungen zum Superstar aufgebaut geworden. So jedoch hatte er das Pech der frühen Geburt und das Pech, dass seine Disziplinen – es handelte sich nämlich um Sprünge aus dem Stand, also ohne Anlauf – aus dem olympischen Programm gestrichen wurden.

DER FOSBURY FLOP

Mit dem Hochsprung ging es erst so richtig aufwärts, als Dick Fosbury über die Latte hüpfte. 1968 bei den Olympischen Spielen in Mexiko gelang ihm der Durchbruch mit der von ihm entwickelten Sprungtechnik, dem Fosbury Flop, den heute jedes Kind kennt. Bis dahin hatte man die Latte im Scherensprung genommen. Jetzt merkte man, dass es rückwärts höher ging, denn die Beine rissen den Schwerpunkt, den Po, nach oben.

Dass Sportler immer besser werden, hat sicher mit hartem und klugem Training und mit einem eisernen Willen zu tun. Doch obwohl Ewry großes Talent mitbrachte und wie verrückt trainierte, ist er zwar der bislang an Goldmedaillen reichste, aber nicht der beste Springer aller Zeiten. Im Weitsprung erreichte er 3,47 Meter und im Hochsprung 1,65 Meter. Wenn man das mit den Rekorden von heute vergleicht, sehen seine Werte kläglich aus. Bei den Frauen gilt es seit 1988, 7,52 Meter im Weitsprung zu schlagen, bei den Männern seit 1991 8,95 Meter. Im Hochsprung haben die Frauen schon längst die 2-Meter-Marke überschritten, die Männer schaffen um die 2,40 Meter. Zu Ewrys Zeit war das größte Handikap des Sportlers: ohne Anlauf springen zu müssen, das erinnert mehr an Sackhüpfen als an Olympia. Man beschloss dann bald, die Standsprünge als überholte Disziplin zu streichen, man setzte auf andere, weiterführende Sprungtechniken. Auch so kann es Verbesserungen im Sport geben.

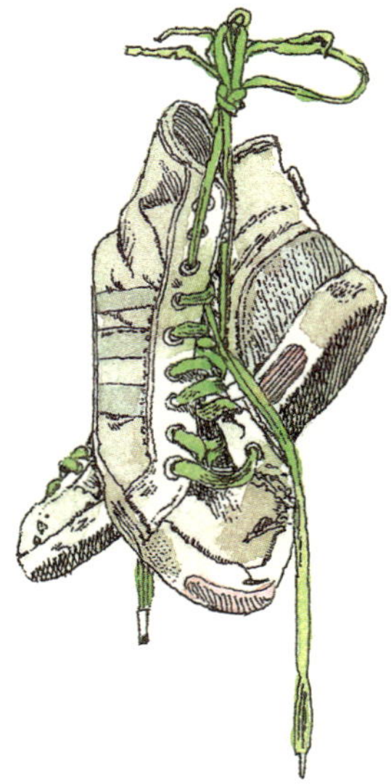

Warum ist der Turnschuh ein Spezialist geworden?

Entdeckungen und Entwicklungen bringen die Sportler höher, weiter, schneller. Beim Stabhochsprung und beim Radsport kapiert man das sofort. Schließlich macht es einen großen Unterschied, ob man mit einer federnden Glasfiberstange springt oder mit einer starren Bambusstange, ob man auf einer superleichten Rennmaschine mit hochmoderner Gangschaltung sitzt oder auf einem dreimal so schweren Rennrad von 1900 ohne Gänge. Viel Forschung und Ingenieurswissen flossen in die Entwicklung einer Rennmaschine neuen Typs ein.

Aber was im Ernst soll bei Sportarten ohne solche Geräte groß entwickelt worden sein? Von ein paar äußerlichen Abweichungen abgesehen, bleibt der Schuh immer ein Schuh und der Turnschuh ein Turnschuh. Wonach fragten Verkäuferinnen im Schuhgeschäft früher immer? Soll er für drinnen oder draußen sein? Mittlerweile ist diese Frage ausgemustert. Es gibt kaum eine Sportart, die nicht ihren eigenen Schuh entwickelt hat, der natürlich alle anderen Schuhe ausschließt. Mit dem Sprintschuh kann man nicht Fußball spielen, mit dem Fahrradschuh nicht joggen, mit dem Basketballschuh nicht Volleyball spielen, höchstens noch eine Ehrenrunde zum Angeben durch die Turnhalle drehen. Wahrscheinlich wird bald der Schuh fürs Power-Sitting erfunden – okay, wenn man denn diese Sportart endlich erfindet.

FENG SCHUH

David Beckham hat nach seinem Elfmeter-Patzer bei der Europameisterschaft in Portugal die altchinesische Harmonielehre Feng-Shui zu Rate gezogen und sich ein Yin- (links) und ein Yang-Symbol (rechts) in seine Schuhe nähen lassen. Feng-Shui-Experten haben Beckhams Spiel analysiert und dann den genauen Ort in den Schuhen bestimmt. Yin und Yang stehen in der chinesischen Philosophie für die vollkommene Harmonie und sollen auch Beckhams verlorenes Gleichgewicht wiederherstellen.

Doch im Ernst, so blöd sind all diese Schuhe gar nicht. Ganz früher waren die Fußballschuhe aus schwerem Leder und hatten auf die Sohlen genagelte Lederstollen. Bei der Fußballweltmeisterschaft in Bern trug die deutsche Mannschaft immerhin schon Schuhe mit abnehmbaren Stollen. Je nach Wetter- und Platzlage konnte sie also am Schuh was drehen. Heute tragen Fußballer silberne oder goldene Schuhe, die nicht nur schnittig aussehen, sondern auch kleine Wunderwerke sind. Beckhams Schuhe sind selbstverständlich superleicht, elektronisch maßgefertigt und handgenäht. Die Stollen sind mit Klettverschluss abnehmbar, und wahrscheinlich ist den Schuhen auch noch ein hochsensibles Tor-Ortungssystem eingebaut. Na, alles können sie wohl doch nicht! Sonst würde ja Beckham bei jedem Elfmeter das Tor treffen.

BUDDELN VOR DEM SPRINT

Der amerikanische Läufer Jesse Owens grub sich 1936 mit dem Startschäufelchen Fußlöcher in die Aschenbahn. Damals kannte man noch nicht die individuell einstellbaren Startmaschinen. Owens lief die hundert Meter in 10,3 Sekunden, Hundertstelsekunden konnte man noch nicht messen.

Jetzt haben wir schon ein paar Punkte für den modernen Sport gesammelt: Viel und kluges Training, eiserner Wille, verbesserte Technik und Ausstattung und auch mehr Geld bringen die Sportler höher und weiter und machen sie schneller. Dann liegen den Athleten auch noch immer modernere Sportstätten zu Füßen, Hallenböden schwingen mit, Tartanbahnen federn und geben gleichzeitig Halt. Elektronische Startmaschinen verhelfen zum perfekten Start. Man könnte noch vieles aufzählen.

Wann ist Schluss mit schneller?

Zum Laufen braucht man weder Räder, Skier, Bobs noch Kajaks, die stetig schneller und windschnittiger werden. Zum Laufen braucht man Schuhe und Laufbahnen, und deren Entwicklung sollte irgendwann abgeschlossen sein. Dennoch gibt es selbst beim Laufen noch Verbesserungen. Bei den ersten Olympischen Spielen im Jahr 1896 kam der schnellste Sprinter auf der 100-Meter-Strecke in zwölf Sekunden ans Ziel. Die Zeit wurde damals noch durch Daumendruck und nicht automatisch gestoppt, war also längst nicht so präzise wie heute. Damals hielt man es für unmöglich, diese Strecke unter zehn Sekunden zu laufen.

Als Erster schaffte dann der deutsche Sprinter Armin Hary die 10,0 Sekunden. Er hatte einige Mühe, bis dieses Ergebnis offiziell wurde. Einmal wurde es wegen zu großen Gefälles der Bahn, dann wegen angeblichen Fehlstarts nicht gewertet. Diese

Zeit schien einfach unwirklich. 1960 wurde sie ihm im dritten Anlauf anerkannt. Bei den Olympischen Spielen des gleichen Jahres war er jedoch drei Zehntelsekunden langsamer. Die Schallmauer war durchbrochen, jetzt ging es rasant weiter. 1988 lief Carl Lewis hundert Meter in 9,92 Sekunden und wurde Olympiasieger. Dabei war er im Lauf gar nicht der Schnellste gewesen. Vor ihm ging Ben Johnson mit 9,79 Sekunden durchs Ziel. Doch der Kanadier wurde des Dopings überführt und bekam die Medaille wieder abgenommen. Bei den Olympischen Spielen des Jahres 2000 lief Maurice Green die Strecke in der gleichen Zeit, doch auch Green ist nicht der schnellste Mensch. Der heißt Michael Johnson und nimmt die zweihundert Meter in 19,32 Sekunden, das sind sagenhafte 9,66 Sekunden auf hundert Meter.

DER SCHNELLSTE

Die Geschwindigkeit eines Geparden erreicht der schnellste Sprinter noch lange nicht. Der Gepard kann von null auf hundert in drei Sekunden beschleunigen und erreicht eine Höchstgeschwindigkeit von 120 Kilometern pro Stunde. Allerdings ist er wie jeder gute Sprinter nicht für Dauerläufe gebaut.

Da geht einem wirklich die Puste aus. Schon allein diese Zahlen sind anstrengend. Und wenn man sich dann noch das Tempo dahinter vorstellt! Dieser Wahnsinnssprinter Michael Johnson läuft eine Geschwindigkeit von 37,27 km/h, Greene lief 36,77. Die beiden hängen jedes Fahrrad ab – wenn nicht gerade Armstrong oder Ullrich draufsitzen.

Für das Laufen, jedenfalls auf Kurzstrecken, scheint zweifelsfrei erwiesen, dass die Sportler immer schneller werden. Aber gilt das auch für die Langstrecke? Beim Marathonlauf über 42,195 Kilometer könnte die Sache doch anders aussehen. Halten auch Langläufer solche Temposteigerungen durch? Es sieht ganz so aus, als ob der Tempozuwachs auch für ihre Strecken gilt. Der schnellste Läufer schaffte 1896 die Marathonstrecke in 2 Stunden 58 Minuten und 50 Sekunden. Der Schnellste heute braucht 51 Minuten und 45 Sekunden weniger: Es ist der Brasilianer Ronaldo da Costa. Er benötigt also etwa dreißig Prozent weniger Zeit.

Ein niederschmetterndes Ergebnis für die Läufer früherer Tage. Da sehen sie ja fast so alt aus, wie sie mittlerweile sind. Damals fühlten sie sich jedoch fit, waren die Größten und wurden bejubelt. Heute würden sie selbst von der zweiten Reihe der Athleten abgehängt. Kann das denn wirklich so weitergehen? Irgendwann muss doch Schluss sein mit schneller. Eins ist allerdings gewiss: Die Zeit für eine Rennstrecke muss immer über null Sekunden liegen. Für jede noch so kurze Strecke braucht man Zeit. Sonst müsste man ein neues Naturgesetz schaffen oder eine Zeitmaschine in die Startmaschine einbauen. Wir bleiben dabei, irgendwann muss Schluss sein. Aber wer weiß schon, wann? Bei acht Sekunden für hundert Meter oder sieben oder sechs oder fünf …?

Das Rennen um die Rekorde ist wie ein groß angelegtes Experiment. Die Frage ist nur: Wo ist die Grenze? Die Spitzensportler werden von einem Heer von Fachleuten beobachtet, von Sportwissenschaftlern, Sportmedizinern, Physiotherapeuten, Ingenieuren und schließlich auch ganz praktisch von Trainern. Und da hat man verschiedene interessante Sachen entdeckt. Zum Beispiel, dass Hochleistungssportler nie beides richtig gut können: Sprint und Dauerlauf. Entweder sie sind für das eine oder das andere talentiert, daran ändert auch das beste Training nichts. Die Fähigkeit, ganz schnell ein Höchstmaß an Energie bereitzustellen oder viel Energie über einen langen Zeitraum nachzuschieben, ist angeboren. Genauso angeboren ist auch die Fähigkeit, gut trainierbar zu sein.

Manche Menschen werden, selbst wenn sie noch so oft den Sprint üben, nie eine Spitzenleistung er-

DER LETZTE BOTENGANG

Marathon klingt sehr griechisch, und die krumme Kilometerzahl von 42,195 spricht ebenfalls für die Herkunft aus einer Zeit, als man andere Längenmaße hatte. Der Marathonlauf ist jedoch ziemlich jung, erst 1896 wurde er bei den Olympischen Spielen eingeführt. Allerdings zum Gedenken an den Boten, der nach der Schlacht bei Marathon (490 v. Chr.) die knapp 43 Kilometer lief, um den Athenern die Siegesnachricht zu überbringen. Kaum hatte er sie überbracht, brach er tot zusammen.

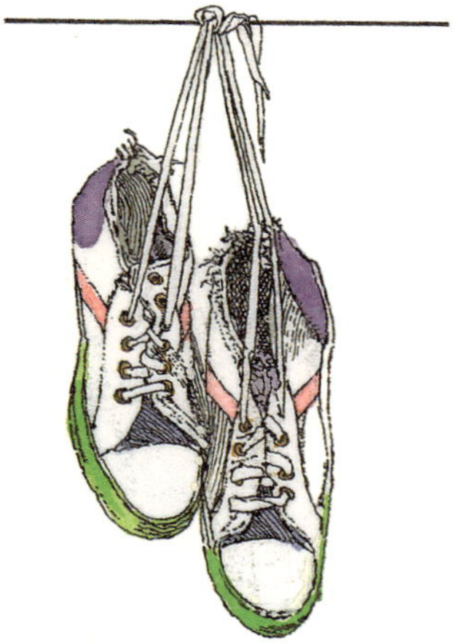

reichen, und andere schaffen zwar mit viel Übung den Marathonlauf, aber werden dennoch keine tollen Zeiten erzielen. Es ist immer nur ein sehr kleiner Teil der Gesamtbevölkerung, der das Zeug zu Höchstleistungen in der einen oder anderen Sportart hat. Man schätzt, dass bei Leistungssportlern schon bis zu neunzig Prozent ihrer Fähigkeiten durch die Gene vorbestimmt sind, der Rest ist Training. Aber irgendwann sagt der Körper: Jetzt ist Schluss. Eine Zeit lang passen sich die Organe den steigenden Anforderungen an, die Muskeln wachsen, Herz, Milz, Leber, Niere, auch die Blutgefäße vergrößern sich, der Körper stellt die optimalen Helfer bereit für die Strecken, Höhen und Weiten, die ihm abverlangt werden.

Doch wenn die Anforderungen immer nur größer werden, streikt er irgendwann: Der Körper gibt dann Anti-Rekordalarm. Der zeigt an, wenn zuviel trainiert wurde, wenn Überlastung droht, die Muskulatur überreizt ist. Und dann verbessert sich die Leistung des Sportlers nicht mehr, sie sackt ab. Der ganze Körper kommt durcheinander, es gibt eine hormonelle Störung des Gesamtsystems. Und das ist schlimmer als eine Muskelentzündung. Denn mit solchen Störungen gehen dem Körper Informationen verloren, die die Hormone von den Organen ins Blut weiterleiten sollen. Der Körper kann sich dann nicht mehr so gut gegen Krankheiten wehren oder er vergisst zum Beispiel, dass er der Körper einer Frau ist.

Deshalb hat auch Doping als Mittel der Leistungssteigerung so verheerende Auswirkungen auf den Körper. Die Dopingmittel überlisten ihn, sie schalten sein Alarmsystem aus, setzen seine Leistungsgrenze herauf und machen ihn auf diese Weise

DOPING

Das männliche Hormon Testosteron dient oft als Dopingmittel. Von diesem Geschlechtshormon wird im weiblichen Körper sehr viel weniger produziert als im männlichen. Wenn Frauen es einnehmen, wachsen ihnen zwar größere Muskeln, doch mitunter auch Bärte. Man sieht den vermännlichten Sportlerinnen das Doping also förmlich an.

krank. Doping ist also nicht nur deshalb verboten, weil es ein gemeines und unfaires Mittel gegenüber Konkurrenten ist, sondern auch weil es ein gemeines und unfaires Mittel gegen den eigenen Körper ist. Man ahnt jedoch, dass viele Spitzensportler dennoch heimlich Dopingmittel einnehmen. Manche von ihnen werden bei Tests erwischt. Die Strafe ist streng: Siegern wird der Sieg aberkannt, und sie dürfen eine Zeit lang nicht an Wettkämpfen teilnehmen. Nina Kraft etwa, die Frau, die in der härtesten Disziplin überhaupt, beim Hawaii-Dreikampf »Ironman« (eiserner Mann), bei den Frauen gewonnen hat, musste ihre hunderttausend Euro Siegesprämie wieder zurückzahlen. Man fand bei ihr zu hohe Testosteron-Werte. Die Sportlerin, die die 3,8 Kilometer Schwimmen, 180 Kilometer Radfahren und den Marathonlauf als Schnellste geschafft hatte, ging wenigstens in einer Beziehung mit gutem Beispiel voran: Sie gab weinend zu, Mist gebaut zu haben. Mit diesem Geständnis ist sie nun wenigstens die Erste.

Der ungedopte Körper spricht also, wenn er zu viel turnen, schwimmen oder skilaufen muss, eine Warnung aus: »Höchste Alarmstufe, allerstrengster Befehl zum Abschalten und Faulsein!« Wäre es nicht möglich, dass sich diese Alarmgrenze von Generation zu Generation verschiebt? Dass bei den Großeltern früher Alarm gegeben wurde als bei den Enkeln, sich also die körperliche Leistungsfähigkeit ständig erhöht? Das wäre doch eine gute Erklärung für neue Rekorde. Dies wäre in der Tat eine Erklärung, wenn – ja, wenn die Gene sich so schnell verändern könnten. Die Menschen werden in der Regel durch die bessere Ernährung heute größer als früher, und für manche Sportarten wie den Basketball ist

DER SAHNETORTENWURF

Wenn alle Grenzen erreicht sind und die Rekorde ausgehen, hilft nur eines: neue Sportdisziplinen erfinden. Wie wär's mit einem 5-Kilo-Einkaufstüten-Staffellauf? Oder mit Dauer-Pirouettendrehen oder Sahnetorten-Weitwurf? Kommt einem irgendwie bekannt vor. Das Guinness-Buch der Rekorde macht da weiter, wo Olympia aufhört.

die reine Körpergröße schon ein Vorteil. Doch hundert Jahre sind für Gene kaum mehr als ein Tag, in dieser Zeit verändern sie sich noch nicht auffällig.

Bessere Schuhe, bessere Bahnen, bessere Bälle, bessere Räder, bessere Ernährung, besseres Training, bessere Betreuung, bessere Belohnung – wir haben jetzt viele Gründe für immer neue Sportrekorde genannt. Doch von einem wichtigen Rekordgeheimnis war noch nicht die Rede. Im Laufe der letzten einhundert Jahre sind nämlich immer mehr Nationen zu den Olympischen Spielen dazugestoßen. Bei seinem modernen Wiedereinstieg in die Sportgeschichte war der edle Wettstreit der Völker noch ein Wettstreit der reichen Länder. Große Teile der Welt waren ausgegrenzt.

VON 13 AUF 200

1896 begannen die Spiele zwischen 13 Nationen, darunter die wichtigsten europäischen Länder und die USA. Bis auf Kriegs- und Boykottjahre weitete sich die Zahl der teilnehmenden Länder stetig aus. 1924 waren es schon 44 Länder, 1952 kletterte die Zahl auf 69, 1968 waren es dann erstmals über hundert (112), und 2004 nahmen 201 Nationen teil.

Einen besonderen Kick erlebten die Rekorde jedoch gerade durch das Auftreten der schwarzen Sportler, die in vielen Sportarten die Weißen spielend abhängen können. Die Herkunft von Talenten lässt sich sogar regional einkreisen. Die weltbesten Sprinter kommen zumeist aus dem Westen Afrikas – wenn nicht sie selbst, so doch ihre Vorfahren. Nigerianer und Liberianer oder ihre als Sklaven verschleppten Nachkommen halten 494 der 500 schnellsten Zeiten. Die weltbesten Ausdauerläufer kommen dagegen aus Nord- und Ostafrika. Man hat herausgefunden, dass es weder an einer speziellen

Ernährung noch an klimatischen Lebensumständen liegt. Ihre Gene bringen eine Fähigkeit mit, die für Langstreckenlauf sehr nützlich ist. Bei Erschöpfung bilden die Muskeln Milchsäure. Wenn sie ins Blut geht, kann der Körper nicht mehr so gut Energie gewinnen. Bei Kenianern beispielsweise wird die Milchsäure sehr viel später freigesetzt, der Erschöpfungszustand tritt bei ihnen später ein.

Wir können jetzt einige Gründe für die verbesserten sportlichen Leistungen nennen: Da spielt einmal eigenes Talent und Wille eine Rolle; außerdem die Unterstützung der Umwelt und auch das, was sich im großen Maßstab tut, finanzielle Anreize etwa, die Verbesserung der Sportmittel, die Ernährung und auch die Verbreitung der Sportergebnisse durch Zeitung, Radio und Fernsehen.

Jeder ist schon irgendwann einmal Fernsehaugenzeuge eines neuen Weltrekords geworden. Das ist selbst beim bloßen Zuschauen ein klasse Gefühl. Dabei darf man jedoch nicht die Risiken vergessen, die die Athleten für die paar Sekunden oder Minuten auf sich nehmen, in denen die Welt den Atem anhält. Spitzensportler werden durch den Sport manchmal eher krank als gesund und fit. Das ist schlimm. Dennoch ist das noch lange kein Grund, sich dem dicken, Zigarren rauchenden britischen Staatsmann anzuschließen. Der tat übrigens immer unsportlicher, als er eigentlich war, in seiner Jugend war er nämlich ein klasse Polospieler.

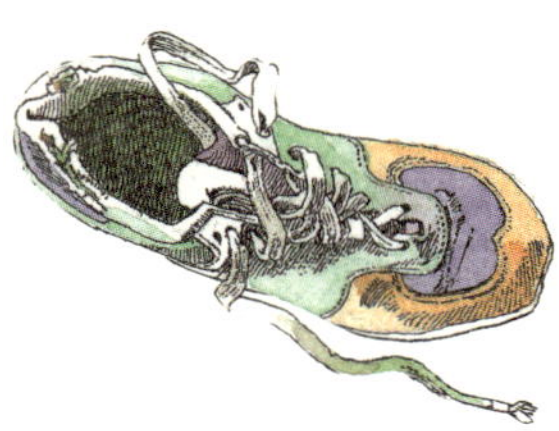

MÄNNER UND FRAUEN

sind im Sport keineswegs gleich oder gleich gut. Im Durchschnitt liegt die Leistung der Frauen etwa zehn Prozent unter der der Männer. Das stimmt natürlich nur von Spitzensportlerin zu Spitzensportler. Denn jede Spitzensportlerin hängt jeden normal sportlichen Mann weit ab. Aber bevor jetzt jemand feixt und sagt, wusste doch, dass Frauen schlechter sind: Frauen können länger im Sport Höchstleistungen bringen als die Männer.

Die Professoren der Tübinger Kinder-Uni

Sieben Professoren und eine Professorin bestritten das dritte Semester der Tübinger Kinder-Uni. In den folgenden Porträts verraten wir, wie sie zur Wissenschaft gekommen sind und womit sich ihre Wissenschaften beschäftigen. Die acht Professoren berieten auch die Autoren des Buches.

Barbara Scholkmann – die Archäologin

Die Wissenschaft, die Barbara Scholkmann betreibt, ist eine seltene Wissenschaft. In Deutschland wurden gerade einmal drei Professuren für Archäologie des Mittelalters eingerichtet, und auch die gibt es erst seit ein paar Jahrzehnten. Weil aus dem Mittelalter so viele schriftliche Zeugnisse erhalten sind, die man interpretieren kann, hielten es die Historiker lange Zeit für unnötig, auch noch in der Erde nach Überresten zu graben. Wir wissen genug, dachten sie, und müssen uns darauf konzentrieren, das vorhandene Wissen richtig zu deuten. Vielleicht wollten sie aber auch mit Schaufeln oder Schippen lieber nichts zu tun haben.

Barbara Scholkmann hat es immer Spaß gemacht zu graben. Sie wollte Geschichte anfassen und sehen können. Geboren wurde sie im Jahr 1941 in Heidenheim, einer kleinen Stadt in Württemberg. Schon als Kind liebte sie es, wenn ihre Klasse am Wandertag einen Ausflug zu einer Burg machte. Zwischen den verfallenen Mauern stellte sie sich vor, wie es wäre, ein Ritter zu sein, auf dem Turm zu stehen und weit übers Land zu schauen.

Die Lust an alten Mauern, an erlebter Geschichte hielt auch nach der Kindheit an. Zwar wurde Barbara Scholkmann zunächst Realschullehrerin, doch als in der Stadt Esslingen Mitarbeiter für eine Grabung gesucht wurden, erinnerte sie sich an ihre alte Leidenschaft und meldete sich als Helferin. Außerdem begann sie ein Universitätsstudium und schrieb eine Doktorarbeit. 16 Jahre arbeitete sie anschließend für das Landesdenkmalamt, wurde Honorarprofessorin und im Jahr 1994 Professorin in Tübingen.

Schon als Studentin der mittelalterlichen Geschichte hatte Barbara Scholkmann immer das Gefühl, dass etwas fehlt, wenn man nur die schriftlichen Quellen studiert. All die feierlichen Urkunden, Briefe und Verträge, sagt sie, berichteten hauptsächlich aus dem Leben der Reichen und Mächtigen. Von den einfachen Leuten, den Bauern und Handwerkern, findet sich wenig in den Dokumenten, sie bleiben stumme Teilnehmer der Geschichte. Beim Graben aber stößt man auch auf Zeugnisse ihres Lebens. Man findet, was von den schäbigen Hütten der Armen übrig blieb, sieht die einfachen Tontöpfe, in denen sie ihre Mahlzeiten zubereiteten, und kann mit Hilfe moderner naturwissenschaftlicher Methoden sogar rekonstruieren, was sie gegessen haben.

So interessant das Studium der mittelalterlichen Archäologie sein kann, besonders gute Berufschancen eröffnet es nicht. Weil es so wenige Professuren gibt, landen nur wenige mittelalterliche Archäologen nach ihrem Studium in der Wissenschaft. Einige finden eine Stelle in einem staatlichen Denkmalamt oder einem Museum. Die meisten aber müssen sich irgendwie durchschlagen und können von dem, was sie gelernt haben, wenig verwenden. Ihr Trost: Vielen anderen Geisteswissenschaftlern geht es nicht besser.

David Wharam – der Physiker

Das physikalische Interesse von David Wharam erwachte schon früh. »Als Kind«, erinnert er sich, »spielte ich immer gern mit explosiven Stoffen.« Kein Kracher, keine Rakete war vor ihm sicher: Vergnügt zerlegte er das alte Feuerwerk und baute sich mit dem Pulver neues. Wie gefährlich das war, merkte er erst, als seine erste selbstgebaute Rakete explodierte. »Danach habe ich diese Experimente eingestellt.«

Bis heute aber ist der Physiker, der im Jahr 1961 in Southbourne, England geboren wurde, ein Bastler geblieben, ein Experimentator. Es macht ihm Spaß, etwas auszuprobieren, neue technische Geräte zu entwickeln. In seinem Spezialgebiet, der Halbleiterphysik, hat er dazu viele Gelegenheiten: Wharam erforscht, wie sich elektrischer Strom im Nanobereich verhält.

Ein Nanometer ist ein milliardstel Meter. Das heißt: Wer in dieser Größe ein elektrisches Gerät bauen will, kann keine Kabel und Lötkolben mehr benutzen. Er muss das richtige Material verwenden, es extrem dünn auftragen und die Atome als Bausteine verwenden. Wharam bestrahlt auf winzigen Trägern die Atome mit Elektronen und verteilt sie dadurch neu. Er schafft Bereiche, in denen Strom fließt und Bereiche, in denen er nicht fließt.

So fein arbeiten die Nano-Physiker mitterweile, dass sie auf ihren Trägern einzelne Elektronen durch winzig kleine Atompforten schicken können. Klar, dass man auf diese Weise den Stromfluss und die Stromstärke äußerst genau steuern kann. Interessant ist das nicht nur für künftige Generationen von Computerprozessoren. Die Nanotechnologie könnte viele Bereiche der Mikroelektronik revolutionieren, sie ist wirtschaftlich sehr spannend.

Auch Wharam kam über die Wirtschaft zu seinem Forschungsgebiet. Nach dem Abitur, einem Job bei IBM, einer Weltreise und einem Studium in Cambridge und Heidelberg landete er zunächst bei der Barclays Bank in London, um Manager zu werden. In London musste er prüfen, ob neue Technologiefirmen Kredite bekommen sollten und stellte fest, dass er dafür Spezialwissen benötigte. Denn die Firmen, die von Wharams Abteilung

Geld wollten, beschäftigten sich mit Nanotechnologie, und davon wussten die meisten Banker so gut wie gar nichts. Also ging Wharam noch einmal an die Uni, arbeitete sich in Nanotechnik ein und machte seinen Doktor in Halbleiterphysik.

Mit seiner Promotion hatte er, wie er selbst sagt, »ein Wahnsinnsglück«. Denn es gelang ihm, ein winziges Bauelement herzustellen, mit dem er ein neues Naturphänomen entdeckte. Das kommt nicht so oft vor in der Wissenschaft, weshalb sich prompt die ersten Universitäten für den jungen Forscher interessierten. So verzichtete Wharam auf eine Banker-Karriere und stieg in die Wissenschaft ein. Über Hamburg und München kam er nach Tübingen, wo er seit 1997 als Professor forscht und lehrt.

Auch wenn die Phase mit den Silvesterraketen lange vorbei ist: Als Professor ist Wharam ein Bastler geblieben, einer, der konkrete Probleme lösen will und dafür jederzeit bereit ist, eine etablierte physikalische Theorie über Bord zu werfen. »Ich bin kein Theoretiker«, entschuldigt er sich dann immer scheinheilig. »Ich baue lieber.« In seinem Institut stehen riesige Elektronenmikroskope und andere Geräte herum, es surrt und brummt, dampft und zischt: Ein Paradies für Technikfreaks. Weil Wharams Bauelemente am besten funktionieren, wenn sie extrem gekühlt werden, gibt es im Institut auch Gefrieranlagen, die Temperaturen bis minus 270 Grad erzeugen können.

Die Halbleiterphysik ist also ein wunderbares Studium für alle Jungs und Mädchen, die gerne basteln und denken. Sie können im Labor ungefähr da weitermachen, wo sie beim Elektronikbaukasten aufgehört haben. Und weil die Nanotechnologie so gefragt ist, brauchen sich die Studenten nicht einmal Sorgen um ihre Zukunft zu machen. Einige von Wharams Studenten gründeten nach dem Studium gleich eine Firma.

Michael Diehl – der Psychologe

Unter einem Psychologen stellen die meisten sich jemanden vor, der tief in die Seele oder Psyche eines Menschen hineinschauen kann, einen Menschenversteher eben. Der, auch wenn sein Gegenüber etwas anderes vorgibt, schnell dessen wahre Beweggründe durchschaut.

Die Ausbildung zum Psychologen hat jedoch wenig damit zu tun. Das Fach Psychologie lehnt sich eng an die Naturwissenschaften an. Es versucht, menschliches Verhalten zu erforschen und zu überprüfen, welche Umstände Menschen dazu bringen, ihr Verhalten zu ändern. Schließlich ist es nicht immer so, dass sich jemand auch so verhalten will, wie er sich verhält. Zum Beispiel wollen die wenigsten Raucher Raucher sein, viel lieber wären sie ehemalige Raucher und gefestigte Nichtraucher. Psychologen entwickeln also Trainingsprogramme für Raucher. Oder sie prüfen, warum eine Gruppe von einer anderen Gruppe wenig geachtet und schlecht behandelt wird (Diskriminierung nennt man das). Oder sie versuchen herauszufinden, in welchen Situationen Menschen besonders kreativ sind, also neue Ideen entwickeln, und sie prüfen, ob Männer und Frauen sich in Führungspositionen unterschiedlich verhalten.

Der Psychologieprofessor Michael Diehl hat schon auf vielen dieser Gebiete geforscht. Als Forscher überlegt er sich, wie er eine These, zum Beispiel einen Satz wie Gruppenarbeit kann kreative Ideen blockieren durch Experimente überprüfen kann. Auch die Frage, ob Computer den Austausch zwischen Menschen, zum Beispiel in einem Betrieb, anregender oder ideenreicher gestalten, hat er untersucht. Oder: Können Computer gemeinsames Lernen unterstützen? Psychologie beschäftigt sich also nicht nur mit dem Menschen, sie bezieht sich auch auf moderne Wege des Austauschs zwischen ihnen. So schaut ein Psychologe also nicht nur den Menschen ins Auge, sondern unter Umständen auch dem Computer auf den Bildschirm.

Michael Diehl hatte schon früh eine Vorliebe für die Biologie, er war als kleiner Junge ein großer Fan von Bernhard Grzimek, einem Tierforscher, der regelmäßig im Fernsehen zu sehen war. Sehr früh hatte er die Idee, so etwas wie Grzimek zu werden, nämlich Zoodirektor. Er hatte viele Haustiere und war in der Schule sehr an den naturwissenschaftlichen Fächern interessiert.

Als er die Schule beendet hatte, wollte er eigentlich Verhaltensforschung studieren, dieses Fach gab es aber nur an wenigen Universitäten. Und da er gerade in Regensburg lebte, begann er dort das Psychologiestudium. Da stellte er dann fest, dass das Fach gar nicht so weit von der Verhaltensforschung entfernt war. Nach dem Examen, das er in Marburg machte, hätte er vielleicht eine psychologische Praxis aufgemacht, doch er bekam gleich das Angebot, in einem Forschungsprojekt mitzuarbeiten. Er blieb also an der Universität, promovierte und habilitierte sich hier.

Prof. Hans-Ulrich Schnitzler – der Zoologe

Dass Hans-Ulrich Schnitzler einmal etwas mit Natur- oder Ingenieurswissenschaft machen würde, wusste er schon als Schüler. Bis heute erinnert er sich daran, dass er eines Tages im Deutschunterricht einen Vortrag zu einem Thema seiner Wahl halten sollte. Während die Mitschüler lustige Ferienerlebnisse oder andere Abenteuer schilderten, entschied sich Schnitzler für das Thema: der Zweitaktmotor.

Schnitzler, der 1939 im schwäbischen Dettingen zur Welt kam, fand als Kind fast alles äußerst spannend, was mit moderner Tech-

nik, den Naturwissenschaften und dem Universum zu tun hatte. So war es kein Wunder, dass er 1962 ein naturwissenschaftliches Studium begann. Biologie, Chemie und Geografie waren seine Studienfächer, und sein Ziel war, Lehrer zu werden. Doch dann begann ihm das Forschen immer mehr Spaß zu machen, und er sagte der Schule ade. Die Wissenschaft war jetzt sein Ziel.

Weil er vor dem Studium in der Marine vier Jahre zur See gefahren war, kannte er sich mit der Echo-Ortung von Schiffen ganz gut aus und kam auf diese Weise zum großen Thema seines Wissenschaftlerlebens, der Echo-Ortung bei Fledermäusen und Delphinen. Das Schöne an der Fledermausforschung ist, dass man sich dafür sowohl in Biologie und Physik als auch in der Technik auskennen muss. Die Geräte, die bei der Forschung gebraucht werden, kann man nämlich nicht einfach in einem Laden kaufen, sie müssen extra zusammengebaut werden.

Professor Schnitzler und sein Team beobachten heute in Israel und Südamerika, wie Fledermäuse sich bei der Jagd verhalten. Sie glauben, dass Tiere, die in ähnlicher Umgebung ähnliche Insekten jagen, sich auch in ihren Ultraschalllauten und ihrem Jagdverhalten ähneln, egal wo sie leben. Für ihre Experimente fangen sie zunächst ein paar Tiere ein und lassen sie dann in einem Flugzelt mit künstlichem Urwald frei. Im Zelt messen sie, welche Art Ultraschalllaute die Tiere in welcher Umgebung auf der Suche nach Beute ausstoßen und wie sich diese Signale verändern. Hinterher werden die Tiere wieder freigelassen.

Die Forscher arbeiten aber auch im Labor mit dressierten Fledermäusen. Ihnen spielen sie beispielsweise Ultraschalllaute vor, die das Flattern eines Schmetterlings simulieren. So können sie genau feststellen, wie die Tiere reagieren.

Ein weiteres Ziel der Forschung ist, herauszufinden, wie das Gehirn verschiedene Töne verarbeitet. Mit Elektroden messen die Wissenschaftler zu diesem Zweck, wie das Hirn von Mäusen oder Ratten auf einen plötzlichen Reiz, einen Schreck, reagiert. Der kleine Reiz löst im Hirn eine relativ einfache Reaktion aus, die sich gut erforschen lässt.

Professor Rainer Nagel – der Mathematiker

Wer denkt, dass Mathematiker ein bisschen langweilig sind oder sich mit dem alltäglichen Leben schwer tun, der sollte unbedingt Rainer Nagel kennen lernen. Der Tübinger Wissenschaftler, der in seinem Beruf komplizierte Bücher über »einparametrige Halbgruppen« schreibt, ist privat ein begeisterter Sportler, ein Triathlet, der läuft und schwimmt und radelt und auch beim berühmten Iron Man auf Hawaii dabei war. Nagel ist gern auf Reisen, fühlt sich in Rom und in der Toskana wohl, er liebt aber auch seine Heimatstadt Horb in Württemberg. Hier engagiert er sich in Sportvereinen und saß jahrelang im Gemeinderat.

Wenn Nagel erzählt, was er mit seinen Studenten und Mitarbeitern alles unternimmt, können viele Nichtmathematiker nur staunen. Die Studenten, die zu seiner Tübinger Arbeitsgemeinschaft Funktionalanalysis gehören, kommen aus der ganzen Welt, aus Europa, Indien, Arabien. Statt einsam vor sich hin zu brüten wie viele andere Studenten, treffen sie sich regelmäßig im Büro des Chefs, um zu plaudern und über ihre Projekte zu reden. Einmal im Jahr fährt das ganze Team nach Italien. In einem alten Palazzo wird dann gekocht, gegessen, getrunken und Mathematik getrieben. Manchmal diskutieren die Studenten und Doktoranden auch nächtelang darüber, was Mathematik und Kunst miteinander zu tun haben.

Dass jemand wie Professor Nagel sich für die Kinder-Uni begeistert, ist klar. Als erster Professor hielt er außerhalb von Deutschland eine Vorlesung für Kinder. In Rom war das, wo er den Kindern das Castel del Monte vorstellte, eine achteckige, streng geometrische Burg, die der deutsche Kaiser Friedrich II. im Mittelalter in Süditalien erbauen ließ. Die mathematischen Gesetze, nach denen das Castel del Monte geplant wurde, erforschte er vorher mit seinen Studenten.

Funktionalanalysis nennt sich das, was Professor Nagel und sein Team offiziell betreiben. Es ist ein Zweig der Mathematik, der zur Analysis gehört, jener mathematischen Disziplin, mit der sich auch Schüler schon beschäftigen müssen. Auf dem Gymnasium lernen sie den Umgang mit unendlich kleinen Zahlen, mit Differential- und Integralgleichungen. Das ist ganz schön schwer, doch später, an der Uni, wird es noch ein bisschen komplizierter. In einem Lexikon steht, dass Funktionalanalytiker »vollständig normierte Vektorräume über den reellen oder komplexen Zahlen« studieren. Was das bedeutet, verstehen leider nur Mathematiker.

Zum Glück hat die Funktionalanalysis auch praktische Seiten. Die Tübinger beschäftigen sich mit Flüssen in Netzwerken. Weil auch der Verkehrs-, der Strom- oder der Blutkreislauf als Netzwerke beschrieben werden können, nutzen die Ergebnisse der Tübinger Mathematiker den Betreibern von Ampelanlagen, Herzkreislaufmaschinen oder Stromnetzen.

Da ihre Ergebnisse so unterschiedlich verwendet werden können und weil sie im Studium so gut planen und ordnen lernen, brauchen sich Mathematiker keine Sorgen um ihren Beruf zu machen. Sie können in Versicherungen oder Banken ebenso arbeiten wie in einer hochtechnisierten Fabrik. Sie können aber auch zum Geheimdienst gehen, Codes dechiffrieren, oder in einem Musikstudio verrückte neue Sounds entwickeln. Und wenn ihnen das immer noch zu langweilig ist, gehen sie einfach nach Hollywood und lassen galaktische Kampfsterne explodieren.

Hans-Georg Kemper – der Germanistikprofessor

In der Schule heißt das Fach einfach »Deutsch«, an der Universität heißt es Germanistik, also die Lehre von der germanischen Sprache und Kultur. In der Schule unterrichtet ein Deutschlehrer oder eine Deutschlehrerin sowohl Grammatik als auch Literatur. An der Universität haben sich die Lehrer spezialisiert. Hans-Georg Kemper ist Literaturwissenschaftler, das heißt jedoch nicht, dass er Literatur von ihren Anfängen bis in die Gegenwart unterrichtet. Seine Spezialität ist die neuere deutsche Literatur, die eigentlich gar nicht so neu ist, denn sie umfasst die letzten fünfhundert Jahre bis heute. Kemper forscht und lehrt jedoch vor allem über die Literatur, die im 16., 17. und 18. Jahrhundert geschrieben wurde.

Sein Lieblingsdichter ist Johann Wolfgang von Goethe, und von allen Formen der Literatur schätzt er am meisten das Gedicht. »Im Gedicht erreicht die Sprache ihre Höchstform«, sagt er. Trotzdem gibt es nur wenige Menschen, die freiwillig Gedichte lesen. Ohne die Germanisten wären die Gedichte kaum lebensfähig, sagt der Professor. Die Germanisten müssen also etwas für die Gedichte tun. Das können sie zum Beispiel, wenn sie Deutschlehrer ausbilden, die Schülern Gedichte nahe bringen.

Obwohl sich der Professor sehr viel mit Gedichten, also mit Lyrik, beschäftigt und viele Bücher darüber geschrieben hat, heißt das nicht, dass es für ihn nur die ganz großen Themen gibt – immer nur Mensch und Natur, Liebe, Glück und Unglück. Gedichte sind für ihn ein Ausdruck ihrer Zeit. Der Germanistikprofessor interessiert sich für diese anderen Zeiten, nicht nur im Gedicht oder in der Literatur. Wer etwas über eine vergangene Kultur erfahren will, der sollte sich nicht allein an ihre Literatur halten, so findet er. Der muss sich auch über die Medizin dieser Zeit, ihre Lebensformen oder ihre Moden informieren. Literaturwissenschaftler sollten also nicht nur die hohe Literatur, sondern beispielsweise auch Hebammenbücher lesen.

Als Kind hat Hans-Georg Kemper am allerliebsten Kasperle-Bücher gelesen. Er las viel und war schon früh ein guter Geschichtenerzähler. Weil er ein guter Redner und obendrein sehr umgänglich war, wurde er immer zum Klassensprecher gewählt. Hans-Georg Kemper ist in der Zeit des Zweiten Weltkriegs geboren. Die Stadt Kleve, in der er aufwuchs, war in diesem Krieg schwer zerstört worden, sein Schulweg führte an zerbombten Häusern vorbei, und da wurde die Literatur für ihn zu einem Ort, der ihn aus dieser kaputten Welt in eine schönere entführte.

Als Kemper das altsprachliche Gymnasium beendet hatte, studierte er sehr zum Leidwesen seines Vaters, einem Bauunternehmer, Theologie und Germanistik. Beides waren nach damaliger Ansicht eher brotlose Wissenschaften. Um ein Haar wäre Kemper Pfarrer geworden, doch dann bot ihm ein Germanistikprofessor eine Assistenzstelle an, und damit war die Weiche für die Germanistikprofessur gestellt. Kemper lehrte in Bochum, Gießen und in Tübingen.

Dietrich Niethammer – der Mediziner

»Ich habe den schönsten Beruf der Welt.« Das sagt Professor Dietrich Niethammer auch nach vielen Berufsjahren noch mit größter Überzeugung. Dabei könnte man denken, es sei der furchtbarste Beruf der Welt, den er da ausübt. Schließlich hat er in seiner Arbeit mit schwer kranken Kindern zu tun. Als Onkologe, also Krebsspezialist, sogar mit unheilbar kranken Kindern. Das muss doch furchtbar sein, oder?

Nun sind die Heilungschancen für krebskranke Kinder gar nicht so schlecht. Als Professor Niethammer mit seiner Arbeit begann, konnte man ungefähr jedes siebte Kind, das an Krebs erkrankt war, heilen. Mittlerweile können die Ärzte zwei von drei Patienten heilen. Jedenfalls bei den Kindern, bei den Erwachsenen ist die Erfolgszahl längst nicht so hoch. Das liegt daran, dass bestimmte Krebserkrankungen im Kindesalter nicht vorkommen. Welches Kind raucht denn auch? Lungen-, Magen- oder Darmkrebs gibt es bei Kindern nicht. Bei ihnen sind die häufigsten Krebsarten Leukämie, also Blutkrebs, oder Sarkome, das sind bösartige Tumore, die im Bindegewebe wachsen und mit Chemotherapie behandelt werden können.

Als einer der führenden Kinderonkologen in Deutschland hat Professor Niethammer entscheidend an den Erfolgen über die Krebserkrankungen bei Kindern mitgewirkt. 1975 war er Mitglied einer der beiden Gruppen in Deutschland, die eine Knochenmarktransplantation bei einem Kind wagten. Bei solchen Transplantationen, also Verpflanzungen, werden blutbildende Knochenmarkzellen von einem gesunden Spender in das Knochenmark eines Kranken eingebaut. Die Transplantation gelang, mittlerweile wird dieses Verfahren sehr häufig eingesetzt. Voraussetzung ist allerdings, dass man einen geeigneten Spender findet.

Kinder sind für Professor Niethammer, den Direktor der Tübinger Kinderklinik, die tollsten Patienten, denn Kinder, so seine Erfahrung, wollen immer leben und unbedingt gesund werden.

Kinder lassen sich nichts vormachen und der Arzt nimmt sein Versprechen sehr ernst, wenn er seinen kleinen Patienten sagt: »Wenn ich was Schlimmes weiß, sag' ich dir das.«

Während seiner Schulzeit dachte Dietrich Niethammer noch nicht daran, Arzt zu werden. Er wollte eigentlich Pfarrer oder Richter werden. Erst nach dem Abitur, als er bei der Bundeswehr war, entdeckte er die Medizin. Die erste Operation, bei der er zuschaute, war trotzdem unangenehm für ihn. Er wäre fast umgekippt, wenn man ihn nicht rechtzeitig aus dem Saal geschickt hätte. Dieses Gefühl hat sich danach nie wieder eingestellt. »Zuschauen ist immer schlimmer als aktiv helfen«, weiß er heute.

Für Dietrich Niethammer war klar, dass er einen Beruf ausüben will, bei dem er mit Menschen zu tun hat und ihnen helfen kann. Nach seinem Medizinstudium ging er drei Jahre in die USA, dort arbeitete er in der biochemischen Forschung. Doch als er das Angebot bekam, in diesem Forschungsgebiet weiterzuarbeiten, war für ihn die Entscheidung leicht: Er wollte zurück in die Klinik, denn er wollte nicht mit Reagenzgläsern, sondern mit Menschen zu tun haben.

Die Kinderheilkunde wurde sein Fachgebiet und speziell die Kinderonkologie, weil er sich in der Biochemie und mit der Chemotherapie gut auskannte. Bei der Chemotherapie sollen mit chemischen Mitteln die Krebszellen im Körper des Kranken zerstört werden. Niethammer leitete viele Jahre die Tübinger Kinderklinik. Zu Beginn des Jahres 2005 wurde er emeritiert, er trat also in den Ruhestand.

Helmut Digel – der Sportwissenschaftler

Was bitte ist Sportwissenschaft? Ist Sportwissenschaft etwa die Nachbesprechung eines Fußballspiels oder beginnt sie gar beim Fachsimpeln über den besten Trainer für die Nationalmannschaft? Die erste Verblüffung über das Fach Sportwissenschaft ist verständlich, denn Sport ist erst einmal etwas Praktisches und die dazu gehörige Wissenschaft ist noch sehr jung. Es gibt sie also noch nicht sehr lange an den Universitäten. Früher turnte man einfach oder rannte einem Ball nach oder schwamm, bis man nicht mehr konnte. Man sah deshalb noch lange keinen Bedarf an wissenschaftlicher Betrachtung.

Dabei ist sportliche Bewegung keineswegs so unkompliziert, wie es zunächst scheint. Das geht ja schon mit dem Körper los: Wie kommt es, dass der eine schnell rennt und der andere wie eine Schnecke? Die Sportwissenschaft untersucht körperliche oder physiologische Voraussetzungen und Vorgänge – sowohl bei Leistungssportlern als auch bei Hobbysportlern. Oder die Frage:

Ab wann schadet zuviel und wann zu wenig Sport der Gesundheit? Auch dies ist eine Frage, die sich Sportwissenschaftler stellen. Sie bilden aber auch Sportlehrerinnen und -lehrer aus, entwickeln Trainingsprogramme, untersuchen die Geschichte des Sports und welche Bedeutung der Sport in verschiedenen Gesellschaften hat.

Wer sich wissenschaftlich mit Kunst beschäftigt, muss nicht unbedingt malen können. Bei Sportwissenschaftlern ist das ein bisschen anders. Nicht dass sie malen können müssen, aber wer Sport studiert, ist in der Regel selber sportlich. Wie will man Schüler in Sport unterrichten, wenn man die Übungen nicht auch selber vormachen kann? Man kann sich also denken, dass Helmut Digel zunächst einmal deshalb zur Sportwissenschaft kam, weil er schon als Kind sehr sportlich war. Ob in der Leichtathletik, im Handball, beim Tischtennis oder Skilaufen, er war eine echte Sportskanone. Und nachdem er bei der sportlichsten aller Bundeswehreinheiten, den Gebirgsjägern, gedient hatte, beschloss er Sport und Germanistik, also deutsche Sprache und Literatur, zu studieren.

Diese Fächerkombination hätte direkt ins Lehramt geführt, wenn Helmut Digel nicht ein tieferes Interesse am Sport entwickelt hätte. So untersuchte er etwa die Sprache des Sports, also nicht nur, wie man sich an Sportstätten beschimpft oder unterhält, sondern auch wie Sportjournalisten über die Ereignisse berichten. Er beschäftigte sich mit dem Wandel des Sports und besonders intensiv mit der Rolle, die der Sport für die Arme Welt hat.

Helmut Digel lehrte an verschiedenen Universitäten Sportwissenschaft. In Tübingen wurde er Direktor des Sportwissenschaftlichen Instituts. Und da es das Fach ja noch nicht so lange gibt, arbeitete er auch entscheidend an seiner Entwicklung und dem Aufbau des Sportstudiums mit. Bis hinein in den Schulsport reicht sein Einfluss, als einer derjenigen, die Lehrpläne entwickelten. Nun darf man aber nicht an jedem Muskelkater, den man aus der Schule mitbringt, Helmut Digel die Schuld geben!

Helmut Digel hat neben seiner Lehrtätigkeit und seiner Arbeit als Chef des Sportinstituts schon eine Menge wichtiger Ämter im Sport inne gehabt: Im Präsidium des Deutschen Sportbundes oder als Präsident des Deutschen Leichtathletik-Verbandes, Vizepräsident des Deutschen Olympia-Komitees, und er gehört der Spitze des Internationalen Leichtathletikverbandes an. In einem dieser Ämter war oder ist er immer mal wieder im Fernsehen zu sehen. Zuletzt bei den Olympischen Spielen von Athen, wo er als Ehrenmitglied des Olympischen Komitees leider auch mit einem seiner Fachgebiete zu tun hatte: dem Doping, das er seit Jahren energisch bekämpft und verurteilt.

Die **Kinder-Uni** entstand aus einer gemeinsamen Initiative des ›Schwäbischen Tagblatts‹ und der Eberhard-Karls-Universität Tübingen.